오늘날 연대란 무엇인가

연대의 역사적 기원, 변천 그리고 전망

라이너 촐 지음

최성환 옮김

이 도서의 국립중앙도서관 출판시도서목록(CIP)은 e-CIP홈페이지(http://www.nl.go.kr/ecip)에서

이용하실 수 있습니다(CIP제어번호: CIP2008001095).

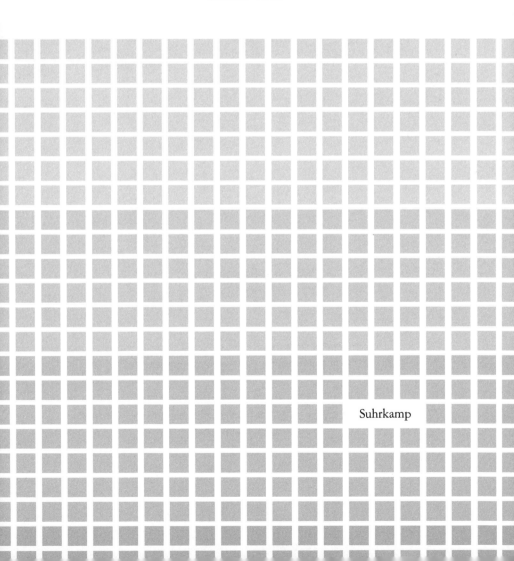

Was ist Solidarität heute?

Rainer Zoll

Suhrkamp

Was ist solidarität heute?
by Rainer Zoll

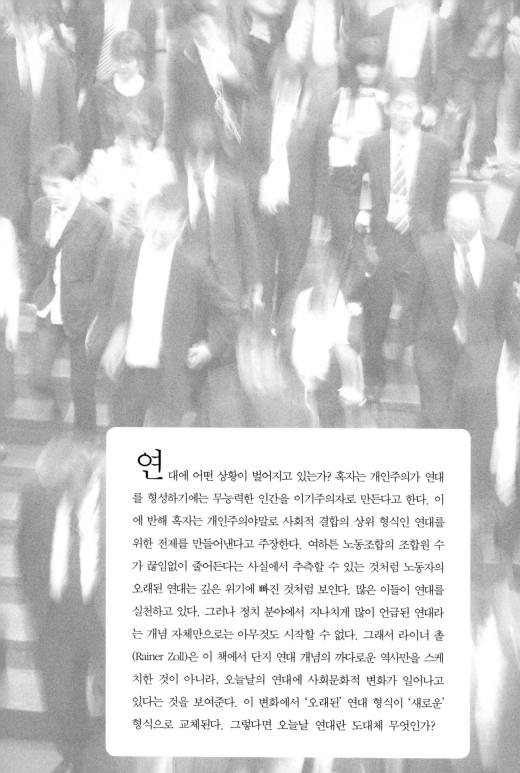

연 대에 어떤 상황이 벌어지고 있는가? 혹자는 개인주의가 연대를 형성하기에는 무능력한 인간을 이기주의자로 만든다고 한다. 이에 반해 혹자는 개인주의야말로 사회적 결합의 상위 형식인 연대를 위한 전제를 만들어낸다고 주장한다. 여하튼 노동조합의 조합원 수가 끊임없이 줄어든다는 사실에서 추측할 수 있는 것처럼 노동자의 오래된 연대는 깊은 위기에 빠진 것처럼 보인다. 많은 이들이 연대를 실천하고 있다. 그러나 정치 분야에서 지나치게 많이 언급된 연대라는 개념 자체만으로는 아무것도 시작할 수 없다. 그래서 라이너 촐(Rainer Zoll)은 이 책에서 단지 연대 개념의 까다로운 역사만을 스케치한 것이 아니라, 오늘날의 연대에 사회문화적 변화가 일어나고 있다는 것을 보여준다. 이 변화에서 '오래된' 연대 형식이 '새로운' 형식으로 교체된다. 그렇다면 오늘날 연대란 도대체 무엇인가?

추천사

　오늘날 사회는 점점 다원화되고 있다. 사회 구성원의 사고방식과 생활양식은 다양해지고 있으며, 사람들은 남과 같은 것보다는 다른 것을 선호한다. 사회는 하나의 구심점을 중심으로 움직이기보다는 서로 관계가 적거나 혹은 전혀 없는 무수한 집단과 조직의 활동에 의해서 유지되고 있다. 그들은 거대한 사회적 분업을 통해 기능적으로 서로 연관되어 있지만, 동질적인 이해관계와 의식을 공유하고 있지는 않다.

　그럼에도 사람들은 집단적인 귀속감, 더 나아가 동류의식을 갖게 되는 의식적 혹은 무의식적 범주를 가지고 있다. 사회적 존재로서 개인은 개체로 살아가는 것이 아니라 집단을 이루어 살아가며, 자신의 직접적인 생활세계 밖의 범주에 정체감과 귀속감을 가지고 살아간다. 민족이라는 사회적·정치적 범주가 대표적인 예이다. 한국 사회에서 민족은 사람들이 심정적으로 반응하는 사회적·정치적 범주가 되었다. 다시 말해 민족이라는 단어는 그 내용을 분석적으로 따져보기도 전에 실체가 있는 것으로 받아들여지고, 사람들은 정서적으로 혹은 인지적으로 그것에 반응한다. 그리하여 민족이라는 단어는 사회적 실체가 되었다.

　위와 같은 논의는 모두 연대(Solidarität)와 관련이 있다. 서로 이질적인 구성원이 어떻게 하나의 통합된 사회를 이루는가? 개인과 개인을 독립적인 개체가 아니라 사회 구성원으로 만들어주는 기제는 무엇인가? 고도의 분화와 개인화를 겪고 있는 현대사회를 해체되지 않게 만들어주는 요소는 무엇인가? 집단과 조직 사이에 다양한 갈등과 대립이 있는데도 하나의 사회를 존재하게 하는 것은 무엇인가? 과거에 이러한 질문에 대한 답은 주로 기능주의적 설명을 통해 이루어졌다. 그러나 반드시 형이상학적인 논리에 근거를 둔 기능주의적 설명으로 대답할 필요는 없다.

라이너 촐(Rainer Zoll)의 『오늘날 연대란 무엇인가?(Was ist Solidarität heute?)』는 위와 같은 문제의식에서 출발하여 연대 개념을 본격적으로 다루고 있다. 규범적인 의미의 연대에서부터 실체적인 의미의 연대에 이르기까지 연대는 근대 사상의 중요한 측면을 이루고 있다. 연대 담론은 프랑스 혁명 이전에 등장했다. 그 이후 연대 개념은 마르크스(Karl Marx)의 사회주의 사상에서부터 롤스(John Rawls)의 자유주의적 공리주의 사상에 이르기까지 여러 가지 다른 의미로 논의되면서 주요한 이론적인 논의의 토대를 이루게 되었다. 이 책은 연대 개념이 매우 다양한 의미로 사용되고 있을 뿐 아니라 다양한 이론적 지위를 차지하고 있다는 것을 역사적으로 서술하고 있다. 과거에는 연대 개념이 노동운동과 같은 운동적인 차원의 규범적인 개념으로 인식되었다. 프랑스의 고전 사회학자 뒤르켕(Émile Durkheim)은 연대를 사회를 구성하는 구조적 원리로 인식하기도 했다. 또한 최근 헥터(Michael Hechter)는 집합행동에 관한 논의에서 연대를 조직과 개인의 문제를 설명하는 분석적인 차원의 논의로 다루고 있다. 라이너 촐의 이 저작은 여러 사회이론을 섭렵하면서 연대가 사회이론과 사회철학의 핵심적인 개념이라는 점을 역설하고 있다.

이 책이 지니는 장점은 저자의 경험적인 연구에 바탕을 두고 이론적인 논의를 전개하고 있다는 점이다. 이론적인 논의는 대개 사변적인 논의로 그치

는 경우가 많다. 하지만 이 책은 풍부한 사례를 제시하면서 연대 개념의 역
사적 변화와 용례를 고찰하고 있다. 서구의 사회보장제도를 뒷받침하는 연
대 개념에 대한 논의는 서구 복지제도가 단순히 기능적 차원의 제도가 아니
라 역사적으로 형성된 연대 문화에 기반을 두고 있음을 보여준다. 연금을 예
로 들어보자. 연금을 둘러싼 세대 간 연대(현재 세대와 미래 세대 간의 연대)가
없다면 연금제도 자체가 존재할 수 없을 것이다. 그리고 세대 간 연대를 위
협하는 경제적인 변화로 인해 기존의 연금제도는 세대 간 연대의 균열을 낳
고 있다. 이는 저자의 표현에 의하면 '사회적 연대의 위기'인 셈이다.

현대사회의 변화는 이전의 연대 형태에 대한 새로운 도전과 새로운 연대
의 모색을 강요하고 있다. 임금노동의 성격이 변화함에 따라 몇몇 나라에서
는 전통적으로 집단적인 연대의 원천이었던 노동계급 연대도 변화를 보이고
있다. 공동의 경험과 이해관계를 기초로 형성되었던 노동조합 가입률이 떨
어지고 노동시장이 구조적 변화를 겪음에 따라 전통적 연대의 기반이 약화
되고 있기 때문이다. 서구의 경우 남성과 여성 및 외국인, 정규직과 비정규
직 등 전통적 연대를 불확실하게 만드는 요소가 증가하고 있다. 이러한 변화
는 세계화와 더불어 이루어지는 변화라는 점에서 이전의 변화와는 커다란
차이를 보인다. 전통적인 경계인 계급과 성별 경계를 넘어서 국가적·인종
적·문화적 차이가 사회뿐 아니라 노동의 세계에서도 대두되고 있다. 사회
운동 단체 같은 현대적인 조직도 구성원 사이의 연대의식을 높이고 높은 수
준의 연대를 만들어내지 못하면 쇠퇴를 피할 수 없다.

그렇다면 무엇이 연대 의식을 공유하게 하고 나아가 강하게 만드는 요소
인가? 구성원들이 공유하는 생태주의적인 의식만으로 환경단체가 하나의
조직으로서 잘 움직일 수 있는가? 그렇지 않다면 개인이 공유하는 의식을 넘
어서 유대를 만들어내는 요인은 무엇인가? 연대는 전 사회적인 차원뿐 아니

라 조직이나 가족 차원에서도 중요한 문제이다.

　이 책은 연대의 개념적인 수준에서 출발하여 그것을 사회이론 전체로 연결시키고 있다는 점에서 새로운 이론적 논의거리를 제공한다. 더구나 한국과 같이 전통적인 공동체가 해체되고 개인 · 가족 · 집단과 사회를 묶어주는 새로운 형태의 연대가 형성되지 않은 사회에서 이 책은 많은 시사점을 던져주고 있다. 기존의 사회가 급속한 개인화를 겪는 한편 새롭게 등장하는 다양한 차이에 대해서는 배타적이어서 이들에 대한 타자화와 차별화로 이어지는 한국의 현실에서 연대에 대한 논의는 더 큰 의의를 지닌다.

　무엇보다도 이 책에 쉽게 접근할 수 있도록 독일어 원본을 번역한 최성환 교수에게 감사를 드린다. 사회철학을 강의하고 있는 최성환 교수의 훌륭한 번역을 통해 이 책이 한국의 사회철학과 사회이론의 논의에 들어오게 된 것 자체가 큰 의미가 있는 일이다. 오늘날 세계화 시대 한국 사회에서 연대는 무엇인가를 논의하는 데 이 책이 귀중한 역할을 할 수 있기를 기대한다.

2008년 2월

중앙대학교 사회학과 교수　신광영

옮긴이 서문

　오늘날 사회의 여러 영역에서 급격한 구조적 변동의 징후가 발견되고 있다. 사회적 · 인간적 연대의 세계도 예외는 아니다. 개인과 집단의 이해관계가 다양하게 표출되는 현실을 고려할 때 집단이나 사회 전체를 포괄하는 사회적 결집과 결속의 가능성은 점차 희박해진다. 또한 인간을 '사회적 동물'이라 정의하면서도 사회적 안전망과 같은 연대의 틀을 부단히 강조하는 것은 우리의 희망과는 달리 인간적 · 사회적 연대가 점차 약화되어가고 있는 현실에 대한 반증일 것이다.

　하지만 연대가 인간 공동체의 불변의 상수(常數)로서 모든 인간적 활동의 기초와 지향점으로 작용하고 있다는 점 또한 부인할 수 없다. 연대와 협동은 인간 삶의 가장 본능적인 차원인 '생존'을 위한 불가피한 선택인 동시에 자기 한계의 극복을 위한 계기로서 인간 존중에 기초한 이타적 연대의 출발점이기도 하다. 그러나 연대의 이러한 순기능에도 불구하고 오늘날 연대가 배타적이고 폐쇄적인 집단 이기주의의 수단으로 전락하면서 공동체 와해의 위기를 피부로 느낄 수 있는 국면에까지 이르게 되었다. 이제 연대는 개별적이고 특정한 계층과 직업의 범위를 넘어 전체 인간 사회로 '보편화'되어야 하고, 궁극적으로 공동체를 유지하고 발전시키는 토대가 되어야 할 것이다. 이런 배경에서 우리는 연대의 다양한(경제학적 · 경영학적 · 정치학적 · 사회학적 · 철학적) 차원의 논의를 전개할 수 있을 것이다.

　라이너 촐의 『오늘날 연대란 무엇인가?』는 연대의 성립과 변천, 전망에 대해 역사적이고 체계적으로 서술하고 있다. 특히 유럽을 중심으로 서양 사회의 다양한 변화를 소개하고 있는데, 여전히 우리 사회의 많은 부분에서 서양의 제도나 변천 과정을 모델로 삼고 있는 현실에서 우리에게 시사하는 바가 많을 것이라 생각된다. 그러나 이 책의 의의는 단순히 서양의 관점을 소개하는 데 그치는 것이 아니다. 연대는 이미 우리 사회의 중요한 활동 방향을 특징짓는 슬로건이기도 하다. 시민연대, 실천연대 등 시민의 정치적·사회적·문화적 실천이 이미 오래전부터 본격적으로 전개되고 있는 점을 고려해볼 때, 이제 한국에서도 연대의 역사적 기원과 발전 과정, 전망에 대해 체계적으로 조망해보는 일은 매우 가치 있는 작업이라 할 수 있다. 이 책에서 다루고 있지는 않지만, 한국의 전통적 연대 형식과 미래의 전망에 대한 연구도 매우 의미 있는 주제라 할 수 있을 것이다.

　역자가 이 책을 번역하게 된 것은 중앙대학교 독어독문학과와 사회학과의 초청으로 한국을 방문 중이던 촐 교수와의 대화가 계기가 되었다. 촐 교수와 미래 사회의 연대성의 형식에 대해 의견을 나누던 중 이 책이 연대성에 관한 다양한 형태의 사회철학적 논의를 소개하고 있다는 점이 역자의 관심을 끌었다. 사실 수년간 사회철학을 강의해오면서 특정 분야를 집중적으로 연구하고 싶은 소망이 있었으며, 이 소망은 이 책의 번역을 통해 자연스럽게 현실화되었다. 또한 이 번역은 역자에게 자기 성찰의 계기를 제공해주었다. 그 하나는 이론적인 측면에서 부족한 공부에 대한 반성이며, 다른 하나는 실천적인 측면에서 오랜 기간 소홀히 한 연대의 실천에 대한 반성이다.

　이 번역은 많은 분들의 도움으로 가능했다. 특히 중앙대학교 사회학과 신광영 교수님은 출판사를 선정하고 책의 내용을 검토해주셨으며 추천사까지

써주시는 등 그야말로 물심양면으로 도와주셨다. 중앙대 사회복지학과의 김연명 교수님께서는 많은 관심을 가지고 텍스트의 여러 부분에 대해 친절한 지적을 해주셨다. 아울러 불쑥 메일이나 전화로 텍스트에 대한 자문을 구해도 항상 친절하게 답해주신 중앙대 독어독문학과 김누리, 노영돈, 오성균 교수님, 그리고 프랑스어와 이탈리아어 텍스트 번역을 도와주신 중앙대 불어불문학과의 이산호 교수님과 역사학과 차용구 교수님께 진심으로 감사드린다. 또한 현재 독일에서 유학 중인 박헌택 군은 초고 작성에 많은 도움을 주었다. 마지막으로 번역의 기회를 주신 도서출판 한울과 세심한 교정으로 역자의 미숙함을 많이 보충해주신 편집부 분들께 감사의 뜻을 전하고 싶다.

2008년 2월

최성환

한국어판 서문

한국전쟁이 남긴 황폐한 광경을 담은 1953년의 영화 장면을 기억하는 유럽의 지식인이 오늘날 한국을 방문하게 되면 무엇보다도 한국 국민이 일구어낸 엄청난 발전의 업적에 매우 깊은 감명을 받게 된다. 오늘날 한국은 경제적으로 세계에서 가장 발전된 20개의 산업국가에 속한다. 한국인의 발전 업적은 그야말로 감탄할 만하다. 유럽에서 온 방문객이 한국의 거리, 교통수단, 대형 상점, 문화 공간에서 받는 인상은 유럽의 다른 나라에서 받는 인상과 본질적으로 큰 차이가 없다. 물론 차이점이 없을 수는 없지만, 그 정도 차이는 유럽 국가끼리 비교할 때에도 마찬가지로 존재하는 것이다. 그러나 몇 주 혹은 몇 달 동안 한국에 머물게 되면 사람들은 엄청난 발전 성과의 어두운 측면을 볼 수 있게 된다. 가장 잘 드러나는 것은 산업사회가 이 나라의 자연에 남겼고, 또 남기고 있는 생태론적인 상처이다.

그리 뚜렷하게 눈에 보이지는 않지만, 석 달 동안 내가 나눈 많은 대화에서는 이 사회에 매우 깊은 상처를 남겨준 분열이 분명히 드러났다. 그것은 놀랍고도 인상적인 것이었다. 생활세계를 통해 바라본 한국인의 상호 관계에 대한 인상은 매우 긍정적이었기 때문이다. 그러나 특정한 사회적 집단이 다른 집단을 적대적으로 대한다는 사실을 많이 찾아볼 수 있었다. 예를 들면 자동차 공장에서 여성 노동자의 투쟁은 잘 조직화된 남성 노동자의 지지를 받지 못한다. 이 두 집단이 급진적 노동조합에 함께 속해 있으면서도 말이다.

한국에는 열심히 투쟁하는 두 개의 노동조합 연맹이 있고, 이 둘을 합쳐 정확히 노동자의 12%가 조직되어 있다. 그 외의 사례로는 사기업 노동자와 공무원이 조직한 노동조합이 있다. 사회에 관심 있는 한국인이라면 이러한 사례를 얼마든지 찾을 수 있을 것이다.

이러한 예들은 한국에서 이루어지는 연대가 대부분 '집단 연대'의 형태를 띠고 있다는 것, 즉 사회 집단이 서로 결속하지만 그 자체로는 닫혀 있으며 다른 집단과 날카로운 경쟁 관계에 놓여 있다는 것을 의미한다. 미헬스 (Robert Michels)는 1926년에 이미 독일 노동자 집단의 집단 이기주의를 날카롭게 비판한 바 있다. 이 집단은 자신들이 매우 연대적이라고 생각했다. 그러나 이는 집단 내부에서만 해당되는 것이었지 집단의 경계를 넘어서는 적용되지 않았다. 미헬스의 정신에서 우리는 "연대의 이상(理想)은 한계가 없다"라고 정식화할 수 있다. 집단 연대는 집단 이기주의에 불과하다. 포괄적인 것이 아니면 진정한 연대가 아니다. 연대는 모든 영역에서 발전 과정에 있으며, 유럽에서 이루어지고 있는 연대 또한 아직 이상적인 상태라고는 볼 수 없다. 이러한 발전 과정의 한 계기는 집단 연대의 극복이다. 집단의 한계를 넘어서고, 그것이 심각한 문제를 야기하지 않는다면 집단 연대는 진정한 연대의 사전 단계일 수 있다. 그러나 진정한 연대로의 발전은 그러한 조건이 충족될 때만 가능하다.

이런 의미에서 나는 이 책이 연대의 계속적인 발전을 모색하는 분들에게 도움이 되기를 바란다. 아마도 인간관계의 특성을 더 잘 분석하고, 그것을 더 생산적이고 긍정적인 형태로 만드는 데 나의 논거가 도움이 될지도 모른다.

2007년 7월 브레멘에서　라이너 촐

차례

"한 사람이 예루살렘에서 여리고로 내려가다가 강도의 습격을 받았다. 강도들이 그의 옷을 벗기고 때려, 거의 죽은 상태로 내버려두고 갔다. 한 제사장이 우연히 같은 길을 내려가다가 그를 보고 피해갔다. 또 한 레위인도 같은 곳에 도착하여 그를 보고 피하여 지나갔다. 그 다음 여행 중이던 한 사마리아인이 그를 보고 불쌍히 여겨 가까이 가서 기름과 포도주를 상처에 붓고 싸맨 다음 그를 자신의 짐승에 태워 주막으로 데려가 돌보아주었다. 그 다음날 그는 주막 주인에게 데나리온 둘을 내어주며, '이 사람을 돌보아주라. 비용이 더 들면 내가 돌아와서 갚으리라'라고 말했다."

— 누가복음 10:30~35

"어느 날 오후 전차 안에서의 일입니다. 전차는 승객으로 붐볐고 출퇴근 시간보다 승객이 더 많았어요. 한 남자가 전차 안에 쓰러져 있었지요. 그에게 무슨 일이 있었는지는 뻔했어요. 그는 매우 취해 있었고, 술 냄새를 비롯하여 심한 악취를 풍겼지요. …… 주위 모든 사람들이 그것을 느꼈지만 모두가 그저 쳐다보고만 있었습니다. 좌석은 80% 정도가 차 있었는데, 다들 그저 비웃기만 할 뿐 아무런 행동도 하지 않았어요. 그 다음 내가 탔는데, 솔직히 나 역시 그대로 멈춰 서서 아무것도 하지 않았습니다. …… 그가 심하게 재채기를 하자 입에서 가래가 쏟아져 나왔어요. 저런 맙소사! 모두가 그렇겠지만 정말 구역질이 났지요. 잠시 후 한 젊은이가 전차에 탔는데, 그를 보더니 무슨 일이 있었냐고 나한테 묻는 거예요. 나는 잘 모르겠다고, 그는 쭉 저러고 있다고 대답했지요. 그 젊은이는 승객 중에서 즉시 그를 도운 유일한 사람이었어요. 젊은이는 그를 일으켜 세워 좌석에 앉혔죠. 아주 자연스럽게 말이에요. …… 젊은이는 취객 때문에 자기가 더러워질 수도 있다는 사실에 전혀 개의치 않았어요. 가래가 달라붙을 수도 있고, 다른 뭔가가 묻을 수도 있잖아요. 그런데 그런 게 전혀 없었어요. 매우 특이하다고 생각했지요. 그런데 그 순간 내 자신이 어리석게 느껴지는 거예요. …… 나는 내가 아주 잘못 행동했다는 것을 전혀 알아차리지 못했거든요. 두려움 없이 행동한 이 젊은이를 통해 긍정적인 경험이 오래 지속되었어요. 그는 자신이 무엇을 하고자 하는지 정확하게 알고 있었죠. 어떤 문제 앞에서도 굴하지 않았고요. 그의 행동은 내게 무척 인상 깊었습니다."

— 1998년 초 스벤(Sven)과의 인터뷰에서

1

서론을 대신하여
연대의 현 상황에 대한 일곱 가지 테제

① 연대는 심각한 위기에 처해 있다. 위기라는 개념은 종종 몰락이나 종말과
연결된다. 그러나 위기 현상은 하나의 변화 과정일 수도 있고, 연대의 변화
를 표현할 수도 있다. '오래된' 연대 형식은 '새로운' 연대 형식에 의해 바뀔
수도 있을 것이다.

② '오래된' 연대란 동등한 사람들 사이에서의 관계이며, 어떤 공동체에서의
'사회적 결합'이다.

③ 많은 사람들에게 연대라는 단어는 넓게 확산된 연대의 형식인 '노동자 연
대'라는 의미를 가지고 있다. 동시에 노동자 연대는 동등한 사람들 사이에
서의 연대, 즉 공동체에서의 연대에 대한 가장 좋은 본보기이다.

④ 간단한 것이 어렵게 이루어지는 경우도 종종 있긴 하지만, 노동자 연대는
상대적으로 간단한 문제였고 이는 현재도 마찬가지다. 이들은 동등하거나
적어도 유사한 사람들이며, 동일한 집단이나 공동체에 속한 누군가와 연대
한다는 것은 비교적 쉬운 일이기 때문이다.

⑤ 그에 반해 동일한 집단이나 공동체에 속하지 않는 다른 사람, 즉 타자와의

연대는 더욱 어려운 일이다.

⑥ 노동자 연대는 위기에 처해 있다. 많은 사람들은 노동자들이 서로 매우 다르며 관심사도 다양하다는 것을 분명히 알고 있다. 그들이 남자든 여자든, 젊은이든 늙은이든, 노동자든 사무직 직원이든, 토박이든 이방인이든, 이주 노동자든 망명 신청자든 말이다. 그러나 아직 더 많은 차이가 존재한다.

⑦ 오늘날 필요한 것은 타자와의 연대이다. 즉, 공동체와 집단의 한계를 넘어선 연대가 그것이다. 그러한 연대를 위한 출발점은 존재하지만 그것은 다만 출발점일 뿐이다. 유의할 것은 새로운 연대가 오래된 연대를 불필요한 것으로 만드는 것은 아니라는 사실이다.

2
개념을 향한 첫 번째 접근

우리가 오늘날 어떤 방식으로든 연대에 관해 질문하기 전에 연대 개념 자체가 해명되어야 한다. 여기에서 어려움이 시작된다. 아우구스티누스(Aurelius Augustinus)는 시간이 도대체 무엇인가 하는 물음에 "아무도 그것이 무엇이냐고 내게 묻지 않는다면 나는 그것을 알고 있다. 그러나 누군가가 묻는다면 나는 그것을 모른다"라고 대답했다. 이 대답은 연대 개념을 좀 더 집중적으로 다루려는 사람의 상황을 매우 적절하게 대변한다.

연대 개념을 해명하고자 할 때 처음에는 모든 것이 아주 단순해 보인다. 예를 들어 나는 뉴스에서 얼마나 많은 사람들이 자신의 이해관계를 관철시키기 위해 시위를 하고, 심지어 파업을 하는지를 본다. 그들에게는 공통점이 많다. 그들은 피고용자로서 '독일의 철강 산업'에서처럼 같은 나라의 같은 직종에서 일한다. 또한 그들은 더 많은 임금이라는 같은 목표를 추구한다. 모든 것이 명백해 보인다. 그들은 연대를 과시한다. 공통된 이해관계를 가지고 있기 때문이다. 이들은 동등하다. 노동자로서 동등한 사회적 상황에 놓여 있고, 모두가 자신의 노동에 대해 더 많은 임금을 요구하기 때문이다.

그러나 좀 더 자세히 살펴보면 동등해 보이는 이 사람들도 한편으로는 매우 다르다는 것을 깨닫게 된다. 그 안에는 남성도 있고 여성도 있다. 대부분이 그 지역 출신이지만 외국인도 섞여 있다. 연령대도 다양하다. 그들에게 질문을 몇 가지 던져보면 사정은 정말 복잡해진다. 어떤 이는 무조건 더 많은 돈이 필요하고 그렇지 않다면 가족의 생계를 유지할 수 없다고 말한다. 다른 이는 임금 인상이 이미 이루어져야 했지만, 경제가 손상되어서도 안 된다고 생각한다. 자신은 요구한 만큼 임금 인상을 성취했고 이는 분명 기대했던 임금 인상에 상응하지만, 노동자와의 연대에 입각하여 함께 파업한다는 이도 있다. 그들은 정말로 더 많은 임금이 필요하기 때문이다. 여기서부터 벌써 혼란스러워지기 시작한다. 공동으로 제기하는 고유한 이해관계가 있는 사람이 있는가 하면, 사욕이 없는 사람도 있으며, 이런 일을 심각하게 생각하지 않는 사람도 있다. '동등함(Gleichheit)'이라는 것은 도대체 어떤 역할을 하는가?

우리는 텔레비전 뉴스에서 잘 차려입은 숙녀가 걸인 앞을 지나가다 잠깐 멈추어 서서 벌어진 모자 안으로 돈 몇 푼을 던져주는 것을 본다. 그녀는 순간적으로 고상하게 행동한다. 그러나 우리가 확실히 알 수 있는 것은 그녀가 행하는 것이 연대가 아니라 자선과 자비라는 사실이다.

첫 번째 중간 질문
연대란 도대체 무엇인가?

위의 예에서 첫 번째 결론을 이끌어내려다 보면 우리는 각자 아주 다른 해석을 얻게 될 것이다. 시위나 파업에 참여한 참가자의 동등함을 강조하는 사람도 있을 것이고, 그들 사이의 차이를 지적하는 사람도 있을 것이다. 연대의 고유한 형식인 집단의 '결속'이 자주 주장될 것이며, 다른 이들은 집단의 한계를 넘어서는 연대가 얼마나 중요한가를 강조하려 할 것이다. 이처럼 다양하고 상이한 의견을 고려할 때 손쉬운 방법은 전문가에게 자문을 구하는 것이다.

3

연대의 몇 가지 정의

연대의 의미는 역사적으로 확장되어왔고, 실제로 적용되어왔다. 따라서 오늘날 넓은 의미의 연대 개념과 좁은 의미의 연대 개념을 구별하는 것이 필수적이다. 좁은 의미의 연대 개념에 관한 몇 가지 견해를 살펴보자. 빌트 (Wildt, 1996: 372)는『블록하우스(Bloackhaus)』에서 '집단과 연계한' 해석을 시도했다. 연대는 "함께 행동하는 자 또는 함께 연관된 자로서 특정한 집단의 구성원이 행하는 협력과 상호 인정에 의해 생명력을 가진다". 갈리노 (Gallino, 1978)는『사회학 사전(Dizionario die Sociologia)』에서 연대를 "타자와의 관계에서 통일적인 주체로 행동하는 어떤 집단 구성원의 능력을 나타내는 개념"이라고 정의했다. 피어칸트(Vierkandt, 1972: 704)는『사회학 사전 (Wörterbuch der Soziologie)』에서 다음과 같이 진술하고 있다. "① 연대는 다수가 통일체로서 태도를 취하는 상태를 의미한다. ② 이 태도는 실천적인 의미를 지닌다. 이 태도는 외부 세계의 간섭에 의해 자극받는다. ③ 이 태도는 방해 · 간섭 · 공격에 대한 방어를 의미한다. ④ 연대적인 태도의 근거에는 ······ 공동체에 대한 신념이 놓여 있다. 여기서 공동체는 실천적 목적을 위한 결합이나 이익단체라기보다는 ······ 내적인 소속감을 의미한다."

라이젠슈타인(Reitzenstein, 1966: 11)은 행위의 공동성을 강조하지만 공동체 개념은 거부한다. "연대는 동등하고 공통적인 생활 상태를 공유하는 다수의 사람들이 공동의 목표를 위해 '사회적 적대자'에 맞서 서로에 대해 책임지는 공동의 사회적 행위를 의미한다."

연대를 이러한 식으로 이해하는 것은 노동조합 운동과 쉽게 관련시킬 수 있는데, 여기서 처음 언급된 '생활 상태의 동등함'과 '행위의 목표'가 강조된다. 피조르노(Pizzorno, 1966: 254) 또한 (집단, 계층, 공동체 등) 특정한 집단에의 소속을 동등함으로 다루고자 '연대의 체계'에 대해 말할 때 '동등함'을 강조하면서 다음과 같이 역설한다. "그러한 (집단적인) 통일체 내부에서의 행위는 더 이상 구별을 목표로 하지 않고, 오히려 참여라는 동등함의 영역에서 실행된다." 셀라(Cella, 1993: 31)는 연대적 행위에 대한 개인의 이해관계에 초점을 맞춰 고유한 이해관계의 계기에 대해 언급한다.

지금까지의 서술을 통해 '고전적인' 개념 정의의 중요한 관점이 대략 모아졌다. 그것은 사회적 상태의 동등함, 행위의 공동체, 이른바 상이한 관점하에서의 공동체성이다. 그러나 '사회적 적대자'라는 부정적인 것과 관련해서는 의견이 일치하지 않는다. 미헬스(Michels, 1914: 55)는 이미 1914년에 이런 의미에서 다음과 같이 주장했다. "연대 영역이 형성되려면 애초부터 날카로운 대립물의 존재가 필수적이다. 사람들은 누군가에 대항해서만 충분히 연대적이 된다." 물론 이 표현에 몇 줄 앞서서 그는 "사회의 어떤 보편적 연대, 즉 가장 순수한 형식의 연대는 어느 정도 기초적인 자연적 사건에 직면해서만 성립"한다고 이야기한다. 하지만 여기서 그는 연대가 "방어의 성격"을 가진다고도 한다. 그에게 보편적인 '인류의 연대'는 도달할 수 없는 '유토피아'인 것처럼 보인다.

그러나 "연대라는 표현을 통해 상상될 수 있는 가능성"을 제외한다면 우리는 이미 19세기에 모든 적대 관계를 거부하는 개념을 발견할 수 있다. 예를 들면 부르주아(Bourgeois, 1896: 15)는 "각각의 개인과 모든 타자 사이에 연대의 어떤 필연적인 결합이 존재한다"라고 말하고 있다. 지드(Gide, 1920: 697) 역시 다음과 같이 규정했다. "우리가 연대라는 표현을 같은 몸통에 속하는 모든 부분의 상호 의존으로 이해한다면, 연대는 바로 삶의 근본 특징이다." 연대에 대한 이러한 정의는 사회학의 원조인 콩트(Auguste Comte)의 『실증주의 정신에 관한 강론(Discours sur l'Esprit positif)』(1844)에서 처음으로 등장한다. 콩트 역시 부르주아나 지드와 마찬가지로 연대를 개별적으로 자세히 논의하지 않고 '사회적 결합', '사회적 결집' 또는 '사회적 통합'으로 특징짓는다. 이는 연대 개념의 현대적 이해에서 가장 선구적인 개념이기도 하다. "새로운 철학은 여러 상이한 관점을 고려하여 실천과 이론 모든 면에서 항상 모든 타자에 대한 각 개인의 결속을 강조하려 할 것이다. 이를 통해 사회적 연대의 친밀한 감정이 모든 시간과 장소로 확장되어 자기도 모르게 신뢰하게 된다"(Conte, 1985: 80).

제2차 세계대전 이후 연대 개념의 과잉 현상이 뚜렷해졌다. 세계대전의 참상은 이제 함께 협력하여 재건의 과제를 연대적으로 수행해야 한다는 생각뿐 아니라 개별 사회가 국가와 마찬가지로 자체적으로 서로 긴밀히 결합하려는 의지를 불러일으켰다. 예를 들어 이탈리아 헌법 제2조에는 "정치적 · 경제적 · 사회적 연대의 필수불가결한 의무"라고 언급되었다. 독일에서는 기독교민주연합(CDU)과 사회민주당(SPD) 같은 대립적인 정당들도 당의 공식 문서에 연대 개념을 사용했다. 1985년의 사회민주당 강령과 1978년의 기독교민주연합 기본 계획이 그 예이다.

노동조합과 기타 노동운동 조직, 기독교 교회를 비롯한 수많은 단체, 거의 모든 정당과 정부가 연대라는 용어를 사용했다. 이 용어는 쓰일 수 있는 모든 경우 — 독일 정부가 동독 건설 경비를 조달하기 위해 인상하는 세금을 '통일 연대세'라고 부르든, 2부 리그로 떨어질 위험에 처한 축구 클럽의 팬들이 자신들의 불행을 '연대'를 통해 벗어나려 했든 간에 – 에 쓰일 정도로 긍정적으로 자리 매김했다.

이러한 전개 양상에 학문적 연구의 책임이 전혀 없는 것은 아니다. 이를테면 뒤비뇨(Jean Duvignaud)는 『연대(La Solidarité)』(1986)에서 국가의 연대 대(對) 노동자의 연대, 비밀결사의 연대 대 축구 팬의 연대, 권력자의 연대 대 망명자의 연대에 대해 언급하고 있다. 그는 연대의 전통적 형식(혈연, 지식, 마술, 기술 등의 연대)을 구별하고, 여기에 놀이의 연대성과 축제의 복잡성과 유쾌함을 덧붙이고 있다.

이 책은 노동운동과 기독교적 사회론, 사회학과 사회철학에 함께 적용할 수 있는 좁은 의미의 연대 개념을 다룬다. 앞서 출발점으로 제시된 질문들을 고려할 때 이렇게 한계를 짓는 것은 우리가 결코 아무런 진전을 이룩하지 못했다는 것을 의미한다. 전문가들은 우리가 질문을 세분화하고 주제의 복합성을 더 강하게 의식하는 데 도움을 주었다. 그러나 우리는 무엇이 연대의 고유한 기초인지 여전히 모르고 있다. 그것은 서로 연대적인 개인들의 상태의 동등함인가, 단체 또는 공동체에 소속된 것의 동등함인가, 아니면 사회와 국가에의 소속인가? 단체의 경계는 매우 좁게 설정되어야 하는가 아니면 매우 넓게 설정되어야 하는가? 그것은 피어칸트가 말한 것처럼 '내적인 결합'의 감정인가 아니면 콩트가 말한 것처럼 모든 면에서 나타나는 인간의 상호의존에 대한 의식인가?

더 당혹스럽게 보이는 것은 근본적인 인간관계에 대해 제기된 물음에 대한 대답이다. 어떤 이들은 동등함이나 유사성을 고집하지만 혼드리히와 코흐아르츠베르거(Hondrich/Koch-Arzberger, 1992) 같은 이들은 거의 반대되는 주장을 펼친다. 그들은 "동등하지 않음에도" 이루어지는 결합에 대해 말한다. 이런 의미에서 의무를 말하는 빌트는 "우리 스스로가 향유하거나 가치 있는 것으로 간주하는 똑같은 기회, 권리, 목표가 실현되도록 우리와는 일치하지 않는 다른 상태를 가진 사람을 지지하는 것"(Wildt, 1996: 372)이라고 말한다. "연대 이념의 핵심은 타자에 대한 책임을 발전시키고 그것을 수용하는 것"이라는 스피커(Spicker, 1992: 68)의 흥미로운 발언이 지향하는 것도 마찬가지다.

전문가들이 더 이상 우리에게 실제적인 도움을 줄 수 없기 때문에 이제 여기서 우리는 개념의 역사에 몰두하고자 한다. 이 개념이 어디서 유래하는지, 그리고 당시 이 개념에 어떤 의미가 주어졌는지를 살펴보도록 하자.

두 번째 중간 질문

연대 개념은 어디서 유래하는가?

오늘날 연대라는 단어는 다른 유럽 국가(심지어 비유럽 국가)에 속하는 개념인 것처럼 보이기 때문에 그것이 프랑스에 기원을 두고 있다는 사실, 그리고 법률 용어에 기원을 두고 있다는 사실은 우리에게 익숙하지 않다. 연대개념은 원래 '연대 보증'을 의미하는 것으로서 프랑스 법에서 유래한다. 연대 개념은 1830~1840년대에 굉장한 이력을 시작하기에 앞서서 오늘날 사람들이 일반적으로 생각하는 것보다 훨씬 오랫동안 지속적으로 변해왔다.

'공동체의 책임(공통의 의무, 보증)'은 로마법의 전문 용어로서 프랑스 법에서 '연대(solidarité)'로 바뀌었지만 원래의 법적인 의미를 유지했다. 프랑스 계몽주의의 대표적인 저술로 꼽히는 디드로(Denis Diderot)와 달랑베르(Jean Le Rond d'Alembert)의 『백과전서(Encyclopédie)』는 연대를 "여러 채무자가 그들이 빌렸거나 빚진 액수를 되돌려줄 각오가 되어 있음을 인정하는 어떤 의무의 성질"이라고 설명하고 있다. 이처럼 연대 보증이라는 채권법적 의미에서의 연대 개념은 1696년의 『프랑스 학술원 사전(Dictionnaire de l'Académie française)』에도 나타난다.

4

볼테르
연대 개념의 기원

연대 개념은 『프랑스 학술원 사전』 1835년 판에도 여전히 다음과 같이 표현되어 있다. "연대(Solidarité): 법률 전문 용어. 둘 이상의 다수자가 계약을 한 경우 한쪽이 다른 쪽에게 또는 각자가 모두에게 책임을 져야 할 때 그것을 이행해야 할 의무가 있음을 의미하는 단어. 이 계약과 의무는 연대를 포함한다. 어떤 국가나 공동체가 의무를 가진다면 연대는 구성원 모두와 관련이 있다. 그들 사이에 연대가 존재하는 것이다. 연대는 전제되어 있는 것이 아니라 명백히 선언되어야 하는 것이다. 또한 연대 개념은 더 많은 채권자에게 적용되었는데, 그들 각자는 상환받을 금액 전체를 요구할 권리를 가지고 있다."

그러나 이 시기에 마침내 오래된 의미에서 새로운 의미로 전환이 이루어진 것으로 보인다. 위의 인용문에 바로 이어서 다음과 같은 문장이 덧붙어 있기 때문이다. "이 개념은 일상어에서 둘 이상의 다수자 사이에서 성립하는 상호적인 책임에 대해서도 적용되었다. 중요한 것은 우리를 결합하는 연대이다. 나는 결코 누군가와 나 사이에 연대가 존재한다고 말하려는 것이 아니다." 마찬가지로 리트레(Émile Littré)의 유명한 『프랑스어 대사전(Diction-naire de la langue française)』(1877)에도 연대 보증의 법률적 정의와 "둘 이상의 다수자 사이에 성립하는 상호적인 책임"이라는 두 가지 정의가 함께 실려 있다.

오래된 의미와 새로운 의미를 이렇게 나란히 제시하는 것은 이미 1세기 전 프랑스 계몽주의에서 시작되었다. 『백과전서』에는 오래된 의미만 사용되었지만, 나중에 발행된 『철학사전(Dictionnaire philosophique)』에서 볼테르 (Voltaire)는 '연대적'이라는 단어를 명백히 새로운 의미에서도 사용하고 있다. 『철학사전』은 1764년 비밀리에 유포하려는 목적으로 휴대용 문고판으로 발간되었지만, 볼테르가 계속해서 새로운 주제어를 추가했기 때문에 그 책은 더 이상 휴대용이 아니게 되었다.

볼테르가 1770년 판부터 추가한 '예수회(Jésuites)'라는 단어는 정확히 말하자면 '예수회 혹은 자부심(JÉSUITES OU ORGUEIL)'이다. 그리고 볼테르는 이 단체 회원들이 크게 기여했고 자부심을 느낄 만하다고 보았다. 예수회 회원들은 앙리 4세(1552~1610, 낭트 칙령의 선포자) 치하 프랑스에서 추방당했다가 "다른 회원의 태도를 보증할 예수회 회원 한 명이 국왕의 거처에 남아 있어야 한다"라는 조건으로 다시 소환당했다. 교활한 앙리 4세는 교황을 달래기 위해 그의 인질을 대부(代父)로 받아들였다. 볼테르는 "그 이후부터 모든 예수회 형제는 국왕의 대부에 대해 연대적으로 느끼게 되었다"라고 쓰고 있다(Voltaire, 1770; 1878; 1967: 501).*

개념의 변천은 수십 년 동안 이루어졌다. 브루노(Bruno, 1937: 669, 745)는

---

* 세이와 시스몽디에 대한 언급과 마찬가지로, 그 출처는 모랑즈(G. Mauranges)의 학위논문 *Sur l'Histoire de l'Idee de Soldarité* (Paris 1909)이다.

『프랑스어의 역사(Histoire de la langue française)』에서 프랑스 혁명의 시대에 대해 다음과 같이 표현한다. "연대가 발전하기 시작한다. (그 개념은) 여전히 현대적 의미와는 거리가 먼 것이었다." 그리고 그는 "이 단어는 이제 원래의 좁은 법률적인 의미를 넘어섰다"라고 덧붙인다. 프랑스 혁명기에 이 단어가 이미 새로운 의미에서 구어적으로 사용되었다는 증거를 찾아볼 수 있다. 미라보(Marquis de Mirabeau)와 당통(Georges Jacques Danton)은 국민의회에서 '연대(solidarité)'와 '연대적인(solidaire)'이라는 개념을 법률적인 연대 보증의 의미에서 벗어나 새로운 의미에 매우 가깝게 사용했다. 1789년 10월 28일 미라보는 국민의회에서 다음과 같이 말했다. "공적인 믿음과 사적인 믿음 사이에 연대를 …… 형성하는 것이 도덕적으로 중요하다"(Bruno, 1937: 669). 당통은 1793년 4월 1일 "우리는 모두 태도가 동일하다는 점에서 연대적이다"(Bruno, 1937: 745)라고 선언했다.

놀라운 것은 헤겔(G. W. Friedrich Hegel) 역시 이 형용사를 사용했다는 사실이다. 그것이 놀라운 이유는 이 단어가 아주 뒤늦게 등장했기 때문이다. 그에 반해 1848년 혁명에서는 '형제애(Brüderlichkeit)'라는 개념이 다른 형태로 사용되었다. 헤겔은 분명 자신의 식견을 토대로 하여 최초로 독일 정신을 선취할 수 있는 능력을 가진 사람이었다. 연대적이라는 단어는 1983년에야 출간되었기 때문에 헤겔 자신이 검토할 수 없었던 1819/20학년도 강의의 필사본에서 발견된다. 이 필사본의 편집자인 헨리히(Dieter Henrich)는 한 수강생이 강의를 메모했고, 고용된 대필가에 의해 온전한 텍스트가 완성되었으리라고 추측한다. 여기서 문제가 되는 것은 '법철학'이기 때문에 무엇보다도 헤겔의 『법철학 강요(Grundlinien der Philosophie des Rechts)』(1970)와 내용을 비교해볼 수 있다. 이 비교를 통해 편집자는 인륜성을 다룬 제3장을 메모한 이 수강생이 단어를 아주 꼼꼼히 기록했다고 판단했다. 두 텍스트의 구성과 설명하는 내용은 계속해서 동일하다. 그 밖에도 이 단어가 프랑스어에서 유래하여 당시 독일에서 아주 드물었다는 점에서 수강생이나 대필가가 자의적으로 사용했다고 보기는 어렵다. 따라서 헤겔 스스로 '연대적'이라는 단어를 사용했을 개연성이 아주 높다.

헤겔은 시민 사회에 관한 장(章)에서 인륜성의 수호자로서 경찰을 언급하고, 이러한 과제와 관련해서 사회 조직의 역할도 기술하고 있다. 그는 인륜성의 첫 번째 단계로 가족을, 두 번째 단계로 '협동조합' 또는 '조합'을 지칭한다. "조합의 목적은 동료 모두의 생계를 보장하는 것이다." 이와 관련하여 다음과 같은 표현은 연대의 현대적 의미와 잘 맞아떨어진다. "시민 사회의 관점에서 조합이 가족의 위치에 등장하게 되었다. 따라서 가족의 힘이 충분하지 못할 경우 개인에 대한 보살핌은 조합에게 귀속된다. 아이의 교육을 위해 그들의 동료를 보살피는 것이 우선적인 과제이고, 우연한 계기로 가난에 빠지게 된 이들을 위해 연대적으로 결집해야 한다"(Hegel, 1983: 203).

여기서는 연대 개념의 도덕적 적용이 확연히 드러난다. 헤겔이 『법철학 강요』에서 연대적이라는 단어를 사용하지는 않지만, 그곳에서 우리는 연대가 동료에 대한 단체의 도덕적 의무라는 것을 알 수 있다. 이 단체는 "특별한 우발적인 사건에 대항하여 그들의 식구를 보살펴야" 하며, "요컨대 그들을 위해 제2의 가족"이 되어야 한다(Hegel, 1970: 394).

나아가 빌트는 1884년의 로젠크란츠(Karl Rosenkranz)가 쓴 헤겔 전기에서 한 문장을 발견했는데, 이 문장에서 연대적이라는 단어는 훨씬 더 넓은 의미로 사용되고 있다. "그것이 분열되어 있든 억지로 떼어놓든, 스스로 외국인처럼 행세하든, 단호하지 못하고 여전히 머뭇거리든 민족이라는 것은 내적인 연대적 통일체이다"(Rosenkranz, 1963. Widlt, 1988: 205 재인용). 헤겔주의자인 로젠크란츠가 당시 독일에 잘 통용되지 않았던 단어를 사용했다는 것

역시 헤겔 스스로 이 표현을 사용했다는 사실을 분명히 입증해준다.

모랑즈는 세이(Jean-Baptiste Say)의 글에서 이 단어를 발견했다. 세이는 인간 사이에는 어떤 종류의 연대가 존재한다고 쓰고 있다(유감스럽게도 직접적인 전거는 없다). 더 나아가 모랑즈는 제네바의 경제학자이자 역사학자인 시스몽디(J.-Ch.-Léonard de Sismonde)의 『경제정책의 새로운 원칙(Nouveaux Principes d'Economie politiques)』(1819)에서 또 하나의 용례를 발견한다. "노동자는 그에게 임금을 지불하는 사람에게 필수적이다. 마치 임금을 지불하는 사람이 노동자에게 필수적이듯이 말이다. 따라서 둘 사이에는 연대가 존재한다(적어도 존재해야 한다)"(Mauranges, 1909: 88).

결론적으로 말하자면 프랑스 철학자 르루(Pierre Leroux)가 연대 개념을 도입했다는, 오랫동안 타당한 것으로 여겨져 왔던 가정은 맞는 이야기가 아니다. 무엇보다도 1810년 이전에는 새로운 의미가 문자로 명백히 표현되지 않았다. 그래서 기독교 사회주의자로 간주되는 생시몽(Saint-Simon)의 제자였던 르루는 1839년에 처음으로 출간된 『인간성에 대하여(De l'Humanité)』에서 '인간의 상호적인 연대'에 대해 말하고 있다. 그는 기독교적 자비의 삼중적인 불완전성(의무, 교만함, 편파성)에 대해 날카롭게 비판한 다음, 연대를 '자비'의 '참된 형식'과 동일시했다. 그에게 "인간적인 자아"는 "자비 자체의 형식"(Leroux, 1985: 157, 160~, 171)으로 순화되어야 하는 것이며, 연대는 상호적이어야 한다. 르루는 자신이 이 개념을 새로운 의미에서 최초로 사용했다고 단언했고, "우리는 모두 하나의 동일한 육신의 일부이다"(Gide/Rist, 1920: 308)라는 바울의 문장에서 영감을 얻었다고 했다. 그는 『사마리아인의 동맹파업(La Gréve de Samarez)』에서 다음과 같이 설명한다. "나는 연대 개념을 철학과 종교에 처음으로 도입하기 위해 법학자에게서 이 개념을 빌려왔다. 나는 기독교의 자비를 인간적인 연대로 대체하려 했다." 이 단어의 일반적 사용에 관해서라면 르루의 주장은 옳지 않다. 그러나 그는 아마도 이 개념을 새로운 의미에 상세하게 관련시키고, 그것을 토론하고 철학에 도입한 최초의 인물일 것이다.

르루에 따르면 프랑스에서는 이러한 연대 개념이 사용된 저작이 난무했다. 르노(Hyppolite Renaud)는 1842년에 발간된 푸리에(Fourier)의 학설에 대한 요약서를 『연대. 푸리에 학설의 종합적 고찰(Solidarité. Vue synthetitique de la doctrine de Charles Fourier)』이라고 이름 붙였다. 1849년에 르누비에 (Charles Renouvier)의 『인간과 시민의 공화국 편람(Manuel républicain de l'homme et du citoyen)』이 출간되었는데, 여기서 르누비에도 역시 인간의 사회적 결집을 연대로 묘사했다. "악에서와 마찬가지로 선에서의 연대는 인간성의 법칙이다." 같은 해에 프랑스 민주당은 의회 선거를 위해서 위원회를 만들었으며, 그것을 '공화국의 연대(la Solidarité républicaine)'라고 불렀다. 이러한 사실은 연대라는 단어가 이런 용도로 사용될 만큼 높은 대중적 수준에 도달했다는 것을 의미한다.

당시 영국의 출판물에서 연대의 새로운 의미를 접하게 된다는 것 또한 이 사실을 대변한다. 예를 들어 『옥스퍼드 영어사전』(1889)은 연대를 "완전히 혹은 하나나 여러 관점과 관련되어 결합하고 있는 공동체의 특성을 말함. 특히 이해관계, 동정심, 노력에서, 그중에서도 노동조합원의 노력이나 행위에서 찾아볼 수 있는 것"(972쪽)이라고 정의하고 있다. 이러한 정의는 1848년 [≪인민일보(People's Press!)≫], 1852년, 1853년의 전거를 통해 뒷받침된다.

이러한 최초의 개념에서는 오늘날의 정의에서도 재발견되는, 뚜렷이 구별되는 두 가지 규정이 분명해진다. 하나는 사회과학적인 규정으로 '사회적 결합' 그리고(또는) '사회의 사회적 관계'이다. 다른 하나는 적대적 위치에 있는 사회적 집단의 사회적 관계를 의미한다. 예를 들면 '공화국의 연대', '왕권주의의 적대자와 함께하는 선거대책위원회' 등이다.* 이것은 나중에 노동자 연대에서 구체화된다.

세 번째 중간 질문
바로 이어서 뒤르켕이 등장하는 이유는 무엇인가?

뒤르켕(Émile Durkheim, 1858~1917)은 물론 19세기 후반의 인물이다. 그렇다면 왜 19세기 초반에서 바로 세기의 종반으로 뛰어넘어 가는가? 연대에 관한 그의 주요 저서이자 학위논문인 『사회분업론(Über soziale Arbeitsteilung)』은 1893년에 출간되었다. 그 사이에 연대의 영역에서 많은 일이 일어났으며, 이에 대해서는 노동자 연대를 다루는 장(章)에서 다시 다루게 될 것이다. 콩트에 의해 촉발된 사회의 연관에 관한 반성은 당시에 — 예를 들면 르누비에에 의해서 — 공격을 받았지만, 그것이 직접적이고 지속적으로 전개된 것은 거의 50년 후 뒤르켕을 비롯한 학자들이 등장하고 나서부터였다. 뒤르켕에게는 이 문제가 중심 주제였다. "뒤르켕은 초기부터 …… 사회 질서의 문제와 사회관계에 관한 질문에 집중하게 된다"(Müller/Schmid, 1988: 481).

---

* 덧붙여 말하자면 이 위원회는 1848년 선거전에서 발족되었다. '민주적이고 사회적'이어야 하거나 영속적이 되어서는 안 되는 공화국을 계획하고자 할 즈음이었다. 1848년 혁명 세력이 선호한 표현은 다음과 같다. "공화국은 민주적이고 사회적일 수도 있고, 그렇지 않을 수도 있다."

5
에밀 뒤르켐
기계적 연대와 유기적 연대의 구별에 대하여

나아가 뒤르켐은 우리의 고찰에서 근본이 되는 두 가지 종류의 연대를 제시했다. 이것이 근본적인 이유는 이 구별이 이 책의 도입부에서 언급한 오래된 연대와 새로운 연대를 구별하는 데 기초가 되기 때문이다. 뒤르켐은 그의 이중적인 개념 규정을 통해, 한편으로는 명백히 오래된 사회과학적 설명 방식으로 계속 사유하고 있고, 다른 한편으로는 그의 언어 선택이 우리에게 오늘날 더 이상 자연스럽게 이해되지는 않지만 그는 이 개념 규정을 내용에 따라 여전히 사용할 수 있는 방식으로 구별하고 있다.

뒤르켐은 그의 획기적인 연구『사회분업론』에서 사회적 질서의 문제, 즉 사회적 유대와 결속의 문제를 다루었다. 그의 관심을 끈 것은 오늘날의 방식으로 말하자면 '개인화된' 인간과 사회적 연대 사이의 연관성이었다. 여기에서 뒤르켐은 개인이란 그가 생각하는 의미에서 그리고 우리가 생각하는 의미에서 하나의 "사회적 창조물"이라는 점을 철저히 의식하고 있었다 (Coser, 1984: XV). 이를 뒤르켐의 언어로 표현하면 다음과 같다. "이 작업의 출발점은 개별적인 인격과 사회적 연대 사이의 관계에 대한 물음이었다. 더 자율화되는 개인이 어떻게 점점 더 사회에 종속되는가? 개인이 어떻게 인격적인 동시에 연대적으로 존재할 수 있는가? 이 두 가지 운동이 서로 대립적으로 보이는 것만큼이나 병행하여 진행된다는 것은 논박될 수 없는 사실이기 때문이다"(Durkheim, 1992: 82).

코저(Lewis Coser)는 영어판의 서문에서 — 전적으로 뒤르켐이 의도했던 의미에서 — 이 물음을 심화시킨다. "이미 개인을 휘감고 있는, 인간적 자율과 개성을 억압할 수 있는 제도가 가하는 역겨운 지도에 개인이 굴복하지 않고도 사회적 결속이 유지되고 강화될 수 있는가?"(Coser, 1984: XIII).

뒤르켐이 보기에 연대는 그가 저급하고 파편화되었다고 불렀던 먼 옛날이나 개인의 자율에 대한 인식이 없는 사회에서나 가능한 것이었다. 뒤르켐은 그 사회에서 인간을 직접 사회에 결합시키며 유사성에서 성장하는 연대를 발견했다. "이 연대는 개인을 단순히 집단에 일반적이고 무규정적으로 결속시킴으로써만 존립하는 것이 아니다. …… 이 집단적인 움직임이 곳곳에서 동일한 것이기 때문에 이 운동은 곳곳에서 동일한 작용을 만들어낸다"(Durkheim, 1992: 156~). 그는 이러한 종류의 연대를 법률의 예를 들어 설명한다. 이 연대는 뒤르켐에게 형법을 통해 표현되기 때문이다. 그는 이러한 종류의 연대를 '기계적'이라고 부른다. 그가 보기에 이 연대는 공통적인 — 오늘날 우리는 오히려 '자동적'이라 말할 것이다 — , 말하자면 동등하고 유사한 사회적 상태와 거기서 성장한 집단의식에서 유래하기 때문이다. 기계적 연대는 "집단의 모든 구성원에게 공통적인 믿음과 감정을 통해 어느 정도 조직화된 하나의 전체성이다. 그것은 집단적인 유형이다. …… 최초의 연대 형식은 모든 공동체 구성원의 이념과 노력이 개인에게 개별적으로 다가오는 이념과 노력을 횟수와 강도에서 능가할 때 비로소 강해진다. 이 연대는 그 초과분이 현저할수록 더욱 활발해진다"(Durkheim, 1992: 181).

뒤르켕은 의식을 두 종류로 구별하는데, 집단적인 의식에 속하는 것과 개인적인 의식에 속하는 것이 그것이다. "유사성에서 생겨나는 연대가 자신의 준칙에 도달하는 것은 집단 의식이 우리의 전체 의식에 정확히 상응하고, 모든 점에서 그것과 일치할 때이다. 그러나 이 순간 우리의 개성은 거의 영(零)에 가깝다. 개성이라는 것은 공동체가 우리에게 작은 의미만을 차지할 때 생겨나는 것이다"(Coser, 1992: 181~). 뒤르켕은 비유기적인 물체에서 다시 발견되는 개별적인 존재와 집단성 사이의 엄밀한 연관에서 이 연대의 명칭에 대한 자신의 단어 선택을 정당화한다. "나아가 다음의 사실이 밝혀진다. 정의가 맞다면, 이 연대가 작용하는 순간 우리의 인격은 해체된다. 그것은 이 연대가 작용하는 한 우리는 더 이상 우리 자신이 아니라 집단적 존재임을 뜻한다. 이와 같이 유일한 방식으로 결집할 수 있는 사회적 분자들은 합쳐진 전체 속에서 무기물 분자와 마찬가지로 어떠한 고유한 운동성도 갖지 않는 정도에서만 움직일 수 있는 것이다. 그래서 우리는 이러한 종류의 연대를 기계적이라고 부르기를 제안한다. 이 단어는 이 연대가 기계적·인공적 수단을 통해 생산될 수 있다는 것을 뜻하지는 않는다. 단지 단단한 물체를 서로 결합하는 결속과 유사한 것으로서 그리고 생동적인 육체의 통일을 만드는 결집과 대립하는 것으로서 기계적이라 부를 뿐이다"(Coser, 1992: 182).

뒤르켕은 또한 이러한 사회적 연관의 형식이 "일탈적인 행위를 신속하고 혹독하게 처벌"함으로써 특정한 윤리규범과 보충기제로서의 "강제적" 권한을 가진다고 서술한다. "그러한 윤리규범이 행위자 상호 간의 높은 상호작용과 포괄적인 개인적 친밀성이 있는 상황에서만 작용할 수 있다는 것은 명백한 사실이다"(Schmid, 1989: 620~).

뒤르켕은 자신이 깨달은 사회 분화의 과정을, 특히 사회 분화의 직업적 시각에 근거하여 사회적 분업의 진보로 설명하고 있다. 이제 분화와 더불어 하나의 새로운 연대가 생겨난다. 인간은 다른 사람의 생산품에 의존하여 살아갈 수밖에 없기 때문이다. 이 사회적인 상호 의존성은 인간을 유기적 연대로 이끈다. 인간은 유기적 신체의 일부와 마찬가지로 사회라는 신체의 한 부분으로서 서로 의존적이기 때문이다. "개인은 노동 분업이 심화될수록 더욱 사회에 의존하게 되며, 각자의 활동이 특수할수록 더욱 개인적이 된다"(Durkheim, 1992: 183). 이러한 특수화는 의식에 대해서도 상응하는 결과를 가져온다. "두 번째는 모두가 온전히 자립적인 활동 영역, 즉 인격을 가질 때만 가능하다. 집단 의식은 개인 의식의 한 부분을 해방시켜야 한다. 그곳에서 집단 의식이 규제할 수 없는 특수한 기능이 생겨난다"(Durkheim, 1992: 183). 그것은 다시 사회와 그것의 결속에 작용하게 된다. "사회는 전체로서 움직이도록 더욱더 능력을 가지게 되는 반면, 그 사회의 구성요소 각각은 더 많은 고유한 운동을 가진다. 이 연대는 우리가 고등동물에서 관찰할 수 있는 것과 흡사하다. 모든 기관은 고등동물의 세계에서 고유한 골상(骨相)과 자율성을 가진다. 그럼에도 부분의 개별화가 더 강하게 각인될수록 유기체의 통일성은 더 크다. 이러한 유추를 근거로 해서 나는 노동 분업에 힘입은 연대를 유기적 연대라 부르기를 제안한다"(Durkheim, 1992: 183).

이것은 얼핏 보면 유기적 연대가 사회의 노동 분업적 특성에서 다소간 자동으로 생겨나는 것처럼 보인다. 그러나 좀 더 자세히 살펴보면 우리는 '유기적 연대'가 '두 가지 본질적인 조건'에 달려 있다는 사실을 깨닫게 된다. "첫째, 노동 분업적 생산과 관계된 모든 사람들은 서로 의존하는 감정에 의해 적절한 실행을 준비하게 하는 동기를 갖도록 해야 한다. 이 실행이 성과를 내기 위해서는 함께 행동하는 사람이 필요하다. 둘째, 노동 분업의 조건에서 창출된 소득은 정당한 것이어야 한다"(Schmid, 1989: 621).

뒤르켕은 사회의 두 가지 발전 단계에 상응하는 연대의 두 가지 종류를 이

분법적으로 구분함으로써 당대의 학문적 정신에 철저히 일치하고 있다(Coser, 1984: XIV). 스펜서(Herbert Spencer)는 군사사회와 산업사회를 구별했고, 퇴니스(Ferdinand Tönnies)는 공동사회와 이익사회를 구별했다. 그러나 이 사상가들이 한 사회에서 다른 사회로의 이행을 몰락으로 해석한 반면, 뒤르켕은 이 변동을 사회적 과정에서의 필수적인 발전으로 이해한다. 그는 "안정적인 사회적 결속과 사회적 연대가 없다면 개인주의는 사회의 몰락으로 귀결될 것"(Coser, 1984: XIV)이라고 확신했다. 그러나 그는 파편화된 사회였던 좁은 공동체에서의 연대를 사회적 결집의 유일하게 참된 형식으로 보지 않았다. 반대로 이 연대는 현대사회에서 유기적 연대로 대체될 것이다.

하지만 뒤르켕은 그의 이상상(理想像)이 현실에 절대 상응하지 않는다는 사실, 즉 연대가 사회 분화와 발맞추어 성장하지 않았다는 사실을 결코 간과하지 않았다. 뒤르켕은 그 이유를 사회구조의 급격한 변화와 거기에 보조를 맞추지 못한 도덕 사이의 괴리에서 찾는다. 파편화된 사회의 도덕은 자신을 대신할 새롭고 적절한 도덕이 채 등장하기도 전에 성장이 멈추어버렸다. 더욱이 노동 분업의 비정상적인 형식이 등장하자 사회는 아노미 상태로 변하고 말았다. 그러나 뒤르켕에게 이러한 시차(時差) 위기 현상은 그저 일시적인 것이었다. 사회가 — 무엇보다도 교육을 통해 — 이 괴리를 메우는 데 기여할 수 있기 때문이다. 그의 낙관론적 관점에서는 우리가 오늘날 개인주의라고 부르는 '개인의 숭배'는 '전 인류의 이상'에 접근하기 위해 인간의 형제애, 기회 균등, 정의로운 활동과 결합된다(Müller/Schmid, 1988: 506). 이 이상은 인간에게 그리 많은 것을 요구하지 않는다. 그것은 "단지 이웃을 사랑하고 정의롭기를, 우리의 과제를 충실히 이행하기를, 각자 자신에게 가장 알맞은 기능을 수행하고 자신의 노력에 대해 정당한 보상을 얻도록 활동하기를 요구할 따름이다. 이 도덕을 구성하는 규칙은 자유로운 숙고, 즉 개인의 자유로운 판단이 질식될 만큼 강제적이지 않다. …… 그 결과 모두가 자발적으로 모든 개별적인 인간의 안녕에 기여하게 된다"(Durkheim, 1992: 478~).

유기적 연대에 대한 뒤르켐의 옹호는 "모두의 의지에서 유래하며 모든 개별적 인간의 자유를 존중하는 사회계약에 기인하는" 사회에 관한 루소적인 사고 모델의 함축적인 해결책이기도 하다. 그러나 "실제로 사회에서 발견될 수 없는 이 보편의지는 요청되거나 혹은 그렇지 못한 경우 국가가 개인의 자유를 희생하고라도 보편의지를 단련하도록 해야 한다"(Donzelot, 1994: 50, 70). 이러한 모순과 자신의 정치적 귀결에 근거하여 셀리그먼(Seligman, 1995: 204)은 문명사회의 전통에 찬성하고 루소적인 시민적 덕목의 전통에 반발하여 "우리들 각자가 자신의 인격과 자신의 모든 활력을 보편의지(루소)의 고귀한 인도 아래 결속시키는 공동체는 뒤르켐이 기계적이라고 부른 연대의 유형에 관한 모델이다"라고 주장했다. 루소가 추구한 시민적 덕목의 전통에서는 사회적 차별이 불평등과 덕목의 상실로 이어진다. 반면 문명사회의 전통에서는 사회적 차별 과정이 문명성으로 이어진다.*

뒤르켐의 테제가 아무 반박도 받지 않은 것은 아니다. 프랑스에서는 특히 실증주의적 비판이 제기되었으며, 슈몰러(Gustav Schmoller)는 노동 분업의 부정적인 결과를 적절히 제시했다(Müller/Schmid, 1988: 486). 실제로 뒤르켐의 저작에는 매개적인 단계가 결여되어 있거나 중요한 관점이 다루어지지 않고 있는데, 예를 들면 노동 분업적 사회에서 도대체 누가 상호 의존적이며 누구는 그렇

---

* 이런 연관에서 셀리그먼은 퍼거슨(Adam Ferguson)과 애덤 스미스(Adam Smith)를 언급한다. 여기서 퍼거슨은 당연히 부패의 가능성을 염려한다. 비록 여기서 부분적으로만 다루었지만, 나의 견해에 따르면 셀리그먼이 시도한 대립적 설정을 통해 뒤르켐의 함축적이며 부분적으로 명백한 전망과, 사회적 차별화와 개별화에 관한 그의 이전의 긍정적인 평가가 더 분명해진다.

지 않은가 하는 물음이 그것이다. 또한 뒤르켕은 자본주의 사회에서 경제의 포괄적인 성격을 부분적으로만 파악했을 뿐이다. 그러나 우리가 연대의 두 가지 형식을 이상형(理想型)과 원형(原型)으로 번역하고 이 형식들이 '파편화된' 사회와 노동 분업적 사회에 밀접하게 관련되는 인과적인 결합을 해소한다면, 이 유형들은 연대와 그것의 역동성을 분석하는 데 있어서 오늘날에도 매우 유용하다. 이를 위한 전제는 첫째, 기계적 연대와 유기적 연대를 뒤르켕이 정의한 파편화된 사회와 발전된 노동 분업의 사회라는 연대의 역사적 기초에서 어느 정도 분리하고, 둘째, 뒤르켕이 상반되는 사회에서의 기계적 연대와 유기적 연대라고 그때그때 묘사한 개념의 특성에서 그 사회의 토대를 찾는 것이다. 그렇다면 기계적 연대의 기초는 사회적 상태의 동등함 혹은 유사함, 어떤 공동체에 소속되어 있다는 동등함, (상황에 따라 형성된) 이해관계와 목표의 동등함이다. 사회적 상태의 동등함에서 '기계적으로' 상응하는 의식, 동등한 연대성이 자명하게 연역되는 것은 아니다(그렇지 않다면 모든 임금노동자는 노동조합에 의해 조직화될 것이다). 그러나 여전히 상대적으로 엄밀한 연관이 존재한다.

그렇다면 유기적 연대의 기초는 차이와 동등함의 혼합이 될 것이다. 여기서 동등함은 극단적인 경우 인간존재(의 동등함)로 환원된다. 다른 기준으로 공동체성을 도입할 수 있을 것이다. 그렇다면 기계적 연대는 그때그때 공동체의 구성원에 관계하는 반면, 유기적 연대는 공동체 외부의 인간과도 관계한다.

아마도 근대에는 연대의 두 가지 형식이 항상 존재했을 것이다. 그러나 과거에도 그랬고 오늘날에도 마찬가지로 많은 사회에서 여전히 기계적 연대, 즉 동등함에 바탕을 둔 연대가 지배적일 것이다. 연대를 실천하는 사람들이 개인적으로는 매우 다르다고 하더라도 공동체의 구성원으로서는 동등하다. 동등함의 표상은 연대를 실천하는 데 결정적이다. 사회 내부에서 증가하는 인종적인 차이와 여성운동의 영향이 아마도 차이가 이전보다 훨씬 강하게 연대의 기초로 주제화되는 데 기여했을 것이다. 이것은 기계적 연대가 사라졌음을 의미하는 것이 아니라 유기적 연대가 — 뒤르켐의 저서 이후 한 세기 만에 비로소 — 현실과 학문적 논의의 근본 주제가 되었음을 의미한다. 예를 들면 혼드리히와 코흐아르츠베르거는 『근대사회에서의 연대(Solidarität in der modernen Gesellschaft)』에서 이것을 다음과 같이 정의한다. "연대는 차이와 동등하지 못함에도 불구하고 이루어진 연대감이다(이런 측면에서 연대는 사회적인 차별을 전제한다). 그러나 동시에 연대는 차이 때문에 생기는, 즉 동등하다고 느끼는 이해관계가 차별적으로 침해받는 데에서 기인하는 연대감이다"(Hondrich/Koch-Arzberger, 1992: 13). 이러한 고찰을 근거로 연대성의 두 가지 시기를 구별해보자.

6
연대 개념의 역사
선구자, 세 가지 노선, 세 개의 시기

이제 새롭게 의미가 부여된 개념인 연대가 단지 오래된 일에 대한 새로운 상표에 불과한 것인가 하는 물음이 제기된다. 이 문제를 다룬 대부분의 저자는 형제애(Brüderlichkeit, fraternité)가 연대의 선행 개념이라는 데 동의하고 있다. 그러나 몇몇 저자는 특정한 개념 변화가 새로운 단어와 결합되어 있다는 점을 지적한다. 연대의 상이한 개념이 사태를 복잡하게 만들지만, 계통의 발견을 쉽게 하기도 한다. 몇몇 초기 저작에는 여전히 두 단어 모두 눈에 띄기 때문이다. 예를 들면 1848년 카르노(Hyppolyte Carnot) 장관의 권유로 『인간과 시민의 공화국 편람』*을 쓴 철학자 르누비에는 이 책자의 끝 부분에 새로운 「인간과 시민의 권리와 의무에 대한 선언(Déclaration des droits de l'homme et de citoyen)」(이하 「인권선언」)을 정초했다. 이 선언의 제16조에는 다음과 같이 표현되어 있다. "악에서와 마찬가지로 선에서의 연대는 인간성의 법칙이다. 그것은 한 인간에게 주어지지 않았으며, 인간은 자신만을 혼자

---

* 이 책자는 프랑스 의회에서 우파가 카르노 장관을 낙마시키는 데 기여하기도 했다.

구원하거나 상실할 수 없다. 어떤 인간도 다른 사람이 고통받는 동안 혼자 선할 수도 없고 지성적일 수도 없다"(Renouvier, 1981: 145). 비록 1848년의 혁명적인 운동의 맥락에서 전체 '인간성'이 연관되지만, 여기서 다시금 명백히 '사회의 사회적 관계'가 대두된다. 이 책의 제11장은 전적으로 형제애에 관한 내용이다. 형제애는 공화국에 속하는 인간의 덕목으로서 "기독교적 도덕의 사회적 형식"과 다를 바 없으며, 심지어 하나의 의무라는 것이다. 특히 흥미로운 것은 이를 보충해주는 내용이다. "(74) 공화국은 모든 시민에게 – 형제애의 이름으로 – 다음과 같은 권리를 인정한다. ① 노동을 하고 그것을 통해 살아갈 권리, ② 사회적인 교육에 관한 권리와 일반적으로 자신의 능력을 유지하는 데 필수적인 교육에 관한 권리. (75) 공화국은 – 형제애의 이름으로 그리고 공화국이 사용할 수 있는 모든 수단을 통해 – 노동자 연합의 형성을 지원하고 임금노동을 철폐하기 위해 현재 게으름뱅이의 손에 있는 토지의 분배를 유도할 의무가 있다."

여기에 "모든 취업자와 취업자 연합에게 제공되는 폭넓은 신용 체계"의 요구, "모든 형식에서 일어나는 인간에 대한 인간의 착취"의 철폐, "재산의 공평하고 정의로운 분배"가 덧붙는다(Renouvier, 1981: 153~). 여기서 노동자 연대의 의미에서의 형제애가 투쟁 개념으로 정립되었다.

자유무역의 대변자인 바스티아(Frédéric Bastiat)도 역시 『경제적 조화(Harmonies Économics)』(1850, 완결본 1851)와 다른 저작에서 연대와 형제애라는 단어를 르누비에와 유사한 의미에서 사용한다. 심지어 그는 제21장을 「연대(Solidarité)」라고 이름 붙였다. 그가 "연대의 법칙은 집단적 책임의 한 종류"(Bastiat, 1964: 513)라고 할 때 무엇을 의미하는지는 분명하다. "사회는 연대에 관한 상이한 표명들이 서로 결합한 연결망에 불과할 뿐이다"(Bastiat, 1964: 514~). 심지어 그는 다른 민족 사이의 연대와 같은 민족 내의 다른 세대 사이의 연대까지도 막연하게나마 암시한다. 또한 그는 '특정한 사회주의적 학파'가 연대라는 단어를 오용했다고 책임을 전가한다. 이것은 그가 여기서 줄여서 투쟁 개념이라고 불리는 상이한 표현을 거부한다는 사실을 의미할 뿐 이다. 비록 그가 공산주의자, 푸리에주의자, 오웬주의자, 카베(Etienne Cabet), 블랑(Louis Blanc), 프루동(Pierre-Joseph Proudhon), 르루와 같은 사람들과 명 백히 거리를 두기는 하지만, 그는 형제애를 형제자매 사이에서처럼 헌신과 희생을 함축하는 자발적인 감정으로 정의한다. 그는 형제애를 법률적으로 규 정할 수 있는 가능성을 비판한다. 만약 규정할 수 있다면 — 여기서 그는 올슨 (Mancur Olson)의 '합리적 선택 논증(rational-choice-Argument)'(1965) 개념을 선 취한다 — 모든 사람은 할 수 있는 한 적게 기여하고 "희생에 대한 공동 소득" 에서 많이 얻어내려고 노력하게 되고 말 것이다. 그 결과 그에게 형제애는 오 히려 상호적인 도움, 자비 혹은 사회적인 이타주의의 의미를 가진다. 이것은 추후에 생겨난 연대 개념의 한 변형이지만, 그가 스스로 적용하는 것과는 매 우 다른 것이다.

위에 인용된 저서들에서 연대 개념의 프랑스적 전통이 그 기초를 확보하 게 된다. 이 전통은 연대에서 — 콩트와 뒤르켕에서와 같이 — 사회적 관계를, 형제애에서 소속과 연대의 감정을 강조한다. 예컨대 프랑스의 사회주의적 문헌에 강하게 영향받은 라살레(Ferdinand Lassalle)는 이런 의미에서 두 개념 을 적용했다. 프랑스 철학자 베르그송(Henri Bergson) 역시 1932년에 이와 유사하게 표현했다. "인간이 사회적 연대를 형제 관계로 확장한다면, 전혀 다른 의미에서 다시금 인간은 자연을 기만한다"(Bergson, 1980: 53). 베르그 송은 본성의 기만이라는 자신의 발언을 인간이 본성적으로 "지성적이고 사 회적인 존재이며, 그의 사회적 능력은 …… 작은 사회를 이끄는 것을 목표로 준비되었다"(Bergson, 1980: 54)라는 주장을 통해 정당화한다. 그는 스피노자의 의미에서 "우리는 능산적 자연(能産的自然, natura naturans)으로 회귀하기 위해 소산적 자연(所産的自然, matura naturata)에서 분리되었다"(Bergson, 1980: 54)라고 생각한다.

그러나 그를 통해 형제애 개념의 변형이 — 전부는 아니지만 — 변형된 연대 개념 일부를 앞서 제시하고 있다는 사실이 분명해진다. 따라서 우리는 연대의 제1시기를 형제애의 시기라고 부를 수도 있을 것이다. 그렇다면 제2시기는 1840년대 프랑스에서 시작된 '기계적 연대'의 시기일 것이다. 제3시기의 시작이 1990년대에 설정된다 하더라도 그것이 그를 통해 기계적 연대가 사라졌다는 사실을 의미하지는 않는다. 단지 그것은 상대적으로 그 의미를 상실했으며, 그를 위해 — 종종 아직 결핍되어 있는 — '유기적 연대'가 요구되었고, 또한 이미 여러 번 실행되었다는 것을 의미한다. 유기적 연대에 대한 이러한 요구는 무엇보다도 여성, 소수인종, 동성애자, 장애인 등 모든 부류의 소수자의 사회적 위상에 관한 논의에서 표현된다. 그 반응이 항상 필요나 객관적인 위급 상태에 충분히 작동하지 않는다고 하더라도 이런 부류의 연대적 행위는 그 사이에 연대의 새로운 시기로 고찰될 수 있을 정도로 수적으로 풍부해졌고 확산되었다. 연대의 전통적 형식 자체도 여기에 영향받게 되며, 예를 들면 몇몇 노동조합에서는 사회적 관계의 새로운 형식이 재음미되고, 이러한 영역에서 시험되었다.

7

처음에는 형제애였다

사회의 근본 특징이 오늘날과 같이 형성되었을 때 개인의 자유와 평등이 중심적인 고찰 대상이 되었다. 그러나 계몽주의자와 혁명가는 비록 그들이 이름 붙였던 연대라는 단어가 '결집'보다 더 보편적인 충만함과 운동의 열정을 표현한 것이라 하더라도 사회의 결속, 즉 형제애*에 관한 사상을 전개해 나갔다. 여기서 우선적으로 언급되는 프랑스의 혁명가들은 자유와 평등을 통해 마련된 것은 단지 인간의 새로운 상호 관계를 위한 전제일 뿐이라는 사실을 철저히 의식하고 있었다. 그래서 그들은 형제애라는 단어를 사용했다. 그러나 이 단어는 부분적으로 '수도회'나 '길드'에서 나온 것이기 때문에 수정을 거치지 않고서는 올바른 것일 수 없었다. 그러나 어쨌건 그 사이에 프리메이슨 비밀결사 대원까지도 형제 개념을 가져다 썼다.

프랑스의 혁명가들도 새로운 사회에서 개인 사이의 관계를 규정하는 데 친족적인 감정의 전이, 즉 형제애로는 충분하지 않을 수도 있다는 사실을 생

---

* 오늘날 이 단어를 사용하려면 그것이 함축하고 있는 반어성성을 반드시 염두에 두어야 할 것이다.

각했을 것이다. 적어도 한 사람은 확실히 그랬다. 그는 바로 개인의 필연적인 인정(認定) 관계를 생각했던 헤겔이었다(Honneth, 1994). 인정은 그것이 형제애를 포함하고 있다고 하더라도, 형제애와는 명백히 다른 것이다.

그러나 '사회관계'가 주제로 다루어지긴 했지만 그것이 중심적인 위치를 점한 것은 아니었다. 이 관계는 한 세기 후나 오늘날처럼 엄밀히 문제가 되지는 않았었다. 자유와 평등이 첫 번째 서열을 차지하게 된 것은 우연이 아니다. 프랑스 혁명에 관한 수많은 분석가들은 형제애가 자유, 평등, 형제애 중에서 가장 '초라한 동족'이라는 데 동의한다. 프랑스 철학자 바슈로(Etienne Vacherot)는 1860년 "자유와 평등은 원칙인 반면, 형제애는 그저 하나의 감정일 뿐이다"(Munoz-Dardé, 1998: 153 재인용)라고 적고 있다.

그러나 개념의 역사를 조금만 생각해보면 왜 형제애가 프랑스 혁명가들에게 사회적 연관성에 관한 그들의 생각을 표현해주는 적절한 개념으로 다가왔는지 알 수 있다.

비록 이 단어가 그 이전부터 존재한 것은 사실이지만 기독교의 형제 개념이 다른 어떤 개념보다 강하게 오늘날까지 문화적으로 작용했다. 공동체 구성원에 관한 단어의 의미가 전이되는 것은 지금도 일어나는 현상이다('피의 형제', '동맹국' 등이 그 예이다). "초기 기독교인은 종교적 동지를 '형제'로 표현하는 관습을 유대인에게서 받아들였다"(Schieder, 1972: 554). 기독교의 형제애 이념은 중세 수도회의 형성에도 영향을 끼쳤다. 시더(Wolfgang Schieder)는 여기서 프란체스코 교단의 수도자 공동체를 가리키고 있다. 그러한 공동체도 역시 새로운 사회적 연관성으로 개념이 전이되는 것을 수월하게 하기 때문이다. 그러나 기독교의 형제 개념이 이미 초기 중세시대에서 세속화되었고, 길드에 의해 도회지에 도입되었다는 사실은 의심의 여지가 없다. 1100년부터 1500년까지 길드의 집회 장소로 쓰인 워릭(Warwick) 지방의 고택 대들보에는 "형제를 사랑하라(Love the brotherhood)"라고 쓰여 있다.

시더는 형제 개념의 중요한 다음 단계로 루터(Martin Luther)와 경건주의를 통한 '정신화(精神化)'를 부각시켰다. 루터는 천국의 신적인 형제애를 생물학적 형제애와 구별하고 있으며, 이 신적인 형제애에 대해 "어떤 다른 형제애도 그렇게 깊고 가깝지는 않다"(Schieder, 1972: 560 재인용)라고 주장한다.

형제 개념은 거의 같은 시기에 오늘날 동지, 동료, 연대 등의 단어가 사용될 수 있는 맥락에서 처음으로 사용되기 시작했다. 독일의 농민전쟁에서 봉기한 농민들은 서로를 이른바 "기독교적 형제들"(Franz, 1963: 469)이라고 불렀다. 농민들은 그들의 세속적인 사회적 관계를 포괄적으로 생각하여 — 즉 보편화의 충동에 고무되어 — 시민 및 기사들에게 형제 관계를 맺도록 자극하고 강요했다. 또한 그들은 — 자료에서 드러나듯 — 세속적인 삶에서 신 앞에서의 평등을 실현하고자 했다.

재세례파(再洗禮派)가 형제와 형제애라는 개념을 농민들과 유사하게 사용한 것은 틀림없다. 농민 봉기가 진압되고 재세례파가 억압당하면서 이 개념의 의미도 사라졌고 이 개념의 전통을 직접 형성하는 데 영향을 끼칠 수 없었다. 그러나 사회운동의 초기 예에서 연대라는 투쟁 개념의 동기, 예를 들면 형제 개념에서 표현되는 평등과 보편화의 충동, 격정적이고 강력한 공동체성이 어떻게 등장하는지는 매우 의미심장한 것이다. 이것들은 오늘날까지 사회운동의 '격렬한' 동기를 각인하고 있다[사르트르(Jean-Paul Sartre)의 『융합된 집단(groupes en fusion)』 참조].

그에 반해 형제애의 다른 의미에서는 원래부터 연합의 제한성, 그리고 그와 결합된 감정을 길드에서 확인할 수 있다. 특히 영국의 길드에서 널리 확산된 수공업 직인 연합은 노동조합의 전신이라고 할 수 있는데, 나중에 등장하는 노동조합적인 연대 개념과의 유사점을 그 안에서 발견할 수 있다. 그러나 길드에서의 형제 관계는 종종 수직적으로 정의되었다. 말하자면 전체 길드가 도제부터 수공업 직인까지 연관되어 있었다는 뜻이다. 연합의 제한성은 분명히 확인되어야 했다. 대부분의 길드나 수공업 직인 연합에서 구성원은 수공업 직인으로 한정되어 있었으며, 남자들로만 이루어져 있었다. 여성 또는 혼성으로 이루어진 길드는 매우 드물었다. '형제 관계'라는 표현이 다양하게 사용되었지만 '형제'라는 표현은 수공업 직인들 사이에서만 쓰였다. 영국에서 수공업 직인 연합이 형제애(fraternity)나 우애(brotherhood)로 불린 것은 유럽 대륙보다 더 드문 일이었으며, 동료(companies, 프랑스에서는 compagnonage)나 비밀사회(misteries)로 불리기도 했다(Leeson, 1980: 26). 시웰(W. H. Sewell Jr.)은 영국 길드에서 형제애라는 단어가 "영속적으로 사용"되었다고 지적한다. 그러나 이는 다소 애매한 말이다. 이 단어는 한편으로는 "혁명적인 말투"를, 다른 한편으로는 "전통적인 길드 어휘의 일부"를 포함하고 있기 때문이다. 따라서 이 단어는 "길드적인 어법과 혁명적인 어법을 결합시키는 데 매우 적절한 선택이었다"(Sewell, 1980: 20). 길드 연합의 형제애는 방황하는 직인을 위한 지원 사업(그들을 받아들이고 숨겨주며 노자를 제공하는 등)을 통해 제도화되었다(Leeson, 1980: 32~). 그들의 의례적인 인사말인 '형제들(Brüder)'이나 수공업 직인 연합의 결집을 칭하는 '형제애(Brüderschaft)'라는 단어는 19세기까지 그 명맥을 유지했다(Grießinger, 1981: 75~ 참조).

라살레는 길드에서의 형제애의 한계를 인식한 최초의 인물이었다. "길드의 원칙인 동시에 유일한 이점은 그것이 개인들의 이해관계의 연대라는 것이다. 그러나 재단사의 연대, 구두공의 연대 등이 이해관계에 따라 각 연대가 모두에게 대립하는 연대이듯 그것도 신분적 연대이지 인간적 연대는 아니다"(Lassalle, 1972: 24). 그는 나중에 미헬스가 제기할 비판을 미리 제시하듯이 "이 길드의 존재는 생업의 질서 원칙, 하나의 연대의 질서 원칙, 생산자의 공동체성의 질서 원칙에 기인한다. 이 연대는 잘못된 연대이다. 그것은 신분적인 연대, 조합 동지의 연대이기 때문이다. 따라서 이 연대는 배타적이고 독점적이다"(Lassalle, 1972: 26)라고 적고 있다.

이러한 한계는 유럽 계몽주의의 형제애 개념을 통해 철폐되었다. 최초의 프리메이슨 비밀결사대는 수공업 직인 연합을 모방하여 형성되었고, 그 결과 여전히 제한적으로 조직되었지만, 이 단체가 보여주는 사상의 총화는 그러한 제한을 훨씬 넘어서고 있다(Koselleck, 1969: 55~ 참조). 프리메이슨 비밀결사대는 그들의 공동체 내에서만 평등한 존재였다. 집회소에서 어떤 서열을 차지하고 있든지 관계없이 서로 형제라는 호칭을 사용하는 데서 그들의 내적인 연관성을 알 수 있다. "형제라는 이름은 프리메이슨 비밀결사대의 의무를 매우 잘 표현하고 있다"〔『프리메이슨단의 사전(Dictionnaire maçonnique)』(1828), 58쪽〕. 프리메이슨 비밀결사대는 심지어 "오래된 의무 또는 1722년의 정관에 의거해 상호 간에 형제애(brotherhood)의 의무를 가진다"(Schneider, 1972: 563~).

유럽 계몽주의에 관한 저명한 저서들에서 프리메이슨 결사대의 이러한 형제 개념의 의미를 − 더 강한 보편화 경향과 함께 − 발견할 수 있다. 여기서는 대표적으로 칸트(Immanuel Kant), 실러(Friedrich von Schiller), 베토벤(Ludwig van Beethoven)에 대해 이야기해보자. 그것은 베토벤의 9번 교향곡의 마지막 장에서, 그리고 실러의 「환희의 송가(Hymne an die Freude)」 중 "모든 인간은 형제" 부분에서 철학과 예술이 결합되어 다른 어떤 곳보다 계몽주의의 충만함이 풍부하고 집중적으로 나타났기 때문만은 아니다. 그것은 여기서 계몽주의의 합리주의적인 냉정함이 보여주는 허구 또한 공식적으로 분명히 부정되기 때문이다. 그렇게도 차분하게 계산하고 시계와 같이 생각하고 행동했던 칸트 자신도 "자신의 가슴에서"에서 도덕 법칙을 느꼈고,

"세계 시민적인 통일(형제 맺기)"에 대해 분명히 말하지 않았던가?

형제애 혹은 연대를 주창하는 모든 사회운동에서 그것과 결합된 공동체성의 감정, 그리고 포괄적이고 보편적인 요소가 강하고 의미심장하게 드러난다. 그것은 프랑스 혁명에서도 나타났지만, 여기서는 그것의 극복을 위해 오늘날도 여전히 노력해야 하는 내적인 제한이 동시에 나타난다. 자코뱅 당원의 '형제애 협회(sociétés fraternelles)'에는 여성도 구성원이 될 수 있었지만 개념과 혁명적인 실천의 대부분은 남성 중심적으로 규정되어 있었다. 「인권선언」은 자유와 평등을 권리로 제정했다. 그러나 형제애는 법률로 규정될 수 없었고, 자매간의 친밀한 감정은 더더욱 그러했다. 그 결과 형제애는 「인권선언」에 등장하지 않는다. "형제애는 하나의 의무일 뿐 근본 원칙이 아니다"(Bruno, 1937: 667). "자유의 나무"와 "형제애의 나무"가 심어지긴 했지만 그 수는 매우 적었다. 1791년 프랑스 헌법은 이 원칙을 틈틈이 언급했으나, 1793년에는 전혀 나타나지 않았다. 이는 1848년 혁명 운동에 이르러서야 비로소 헌법으로 수용되었다.

이처럼 지체되고 궁극적으로 상반되게 사용되었지만, 혁명가들은 긍정적인 감정, 무엇보다도 혁명과의 동화 감정을 부추기기 위해 끊임없이 형제애라는 단어를 증거로 사용했다. 라파예트(LaFayette)는 샹드마르스 공원에서 모든 프랑스인과 끊어지지 않는 형제애의 울타리를 통해 결합된 것으로 느낀다고 밝혔으며, 미라보(Marquis de Mirabeau)는 이것이야말로 프랑스 혁명의 위대한 발명 중 하나라고 확언한다.* 프랑스 혁명기의 저명한 역사가 중

---

* 오주프(Mana Ozouf)는 『프랑스대혁명 비평 사전(Dictionnaire Critique de la Révolution française)』(1988: 731~)에 기고한 글에서 혁명은 모든 인간이 형제일 수 있는 사회를 만들려고 했다고 적었다. 말하자면 혁명은 윤리적인 초월을 시도했고, 형제애에서 그 가능성을 찾은 것이다.

한 사람인 미슐레(Jules Michelet)는 형제애를 혁명의 중심적 원칙으로 고찰하고, 이 원칙이 개별성의 권리를 보증하는 동시에 자유와 평등의 완결을 이끈다고 주장한다. 그에 반해 프랑스 혁명사에 대한 영향력 있는 저술을 쓴 블랑(Louis Blanc)은 혁명 속에서 두 가지 다른 원칙이 교정되는 것을 인식한다. 형제애는 실천적으로 실현되어야 할 "민주주의자의 정치적 신념"으로 정식화되었다. "그러나 이 형제적인 혁명의 낙관주의는 직접 실현되지 못하고 만다. 형제단의 혁명적 의미가 실제로 실현되지 못했기 때문에 형제애는 이데올로기로 축소된다"(Schieder, 1972: 566).

물론 형제애의 실현에 있어서 전적으로 상반된 실천은 분명히 확인할 수 있다. 그래서 한편으로는 예를 들면 지역 법정의 배심원을 구성할 때 가톨릭교도와 신교도, 유대교도, 심지어는 유색인까지 포함되도록 세심한 주의를 기했다는 것이다. 그러나 다른 한편으로는 형제애와 공포가 매우 직접적으로 결합된 프랑스 혁명의 공포 시기도 있었다. 자유로운 민족에게는 형제 아니면 적(敵)만 있을 수 있다는 구실로 인간의 형제로의 동일화가 폭력적으로 실현되었다(Ozouf, 1988: 731~).*

1791년 6월 14일의 「르샤플리에 법」도 어떤 의미에서는 형제애의 실천에 속한다. 이 법률은 모든 결사체 ─ 특히 길드, 고용주 연합, 수공업 직인 연합 ─ 를 금지했는데, 이는 자유와 평등을 창출하고 자유 거래가 자유의 한 부분으로서 가능하도록 하기 위한 것이었다. 1세기 반이 더 지난 다음 바스티아(Frédéric Bastiat)는 노동자와 고용주 사이의 사회적 불평등을 고착시키는 이

---

* 원래 긍정적인 의미를 가진 '누구와 교제를 하다(fraternisieren)'라는 단어는 그동안 매우 부정적인 뉘앙스로 쓰였다. 다비드(Marcel David)는 프랑스 혁명에서의 형제애(fraternité)에 대해 수많은 예를 실은 단행본을 썼다(David, 1987).

러한 생각을 전혀 주저하지 않고 제시한다. 그에 반해 바뵈프(Gracchus Babeuf)는 프랑스 혁명 기간에 봉기를 이끌면서 시민들의 실제적인 평등을 요구했지만 허사였다. 「르샤플리에 법」을 반대한 몇 안 되는 이들 중 한 사람인 마라(Jean Paul Marat) 또한 "명문 귀족의 귀족정치를 부자들의 귀족정치로 대체한들 우리가 얻을 수 있는 것은 도대체 무엇인가?"(Bouvier-Ajam, 1957, t. I: 707. Castel, 1995: 201 재인용)라면서 이의를 제기했다.

마라는 이 논쟁을 정치적으로 생각했지만 '배척과 논외'에 의해 규정된 특정한 실재성을 정확히 포착했다. 이를 위해 시민권의 정의가 유용하다. 이 논쟁 이후 적극적 시민과 수동적 시민을 구별하기 시작했고, 이는 곧 프랑스인 270만 명의 선거권을 박탈했다. 그 이유는 그들이 충분한 세금을 내지 않았기 때문이다(Castel, 1995: 206 참조). 사회정책은 빈민 구제에 머물러 있었고, 빈민은 사회적 연대이자 사회적 시민권의 도입(마셜)으로서 형제애의 물음이 시작되기까지 100년이나 기다려야 했다. 프랑스의 혁명가들 또한 빈민 구제의 필요성을 느끼기는 했지만, 그것을 자유주의적인 모델의 조정 방법으로만 생각했을 뿐 정치적 평등을 실현시키는 점진적인 사회적 평등의 수립에 관한 근본적인 사회적 요구로서 이해한 것은 아니다.

프랑스 혁명 이후에 특히 좌파 지식인들은 '혁명의 완성'이라는 목표를 위해 사상적인 노력을 기울였다. 예컨대 푸리에는 그가 추구한 형제애를 '사회적 형제애' 혹은 '모두에 대한 사랑'이라고도 불렀고 후자와 함께 보편화의 원칙을 수용한다. 「가계와 농업의 협력에 관한 논설(Traité de l'association domestique et agricole)」에서 그는 뤼티히(Lüttich) 지방의 광산 매몰 사고를 예로 든다. 이 사고로 80명의 광부가 수몰로 고립되었다. 인근 갱도에서 광부들이 급히 몰려왔고, 이들은 알지 못하는 동료를 구하기 위해 나흘 동안 엄청난 노력을 기울였으며, 도움에 대한 어떤 보수도 분개하며 거부했다. 푸리에는

『포괄적 통합론(Théorie de l'unité universelle)』에서 이와 같이 융합된 상황을 다음과 같이 표현하고 있다. "그러한 상황에서 철학은 얼마간 평등과 형제애를 고찰할 수 있다. 사람들은 모두에 대한 사랑, 즉 진정 형제애로 뭉친 모든 사랑하는 집단을 형성하는 것을 이해하지 못하는 문명에서조차도 이 평등과 형제애에 관해 서투르게나마 꿈을 꾼다"(Fourier, 1841~1843, t. 3: 373~).

한편 카베(Etienne Cabet)는 『공산당 신조(Credo Communiste)』에서 형제애에 하나의 독립된 장을 할애하고 있다. 거기서 그는 "전 인류가 하나의 가족을 형성하고", "모든 인간의 형제애가 그들에게 평등을 가져온다"(Diehl/Mombert, 1920, t. 11: 22~ 재인용)라고 표현하고 있다.

형제애의 개념은 비록 부분적으로는 연대에 의해 대체되었지만, 1848년 혁명 직전에 프랑스에서 새로운 비약을 체험한다.* 다비드(Marcel David)는 심지어 1992년 발간된 이 시대(1830~1851년)에 관한 저서를 『형제애의 봄(Frühling der Brüdlichkeit)』이라고 이름 붙였다. 그러나 이 책은 '형제애의 성쇠'라는 부제를 달고 있다.

프랑스에서는 이미 연대로의 이행이 진행되고 있었지만, 독일에서는 이제 겨우 형제애의 개념을 익히고 있었다. 프랑스 혁명 이전에 독일에서 '형제단'과 '형제 맺기'라는 표현은 이미 익숙한 것이었지만 형제애라는 표현은 그렇지 않았다. 시더는 형제애라는 단어를 독일어로 번역하는 것이 처음에는 무척 어려웠다는 점을 밝혀낸다. 포르스테르(Georg Forster)는 '형제애(Brüdertreue)', '의형제(Bruderbund)', 괴레스(Johann Joseph von Görres)는 '형제단(Brüderschaft)', 슐레겔(Friedrich Schlegel)은 '형제애(Fraterität)'에 대해

---

* 예를 들어 위고(Victor Hugo)는 이해에 다음과 같이 말했다. "모든 시민을 위한, 모든 사람에 의한 보호를 형제애라 부른다"(Munoz-Dardé, 1998: 154).

말하고 있다. 그에 반해 프랑스 혁명에 관심을 가지고 이를 면밀하게 관찰한 캄페(Joschim Heinrich Campe)는 『혁명기에 쓰인 파리에서의 편지(Briefen aus Paris: zur Zeit der Revolution geschrieben)』(1790)에서 "그 새로운 광경을 나타내기 위해 이미 1790년에 노련한 감수성을 통해 완전히 새로운 단어가 발견되었으며 이것을 형제애라는 표현을 통해 발견했다"(Schieder, 1972: 567)라고 말하고 있다.

"함바흐 축제 초대장에서 지벤파이퍼(Philipp Jakob Siebenpfeiffer)는 …… 결단력 있는 형제단을 요구했다." 그리고 4년 후인 1834년 "베른에서 마치니스(Giuseppe Mazzinis)의 독촉에 따라 이탈리아, 독일, 폴란드의 급진주의자들은 젊은 유럽의 형제단의 문서에 서명"했다. 이 문서에서 참석자들은 "인간의 평등과 형제, 민족의 평등과 형제"를 믿는다고 선언했다(Schieder, 1972: 572~). 또한 종교적 공산주의자인 바이틀링(Wilhelm Weitling)의 영향을 받은 것으로 보이는 스위스의 공산주의교육연합(1840년경)의 정관에는, 비록 명문화되지는 않았지만 "너라는 호칭의 재도입, 모든 모욕에 대한 사과의 실천, 모든 위반을 병으로 간주하는 습관, 그리고 공동의 목적을 위한 협동을 통한 형제애"(Bluntschli, 1972: 34)라고 표현되어 있다. 1848년 독일에서의 혁명적인 운동에서 형제단과 형제애라는 단어는 새롭게 출발하는 노동자 운동의 구호로 채택되었다. 독일 최초의 포괄적 노동조합은 스스로를 '독일노동자형제단(Allgemeine Deutsche Arbeiter-Verbrüderung)'이라고 불렀으며, 이들이 발간하는 신문의 이름 또한 ≪독일노동자형제단≫이었다. 이 신문에 이따금 연대적이라는 단어가 등장했다. 1849년 3월 9일 이 신문에 발표된 "노동자를 위한 십계명"에서 무엇보다 눈에 띄는 것은 다음과 같은 문장이다. "당신은 그렇게 해야 진정 자유로울 수 있다. 자유와 평등은 단지 제3의 것, 즉 형제애에서 나올 수 있기 때문이다." 1850년 노동자형제단의 기본 규약에는 조직화의 목표로 강력한 상호성과 형제애에 기초한 조직(결사체)이 언급되고 있다.*

청년 마르크스는 1844년 — 조금 후에 엥겔스(Friedrich Engels)가 그랬던 것처럼 — 프랑스의 노동자에 대해 경탄하면서 다음과 같이 적고 있다. "그들에게 인간의 형제애는 빈말(Phrase)이 아닌 진리이다"(MEW, 1968: 554). 그러나 몇 년 뒤 그와 엥겔스는 『1848~1850년 프랑스에서의 계급투쟁(Klassenkämpfe in Frankreich 1848 bis 1850)』에서 형제애 개념의 무차별성을 다음과 같이 비판한다. "당시 모든 왕권주의자는 공화주의자로, 파리의 모든 백만장자는 노동자로 변모했다. 이러한 계급 관계의 비실재적 지양과 이에 상응하는 빈말이 형제애(fraterinté), 즉 보편적인 형제단과 형제애였다. 계급 대립의 이 평온한 추상화, 서로 모순적인 계급이해의 이 감상적인 화해······"(MEW 7, 1960: 21).

위에서 언급한 바와 같이 프랑스의 전통에서 라살레는 연대에서부터 형제애라는 정반대의 길로 나아갔다. 그는 하나의 신분적인 유산에서 벗어난 보편화된 연대 개념을 형제애와 동일시했다. "이러한 조직화된 만인에 대한 만인의 파괴 투쟁을 통해서만 조합 동지로만 이루어진 길드 세계의 편협한 연대로부터가 아니라 보편적인 인간적 연대, 즉 형제애의 원칙이 고양될 수 있기 때문이다!"(Lassalle, 1972: 25).

독일에서 형제애는 20세기까지 순수하게 '신조를 나타내는 개념'(시더)으

---

* 당시 독일 노동운동에서의 형제관계와 형제애라는 단어의 확산에 관한 아주 많은 증거가 여전히 존재한다〔프랑크푸르트 직인 운동, 쾰른의 노동자 연합(Scheider, 1972: 576 참조)〕. 형제애의 개념에 관한 시더의 기초적인 작업과 나란히 1848년의 독일 혁명에서의 형제애, 형제 관계, 노동자연합에 관한 자료에 대해서는 무엇보다도 바슬러(Frolinde Basler)의 『사회민주주의(Sozial-Demokratie) 1848/49-1863』(Stuttgart 1962)을 들 수 있을 것이다.

로 남아 있었다. 그러나 이 말은 대체로 좁은 범위에서만 적용되었는데, 예를 들면 고백교회처럼 나치의 국가사회주의에 저항함으로써 알려진 기독교 교회 내부의 단체에서나 적용할 수 있는 것이었다.

나중에 형제애 개념은 예를 들면 롤스나 드워킨(Ronald Dworkin)에 의해 사회철학적 논의에서도 다시 수용되었다.* 그럼에도 20세기에 형제애의 이념은 이미 오래전에 연대로 대체되었다.

네 번째 중간 질문
여성은 어떤 상태였는가?

다른 곳에서와 마찬가지로 프랑스의 시민혁명이 주창한 평등은 모든 인간의 평등으로서 이상적으로 선언되었지만, 잘 알려진 바와 같이 당시의 사회적 현실은 달랐다. 혁명가에게는 당연히 그들 고유의 평등, 즉 귀족정치의 특권을 박탈하는 것이 실천적으로 중요한 문제였다. 대부분의 지도적 인물은 평등을 철두철미하게 보편주의적인 원칙으로서 생각했지만, 그것을 위해 끊임없이 등장한 단초들은 단지 단초로 그치고 말았다. 현실에서는 당시 사회운동의 고유한 논리가 관철되었다. 이것은 운동을 우선적으로 이끌어가는 계층의 사회적 논리가 실제로 관철되어 우위를 점했다는 것을 의미한다.

배제된 자들, 이를테면 여성과 노동자는 이론적으로 허용된 권리를 실제로 관철시킬 만큼 강력하지 못했다. 우리 사회의 초기에는 성별, 피부색, 직

---

* "여기서 정치적 정당성의 설득력 있는 방어로서 우리에게 주어지는 것은 형제애에서 성장한, 정의를 넘어서는 결속의 이념이다"(Munoz-Dardé, 1998: 158).

업, 종교 등이 어떠하든 간에 인간과 시민에게 권리가 부여되었는데, 이 권리는 실천을 통해 비로소 쟁취할 수 있었고, 이는 오늘날에도 마찬가지이다. 보편화의 원칙은 모든 단체의 창립 문서에 명시적으로 혹은 묵시적으로 선포되었으며, 그것은 이 사회의 이상적인 기초 중 하나라고 할 수 있다. 보편화의 원칙에 대한 포스트모던적 비판은 단지 이 원칙이 실제로 관철되지 않았다는 점에서 진실한 측면을 지니고 있다. 그러나 시민사회의 역사는 본질적인 부분에서 이 원칙을 관철시키기 위한 투쟁으로 이루어지며, 이 역사는 거의 항상 중심적인 역할을 수행해왔던 연대의 관점에서 고찰되고 서술될 수 있다.

여성은 프랑스 혁명 기간에 투쟁을 시작했다. 그들은 바스티유 감옥의 습격에 동참했다. 1790년 초에 여성단체가 결성되었는데, 이 단체는 나중에 일반화된 것처럼 자선적인 업무만을 담당한 것이 아니라 인권, 특히 여성의 권리에 대해 토론했다. 그들은 종종 '시장 아낙네'의 저항 행진으로 평가절하되었던 자신들만의 저항 행진을 관철했고, 자신들만의 신문을 편집했다. 이렇게 지속된 행동이 근대 여성운동의 출발을 특징짓는다. "여성은 혁명적인 봉기를 함께 일으켰고 전개했다. 그 밖에도 그들은 1789년경 프랑스에서 빵뿐 아니라 고유한 권리를 주장하기 위해 공개적으로 모습을 드러낸 최초의 집단이자 하나의 사회적 운동이었다"(Gehard, 1990: 52).

여성의 요구가 어떤 것이었는지는 ≪여성들의 하소연 잡지(Cahiers de doléances des femmes)≫(1981)가 보여주는데, 여성의 소원은 대부분 혁명 이전에 이미 제기되었던 것이다. "여성에게도 교육과 직업교육을 실시할 것, 이혼 후에 경제적으로 보호해주고 민법에 따라 동등하게 대우하는 것, 포괄적인 의미에서 온전하고 자연법적인 논거를 통해 평등한 위상을 확보할 것 등이 중심적인 요구였다"(Petersen, 1991: 13). 그 밖에 여성들은 삼부회에 대표단을 파견할 권리를 요구했다(Henry, 1989: 38).

여성운동은 1793년부터 모든 수단을 동원해 폭력적으로 억압되었다. 여성은 1793년 4월 시민권을 상실했고, 10월에는 모든 여성단체가 금지되었으며, 1795년 초부터는 정치 집회에 참여하는 것도, 청원서를 제출하는 것도 더 이상 허용되지 않았다.

여기서는 프랑스 혁명에서 여성운동의 대표적인 사례로서 올랭프 드 구즈(Olympe de Gouges)에 대해 간략하게 다루고자 한다. 그것은 그녀가 당시 여성운동의 전형으로서 간주될 수 있기 때문만이 아니라 여성운동의 가장 중요한 문서인 「여성인권선언(Die Erklärung der Rechte der Frau und Bürgerin)」을 작성했기 때문이다. 이 문서에는 여성과 남성의 이상적인 연대적 관계가 구상되어 있다.

드 구즈는 백정인 아버지와 장신구 판매상인 어머니 사이의 딸로 남부 프랑스에서 태어났으며, 17세에 결혼했고, 아들 하나를 낳고 일찍이 과부가 되었다. 부유한 젊은 직인의 유모로서 파리로 이주하여 그곳에서 몇 년 동안 그와 함께 살았다(Henry, 1989: 42). 그녀는 결혼을 "신뢰와 사랑의 무덤"(Henry, 1989: 42)으로 표현했으며, 더 이상의 결혼을 거부했다. 미슐레(Michelet, 1855: 105)는 혁명적인 여성들에 관한 그의 낭만적인 작품에서 그녀를 예의와 교양이 없는 사람으로 묘사했고, 북프랑스식 문어체에서 드러나는 그녀의 약점을 넌지시 꼬집었다. 이 '교양 없는 여인'은 수없이 많은 정치적 작품과 극본을 썼는데, 그녀는 파리의 많은 남녀 작가와 마찬가지로 자신의 작품을 비서에게 받아 적게 했다. 그녀가 쓴 엄청난 양의 텍스트를 고려하면 다른 방식으로는 그것이 불가능했을 것이다. 그녀의 작품은 프랑스의 가장 유명한 무대에서 상연되었으며, 특히 노예 매매에 반대하는 작품 하나는 그에 걸맞은 소동을 겪은 후 며칠 동안 프랑스 국립극장(Comédie Française)에서 상연되었다.

그러나 우리에게 오늘날 가장 중요한 작품은 「인권선언」에 대항하는 구상인 「여성인권선언」이다. 이 선언은 "사회적 · 법률적 · 정치적으로 평등한 여성의 위상"을 요구했다. 이 선언은 "의식적으로 1789년의 「인권선언」과 연관시켜 이 선언의 이중적 의미와 편협성을 폭로했다. 그 과정에서 드 구즈는 가부장제가 자연권이나 평등과 합치할 수 없다는 사실을 두려워하지 않고 폭로했다"(Petersen, 1991: 12). 드 구즈는 이 글의 전문에서 "여성의 권리에 대한 무지, 망각, 경시가 공공의 비참함과 정부 부패의 유일한 원인"이라고 비난하고 있다(Gehard, 1990: 264).

드 구즈의 사회적인 이상은 연대적인 성의 관계를 비일상적인 언어로 서술하고 있다. 그녀는 국가를 '여성과 남성의 연합'으로 생각하는데, "여성은 자유롭게 태어났으며 모든 권리에서 남성과 평등하다". 그녀에게 "모든 정치적 조직(결사체)의 목표와 목적은 …… 여성뿐 아니라 남성의 자연적이고 양도할 수 없는 권리를 보호"(Gehard, 1990: 265)하는 것이다. 드 구즈는 그루(Groult, 1986: 115)가 편집자 서문에 적고 있듯이 『상젤리제의 미라보(Mira-beau aux Champs-Élysées)』의 머리말에서 여성들에게 "더욱더 연대적이 되기를" 간청한다. 그녀가 연대라는 단어를 사용하지는 않았지만, 실제로 그 의미를 소유하고 있었던 셈이다.

「여성인권선언」의 열 가지 항목에서 "여성은 단두대에 오를 권리와 마찬가지로 연단에 오를 권리도 가져야만 한다"라고 사상의 자유를 요구했던 드 구즈는 1793년 11월 3일 단두대에서 처형되었다. 그녀는 '독재자' 로베스피에르(Robespierre)를 비판하며 투표권을 요구했고, 소책자를 통해 기존과는 다른 의견을 나타내고자 했다. 그녀는 죽기 전 유언장에 다음과 같이 적었다. "나는 나의 심장을 모국에, 나의 영혼을 여성들에게 유품으로 양도한다. 그리고 나의 정직함을 남성들에게 양도하는데, 이는 결코 작은 선물이 아니다. 이것은 남성들에게 매우 필요한 것이다"(Henry, 1989: 48 참조).

8

이어서 노동자와 노동자 연대가 등장했다

프랑스에서 연대라는 단어는 1830~1840년대에 사회적 결집의 의미로 도입되었고, 1860년대에 이르러 노동자 연대라는 의미가 관철되었다. 1864년의 선거전에서 60명의 노동자는 노동자 후보의 출마를 정당화하고 그를 지원하는 하나의 강령에 서명한다. 그들은 다음과 같이 명백히 표명하고 있다. "보통선거권은 우리에게 정치적 성숙을 가져다주었다. 하지만 사회적 해방은 여전히 결핍되어 있다." 그들은 정치적 평등의 사회적 기초를 인식하고 있었고, 결사의 자유, 실업보험, 그리고 지금까지 법적으로 보장되지 않았던 평등의 실현을 요구했다. "우리에게는 임금을 평화적으로 방어하고 실업의 위협에 직면하여 스스로를 지키기 위해 외칠 권리가 없다. 우리는 법률에 분명히 적시되었지만 관례화되지 못한 평등이 이제 현실에서도 실현되기를 주장한다. 아무 교육도 받지 못하고 아무 자본도 없으며, 단지 자유와 연대를 통해서만 이기적이고 억압적인 요구에 저항할 수 있는 자들은 운명적으로 자본의 지배에 굴복할 수밖에 없다. 그들의 이해관계는 다른 이해관계에 의존하고 있다."

여기서 이미 이해관계라는 개념과 계급의 대립이 연대와의 연관성에서 명백히 명명되었다. 그러나 연대라는 단어와 결합된 강한 감정에 대한 간접적인 증거가 없는 것도 아니다. "노동의 자유, 신용, 연대, 이것이 우리의 꿈이다"(Proudhon, 1924: 410~).

프루동은 『노동계급의 정치적 역량에 대하여(De lacapacité politique des classes ouvriéres)』에서, 그에게 강령에 대해 의견을 구했던 몇몇 노동자에게 보낸 편지를 앞쪽에 실었다. 그 편지에서 그는 "사회주의의 이러한 각성"을 환영하고, 프랑스에서 누가 자신보다 이에 대해 즐거워하겠느냐고 묻는다 (Proudhon, 1924: 47~). 그 다음에 그는 백지투표를 이용한 투표 방식에 찬동하면서도 노동자의 선거운동을 직접 돕지는 않는다. 그러나 그는 그 다음 긴 텍스트에서 '상호성'에 관한 자신의 생각을 설명하면서 강령을 확실히 언급한다. "이제 상호성의 체제에서 우리는 상호적인 소송의뢰인, 상호적인 지점(支店), 상호적인 하인이다. 여기서 우리의 연대가 성립한다. 이 연대는 노동에 대한 권리, 노동의 자유, 신용의 협동조합적 특성 등을 통해 강령의 저자들을 뒷받침할 것이다"(Proudhon, 1924: 191).

이제 사회적이고 어느 정도 조직적인 연대가 실천되기 시작했다. 돌레앙스와 드보브(Dolléans/Debove, 1953, t. 1: 238)는 『프랑스 노동사(Histoire du Travail en France)』에서 이에 대해 언급하고 있다. 제2제정하에서 노동조합은 금지되어 있었지만, 프루동에 의해 지속적으로 고무된 상호부조와 노동자 자조조합〔영국에서는 공제조합(Friendly Societies)〕 ― 말하자면 그 안에서 연대가 학습되고 경험되는 사회보장과 노동조합의 선행 형식 ― 이 있었다. 노동조합의 금지 조항은 여전했지만 1864년부터는 파업이 합법화되었고, 이에 따라 연대를 경험할 기회는 더욱 많아졌다. 1867년에 허용된 '협동조합들'은 이런 방향에서 활동했다. 1년 후 제1차 인터내셔널 프랑스 지부가 비밀단체로 금지당한 것은 분명 하나의 퇴보였다. 그러나 더 의미가 크고 비극적인 것은 1871년 파리 코뮌의 유혈 진압이었다.

제1차 인터내셔널, 즉 국제노동자연합(IAA)은 60명의 프랑스 노동자가 선거 강령에 서명한 1864년 "각기 다른 직업을 가진 만국의 노동자" 사이의 연대와 "각국 공장노동자의 형제적인 통일성"(Freymond/Burgelin, 1962, t. 1: 10)을 논의하는 잠정적인 규정을 내세웠다. 이 개념은 1871년의 IAA의 일반 정관에도 수용되었다.

마르크스는 연대라는 단어를 좀처럼 사용하지 않았다. 오히려 거의 반대 개념으로 사용했다고 보는 것이 맞을 것이다. 또한 마르크스는 이른바 임금 노동자의 상호 경쟁이라는 맥락에서 오늘날 노동조합 운동에서 쓰이는 '연합(Association)'이라는 단어를 선호했다. 그래서 마르크스와 엥겔스는 『공산당선언(Kommunistischen Manifest)』에서 이미 "산업의 발전은 경쟁에 의한 노동자의 고립 대신 연합에 의한 혁명적 단결을 가져온다"(MEW 4: 474)라고 표현했다. 마르크스는 이미 국제적 연대라는 단어를 특정한 의미에서 사용하고 있다. 이 단어는 IAA의 성명에서뿐 아니라 인터내셔널 헤이그 총회에서의 연설에서도 이런 의미로 사용되었다. "시민들이여, 인터내셔널의 근본 원칙을 생각해보자. 연대! 삶을 지탱해주는 이 원칙을 우리가 만국의 모든 노동자 가운데서 확실한 기초 위에 세운다면 우리가 숨겨온 위대한 최후 목표에 도달하게 될 것이다. 전복은 연대적이어야 한다. 파리 코뮌의 위대한 실례가 우리에게 이를 가르치고 있다. 파리 코뮌이 실패한 이유는 모든 중심지, 즉 베를린, 마드리드 등에서 파리의 프롤레타리아의 강력한 반항에 필적할 만한 어떤 혁명적인 운동도 등장하지 않았기 때문이다"(MEW 18: 161).

그러나 마르크스는 특히 자유주의자들과의 논쟁에서 연대의 한 가지 의미 관점, 즉 개인들의 사회적 관계를 항상 되풀이해서 부각시켰지만 그 단어를 스스로 사용하지는 않았다. "우리가 역사 속으로 더 깊이 되돌아가면 갈수록 더욱더 개인들이 나타난다. 또한 독립하지 못한, 더 큰 전체에 속해 있는 개인 생산자가 나타난다. 독립하지 못한 개인 생산자는 처음에는 아직 매우 자연스러운 방식인 가족과 확장된 가족인 부족에서, 나중에는 부족들이 대립하고 뒤섞이면서 형성된 상이한 형태의 국가 공동체에서 나타났다."

여기서 마르크스는 자신의 스승인 헤겔의 전통을 계승한다. 헤겔은 "잉여 욕구를 만족시키기 위한 인간들의 의존과 상호 관계"를 부각시키고, 이를 이른바 "예외 없는 필연"으로 묘사했다(Hegel, 1970: 352). 계속해서 마르크스는 시민사회에서 "사회적 관계의 상이한 형식"이 개인에게 "외적인 필연성으로서" 자명하게 나타나게 된다는 것을 밝힌다. 이것이 독립에 대한 그의 (그리고 자유주의자의) 환상을 야기하는 것이다. 그러나 "인간은 진정한 의미에서 정치적 동물이다. 인간은 사회적인 동물일 뿐 아니라 사회에서 개별화할 수 있는 동물이다"(Marx, 1953: 6). 물론 자본주의와 자유로운 임금노동의 성립은 인간이 "개인으로서 상호 결합하게 만드는 상태로 정립된다"라는 사실에 대한 전제가 된다(MEW 3: 67).

마르크스는 개별성의 전개와 사회적 관계가 특별히 밀접하게 관련되어 있다고 파악한다. 따라서 그는 개인의 완전한 발전을 위한 조건이 갖추어지는 것은 오로지 공산주의 사회에서뿐이라고 생각했다. "개인의 원초적이고 자유로운 발전이 빈말(Pharse)로서가 아니라 유일하게 실현될 수 있는 사회인 공산주의 사회의 내부에서, 이 사회는 개인의 관계를 통해 조건 지어진다. 이 연관은 부분적으로는 경제적인 전제에서, 부분적으로는 모든 이들의 자유로운 발전의 필수적인 연대에서, 마침내 존재하는 생산력의 기초 위에 서 있는 개인의 보편적인 활동 방식에서 성립한다. 여기서 관건이 되는 것은 특정한 역사적 발전 단계의 기초 위에 서 있는 개인이다"(MEW 3: 425).

혁명적이고 유토피아적인 낙관론을 제외하고서 개인과 사회의 관계라는 관점에서 해석하자면, 마르크스는 이 인용부에서 개별화는 항상 그 안에서 개인이 살아가는 사회적 연관에 의존적이라는 미드(George Herbert Mead)의 인식을 선취하고 있다. 하버마스(Jürgen Habermas)는 이 중요한 사고를 다시 수용해 심화시켰다.

마르크스는 초기 사회와 자본주의 사회에서 인간의 상호 관계를 구별함으로써 어떤 의미에서는 이미 뒤르켕의 생각을 미리 앞서 보여주고 있다. 기계적 연대와 유기적 연대에 관한 뒤르켕의 구별 또한 두 사회 형식의 기초적인 사회적 차이에 관한 인식에 기인하는 것이다. 마르크스의 표현을 빌리자면 뒤르켕이 말하는 파편화된 사회에서는 "개인은 …… 결코 정확하게 단순히 자유로운 노동자로 보이는 모습으로 등장할 수 없다"(Marx, 1953: 385). 단지 ─ 마르크스가 비판하듯 ─ 자유롭게 보일 뿐이다. 물론 마르크스는 "혁명적인 무산자 계급(프롤레타리아)의 공동체"가 "자신과 모든 사회 구성원이 생존의 조건을 통제하고", 그렇게 함으로써 사회적 연관을 변화시켜 그 연관이 쉽게 파악되고 지배할 수 있게 되도록, 그리고 개인이 이 사회에 진정 "개인으로서" 참여하기를 희구했다(MEW 3: 74~). 그렇게 해서 비로소 가능한 실제적으로 연대적인 인간의 관계는 인간에 대한 인간의 지배가 철폐되었다는 이유로 평등하며, 그 안에서 "각각의 개별적인 인간의 자유로운 발전이 모든 인간의 자유로운 발전의 조건이기 때문에" 보편적이다(MEW 4: 482; Essbach-Kreuzer/Essbach, 1974: 17 참조).

마르크스의 희망은 적어도 그의 이론에 토대를 둔 사회에서는 실현될 수 있을 것이다. 그러나 자본주의적 사회에서의 사회적 관계는 개인에게 투명하지도 않고, 전체를 통제하는 것도 불가능하다. 그렇다 하더라도 그 관계는 특정한 사회에서 연대가 개인의 자유로운 결정에 기인하는, "철저히 사회적 결집의 근대적 형식"이 되었을 정도로 발전한 것으로 보인다(Hondrich/Koch-

Arzberger, 1992: 16).

마르크스 이론의 세심함과 비교해보면 연대에 관한 무정부주의자의 이론은 — 비록 동의할 수 있다 하더라도 — 조야한 것으로 드러난다. 연대에서 사회의 결집의 더 깊은 근거를 인식한 크로포트킨(Kropotkin, 1993: 17)은 "그러나 인간 사회가 근거를 둘 수 있는 것은 사랑도 아니고, 동정심도 아니다. 어떤 본능의 발전 단계이든 간에, 사회가 근거를 둘 수 있는 것은 인간적 연대에 관한 의식이다"라고 주장했다. 그와 다른 무정부주의자들은 '자연적' 연대의 개념에서 출발한다. 크로포트킨은 자연적 연대가 중세적 도시에서도 실현된 것으로 보고 있지만, 우리가 이에 대해 알고 있는 모든 사실로 보건대이는 적절하지 못하다. 그러나 무엇보다도 그는 이 자연적 연대를 '협동'의 형식을 통해 동물의 세계에서 이끌어낸다. 그는 동물의 협동에 대해 모을 수 있는 모든 자료를 모았고, 이를 통해 명백히 다윈(Charles Darwin)과 홉스(Thomas Hobbes)에 반대하는 입장을 취한다. 그는 '인간 세계'에서도 마찬가지로 가장 상이한 형식의 협동이 실현되는 것으로 보지만, 그 과정에서 배타성이 전선을 형성하고 경계를 설정하게 된다는 사실을 무시했다. 그는 협동과 연대가 존재하는 예로 자연재해와 광산 사고에서의 구조 활동을 들고 있다. 크로포트킨의 설명에 따르면 이러한 이른바 협동을 위한 숭고한 자세를 볼 때 사회가 만족스럽지 못한 것으로 나타나는 것은 국가가 협동을 방해하거나 심지어 억압하기 때문이라는 것이다. 그에 따르면 전쟁이 협동을 파괴하지만, 이 협동은 평화 상태에서 다시 생겨난다.

그렇다 하더라도 크로포트킨이 지속적으로 기여한 것이 있다면 연대를 하나의 도덕적 표상으로 정의했다는 점이다. 그에 따르면 "우리가 발전 단계의 초창기부터 추적할 수 있었던 협동 활동을 보면 우리의 도덕적 표상의 긍정적이고 의심할 수 없는 원천을 발견할 수 있다". 그는 "인간의 도덕적 진보"에서 "중요한 것은 상호적인 투쟁이 아니라 협동"(Kropotkin, 1993: 271)이라고 주장한다.

당연히 협동은 동물의 세계뿐 아니라 인류의 초기 사회관계에서도 찾아볼 수 있다. 그러나 연대는 이리 떼나 인간 종족의 상호적인 협조를 결정적으로 넘어선다. 이것은 또한 왜 연대 개념이 근대에서 최초로 만들어졌으며, 연대가 근대의 현상으로서 간주되는지에 대한 이유이기도 하다. 그러나 기계적 연대만 두고 본다면 이런 사실이 그렇게 명백하게 드러나지는 않을 것이다. 뒤르켕이 이 기계적 연대를 '파편화된 사회'에 위치시키기 때문이다. 그러나 바로 여기에서 그의 이론이 날카롭지 못하다는 것이 드러난다. 시민사회에는 분명히 — 적어도 근대 초기에는 — 기계적 연대에 관한 뒤르켕의 서술에 해당되는 연대적 결합이 존재했다. 그러나 이 표현을 전근대적 사회에 적용해도 될지는 의심스럽다. 그렇다 하더라도 전근대적 사회의 사회적 교제에서 뒤르켕처럼 기계적 연대의 특성을 찾아내는 데 아무런 반대도 제기되지 않는다. 이것은 전적으로 정당할 수 있다. 그중에서도 특히 근대 초기의 많은 사회적 연관이 여전히 전근대의 구조에 의해 만들어졌다.

독일에서 노동자 연대의 실천적인 출발점이 된 것은 자주 일어났으면서도 거의 성과를 거두지 못했고, 종종 유혈 진압되기까지 한 1860년대까지의 파업이었다(Todt/Radandt, 1950 참조). 1848년 노동운동의 비약적 성장에는 — 시민적 사회운동의 우위 아래에서 — 형제애가 중심이 되었으며, 연대라는 단어는 프랑스에서나 이따금 쓰였을 뿐이었다. 이런 사정은 라살레에 의해 변하게 되었는데, 그는 1862년 "노동자 신분의 이념과 현 시기와의 특별한 연관"에 관한 노동자 프로그램을 작성했다. "노동자 신분의 도덕적 이념은 개인을 통한 개인적 힘의 자유로운 활동 그 자체만으로는 아직 충분하지 못하며, 오히려 이익을 추구하는 연대, 공동성과 상호성과 같이 도덕적으로 질서가 정립된 공동체로 여전히 다가가야 한다"(Lassalle, 1948: 47)라는 것이다.

라살레는 이미 1850년경에 『뒤셀도르프 노동자 교육을 위한 초고(Manu-skript zur Düsselforfer Arbeiterschen)』에서 그의 연대 개념을 명확히 했으며 — 이미 언급한 바와 같이 — '신분적인' 연대에 관한 생각과는 거리를 두었다. 그는 미헬스(Robert Michels)보다 훨씬 이전에 집단과 연계된 연대의 제한성을 비판했고, 먼저 노동자 연대, 즉 "노동에서 창출되어야 하는 연대"와 그에 의거한 노동자 연대의 보편화, 즉 "모든 인간의 연대 원칙, 사회를 통한 노동의 조직화의 원칙, 노동자 공산주의"(Lassalle, 1972: 27)의 형성을 요구했다. 그는 공산주의 사회를 "연대적 사회"로 묘사했고, 이 사회에서 "조합 동지의 신분적인 폐쇄성이 …… 모든 것을 포괄하는 형제애의 세계로 확장"된다(Lassalle, 1972: 27). 물론 그 또한 — 나중에 미헬스와 마찬가지로 — 연대가 이해관계에 결부되어 있다는 사실, 즉 "공동체적인 이해관계의 결집"을 인식했다(Lassalle, 1972: 27). 또한 그는 1863년의 프랑크푸르트 선동 연설에서 "모든 무산자의 이해관계"에 관해 말하고 있으며, 그에게 이 이해관계는 "연대적인 것이다"(Lassalle, 1972: 102).

19세기 마지막 수십 년 동안 연대 개념이 독일 노동자 운동에서 관철되었다. 바이어(Gehard Beier)가 발견한 1869년 독일 마인츠에서 유래한 사회민주주의자의 격문에는 다음과 같이 적혀 있다. "우리 모두가 커다란 노동자 가족의 어린이와 형제라는 것을 생각해야 한다면 연대가 진리여야 한다는 것, 이른바 모든 노동자의 명예로운 책무라는 것이 성립한다. 우리의 문제가 당신들의 문제이고, 당신들의 문제가 우리의 문제이다. 사람들이 당신을 아프게 한다면 그것은 우리를 아프게 하는 것이고, 당신이 우리에게 좋은 일을 행한다면, 당신 스스로에게 좋은 일을 하는 것이다. 우리는 모두 같은 목표를 추구하는 같은 투쟁에서 하나이기 때문이다"(Beier, 1986: 549).

리프크네히트(Wilhelm Liebknecht)는 『방어와 저항에 대하여(Zu Schutz und Trutz)』(1871)에서 연대를 "최상의 문화적 · 도덕적 개념"으로 설명했다. "비로소 사회에도 인류성의 씨앗이 뿌려지게 되었다. 인간은 전쟁을 하고 끊임없는 두려움과 위험 속에 놓이는 것보다 동료들과 결합하는 것이 더 유리하다는 것을 깨달아야 했다. 모든 도덕의 기초는 '네가 원하는 것을 너의 이웃에게 행하라, 그가 내게 행하는 것은 인간이 연대적 관심을 가졌다는 인식을 가져오는 어려운 상황 때문'이라는 것이다. 당연히 이 연대는 처음에 친족이라는 좁은 범위에서만 타당한 것이었다. 마침내 우리는 불편한 경험을 오랫동안 학습함으로써 연대의 마지막 제약이 총검의 폭력을 통해서만 지켜질 수 있다는 것까지 알게 되었다. 일반적인 인간의 연대 개념은 최상의 문화적 · 도덕적 개념이다. 이 개념을 완전히 실현하는 것이 사회주의의 과제이다"(Liebknecht, 1871).

세기의 전환기는 노동운동과 연대 이념이 도약하는 시기였다. 프랑스에서는 좌파 정부가 구성되었고, 영국에서는 신노동조합운동(New Unionism)을 통해 연대가 비숙련 노동자와 숙련 노동자 모두를 포괄하는 의미를 갖게 되었다. 독일에서는 사회주의자 법률이 탄생했다. 노동조합이 (재)결성되거나 강화되었다. 거의 모든 노동운동 조직의 구성원이 크게 늘어났다. 새로 만들어진 국제노동자연합, 즉 제2차 인터내셔널은 5월 1일을 "만국 노동자의 시위의 날"로 선언했고, 이 날 노동자는 "그들의 요구와 연대를 표명"해야 했다(Braunthal, 1961, Bd. I: 256).

이제 연대는 이전보다 더 넓은 범위에서 두 가지 방식으로 실천되게 되었다. 하나는 파업을 비롯한 투쟁의 형식이고, 다른 하나는 대부분 철저하게 연대화 과정으로 이해되는 결성 과정의 형식이다. 이 과정의 개별 사항은 연대화 과정으로 연구 · 기록되었는데, 헤네건(Michael Hanagan)의 『연대의 논리(The Logic of Solidarity)』(1980)가 대표적인 예이다. 이 연구에서 혜네건은 노동자 집단에서 어떻게 연대가 성립되는가 하는 물음을 다루고 있다. 그는 1871~1914년 프랑스의 세 도시에서의 수공업 집단과 숙련된 공장노동자 집단을 대상으로 이 물음을 고찰한다. 수공업자들은 다른 사람들의 자격을 서로 인정하는 것에서 더 나아가 집단을 강력하게 연결하는 데 기여하는 직업적인 능력을 가지고 있었다. 수공업자는 공장노동자보다 더 잘 조직화되었고 조합의 활동에 규칙적으로 참여했다. 처음에 그들은 공장노동자와 거리를 두었다. 그러나 합리화가 그들의 위상을 위협했을 때 수공업자들은 긴밀하게 결합했으며 공장노동자와의 연합을 시도했다. 한편 수공업자의 가족은 일자리를 필요로 했고, 공장은 가장 쉽게 찾을 수 있는 일자리였다. 이 또한 두 집단의 만남을 이끌었다. 수공업자는 대부분 파업에 찬성했으며, 좌파정당에서 주도적인 역할을 했다. 노동조합에서는 두 집단 사이의 연대가 점점 강해져 제도화되었다.

1875~1900년의 디트로이트에서의 노동운동을 연구한 오스트리처(Richard Jules Oestreicher)는 『연대와 분열(Solidarity and Fragmentation)』(1986)에서 좀 더 부정적인 결론을 내렸다. 1880년경 디트로이트에서는 기존의 것과는 대립되는 노동계급의 하위문화가 있었는데, 이는 사회적 평등의 윤리, 협동, 상호 신뢰와 협조에 기인하는 것이었다. 그러나 동시에 반대로 대부분 인종적인 분열로 흐르는 경향이 있었는데, 이는 산업화 및 도시화 과정과 더불어 야기된 것이었다. '노동기사단(Knights of Labor)'은 비약적으로 성장했으나 몇 년 뒤 다시 분열되었다. 한 번은 연대에 관한 호소가 — 마지막으로 매우 성공적이었던 도시철도의 파업 기간에서처럼 — 엄청난 공감을 얻었고 심지어 원래 상관이 없는 주민들까지 이들과 연대하는 상황에 이르렀다. 보통 이러한 경우는 거의 없었다. 서로 다른 인종 집단 사이에서는 의사소통이 잘 이루어지지

않았고, 인종적인 차이가 중시되었으며, 가끔은 이 인종적 차이가 도구화되거나 혹은 언어의 한계를 극복할 수 없었기 때문이었다. 이것이 파업의 좌절로 이어졌으며, 수많은 사람들이 체념하게 되었다. 지도자가 자주 바뀌었던 노동기사단은 짧은 시간에 너무 많은 것을 이루려고 한 듯하다. 그러나 그들은 한 시대 동안 노동자를 동원하고 연대시킬 수 있었다. 1890년경 그들이 몰락하고, 노동계급의 새로운 인종적 파편화가 일어났다.

택스(Tax, 1980)는 헤네건이나 오스트리처와는 다른 관점을 취한다. 1880~1917년 미국에서의 여성주의적 연대와 계급갈등에 관한 연구에서 그녀는 노동조합과 여성의 파업 참여에 대해 일상적인 역사로 추측할 수 있는 것보다 더 많은 자료를 밝혀냈다. 대부분의 운동은 뉴욕과 시카고에서 일어났지만, 일리노이에는 이미 1880~1890년경에 최초의 여성 노동조합인 일리노이여성연합(Illinois Women's Alliance)이 있었고, 1903년에는 여성노조연맹(Women's Trade Union League: WTUL)이 설립되었다. 택스는 세계산업노동자동맹(International Workers of the World: IWW)의 전설적인 여성들, 이른바 워블리스(Wobblies)라 불렸던 여성들에게 특별한 관심을 보인다. 최초의 대규모 여성 파업은 1909~1910년 뉴욕에서 벌어진 봉제 여공 3만 명의 파업일 것이다. 두 번째는 IWW의 섬유 여공들이 로렌스 지방에서 시작한 1912년의 파업이다.*

미헬스는 당시 연대에 관한 훌륭하고 날카로운 분석가였다. 연대에 관한 기고에서 그는 오로지 노동자 연대만을 다루고 있다. 그에게 노동자 연대는 "계급대립의 직접적 성과"(Michels, 1914: 53)이다. 한 계급 안에서 "경제적 ·

---

* 당시의 노동자 연대의 실천을 다룬 연구는 헤네건, 오스트리처, 택스 등 소수의 경험적 연구에 불과하다. 이에 반해 파업 운동에 관한 많은 연구가 노동자 연대의 역동성을 함축적으로 묘사했다. 대표적으로 프랑스의 페로(Perrot, 1974), 영국의 하이먼(Hyman, 1989), 독일의 텐펠드 · 폴크만(Tenfelde/Volkmann, 1981), 마히탄(Machtan, 1993) 등이 있다.

사회적 · 지성적 · 신앙적 · 전통적 소질의 대립"이 더 강할수록 연대도 더 강하다. 그는 노동조합을 "오늘날 몇 안 되는 연대의 실천 방식 중 하나"로서 고찰한다. 이와 마찬가지로 그는 이타주의와 이기주의, 희생정신과 이기심의 특징을 가진 연대의 적대자 관계를 강조한다. 그에게 사회의 비이기적인 일반적 연대는 하나의 유토피아이다. "싫증나지 않은 이해관계의 공동성이 사회적 연대의 근원이다"(Michels, 1914: 54~). 그는 연대의 반대 개념으로 단결심과 신분 연대를 꼽는다.

미헬스는 연대의 기초로 사회적 상태와 이해관계의 동등함을 꼽는다. "노동자 대중은 자본주의하에서 연대에 의해 단련되었다. 그들은 오늘날 동일한 불행으로 고통받으며, 같은 욕망과 희망을 품는다." 선구자 중 한 명으로서 미헬스는 노동자 연대의 결핍, "공통의 적에 대한 공통의 증오에서" 성장한 노동자 연대의 지엽적 특성과 한계를 지적한다. 또한 그는 노동자 연대에 종종 '자발성'과 '직접성'이 결여되어 있으며, 노동자가 동료에게 노동조합 가입 또는 파업 규율을 자주 강요함으로써 "연대에 강제적인 의미"를 부여한다고 불평한다. 그러나 그 또한 "국가에서 가장 강력한 연대를 위한 투쟁적 전위대"로서의 "산업적인 독일의 노동자 대중"에 대해 말하고 있다 (Michels, 1914: 58).

미헬스에게 문명사회가 연대의 장소인 데 반해, 정치사회는 리더십, 권위, 대중 정당의 장소이다. 그는 연대를 실재론적이고 역사적으로 자리 매김하려고 시도하는 과정에서 연대 원칙의 관철은 조직화된 노동자 운동의 성립과 그 맥을 같이한다는 사실을 발견했다. 그에 따르면 연대는 본질적인 이해관계의 유사성이라는 기초 위에서 공동 작업을 위한 의지와 함께 생겨나며, 고립된 존재로서는 연약한 개인을 협동으로 이끈다. 미헬스는 이 협동의 욕구가 소비단체와 생산단체, 노동조합과 계급의 정치적 정당에서 실현된 것으로 본다.

미헬스의 예리한 시선은 노동자 운동이 조직되는 과정에서 나타나는 관료화와 과두 정치화를 포착해냈다. 정당 존재의 사회학에 관한 그의 분석은 유명하다. 그는 노동조합의 관료제에서도 유사한 것을 관찰했다. 그러나 덧붙여 이야기해야 할 것은, 비록 이러한 과정이 종종 노동조합 구성원 집단 사이의 연대에 장애로 작용했지만, 그것이 정당의 개입과 같이 근본적으로 영향을 미친 것은 아니라는 사실이다.

미헬스에 따르면 조직된 자본주의에서는 노동자뿐 아니라 자본가도 공동 작업의 장점을 알게 되고, 동시에 국가와 관료주의는 항상 더 강해진다고 한다. 미헬스는 마르크스의 두 가지 예언, 즉 사회적 양극화의 심화와 절대적 불행의 증대가 반박되었다고 생각한다. 그 대신 그는 노동자 집단의 새로운 결합을 가져오는 사회적 분화의 활성화를 강조한다. 그는 또한 자신이 계급 내부에서의 계급투쟁이라 불렀던 노동조합 내부에서의 사회적 논쟁이 활발해진다는 사실을 확인한다. 그는 조직된 자본주의에서 노동자 연대를 자신의 목적을 위해 도구화하려는 정당의 작용을 특히 예리하게 관찰한다. " '모두를 위한 한 사람, 한 사람을 위한 모두'라는 연대주의의 원칙은 새로운 조직화 원칙으로 대체되었다. 그것은 '다수는 소수를 위해, 소수는 자신을 위해'라는 원칙이다"(Ferraris, 1993: 41~).

미헬스의 분석은 노동자 연대를 다룬 이 장(章)을 중간 결산할 좋은 계기를 제공해준다. 노동자 연대가 연대 개념의 특정한 관점을 나타낸다는 것은 분명히 해둘 필요가 있다. 사회적 상태의 평등과 여기서 생겨나는 이해관계의 동등함은 이해관계의 관철을 위한 투쟁에서 임금노동자를 결집시킨다. 연대는 특정한 공동체성으로서, 심지어 어떤 경우에는 강하게 통일된 공동체로서 경험된다. 동시에 노동자 연대의 두 가지 결함이 분명히 제기되어야 한다. 이념적 관점에서 보면 노동자 연대는 포괄적이고 보편주의적인 성격을 띠지만, 적대자와의 관계를 보면 스스로 이미 계속해서 제한을 분명히 드러내 보이는 한계를 지니고 있다. 또한 미헬스가 말하듯 노동자 연대에서는 이탈자에 대한 강제나 공개적인 폭력을 통해 관철되는 강제적인 연대가 문제시되는 경우가 많다.

연대의 강제성이 분명히 드러나는 예로 노동자와의 인터뷰 두 개를 들고자 한다. "노조 지도부에서 같이 활동하지 않았거나 조합에 가입되지 않은 자는 제대로 생활할 수가 없다. 우리는 여러 가지 경우를 경험했다. 20대 후반 정도의 오스트리아 젊은이가 있었다. 그는 절대로 노조에 가입하려 하지 않았다. 그래서 그가 아무것도 얻지 못하도록 장난이 시작되었다. 주형 제작자 같은 경우는 결코 (정기적인) 임금 조건에서 일하지 않는다. 일용직 계약을 맺고 일마다 여차저차 그만큼 벌어들이는 것이다. 사람들은 온갖 술책을 다 써서 그가 일하지 못하는 기간이 길어지게 했다. 납을 부어 넣는 데 한두 방울의 물이 함께 들어오면 모든 것이 난장판이 되었다. 진작 그런 일이 있었던 것이다. 나는 '그들은 굳게 결속되어 있다'라고 말하고 싶다."

"노동조합에 가입하지 않은 이는 작업장에서 거의 대접받지 못했으며, 사람들에게 무시당했다. 그때에는 이른바 공동 작업 도구라는 것이 있었는데, 이것은 항상 필요하지는 않은 것이라 이 사람 저 사람이 돌려쓰는 것이었다. 필요하면 '어이, 그거 내가 언제쯤 쓸 수 있을까?'라고 물으면 되는 것이었다. 그러면 조합원끼리는 서로 잘 통했지만, 비조합원에게는 이런 대답이 돌아왔다. '아, 그거. 이 사람도 달라고 하고 저 사람도 달라고 하네. 넌 좀 기다려야겠는 걸.' 조합원이었다면 사람들은 그를 배려해 주었겠지만, 그렇지 않다면 사람들은 그저 미루기만 한다"(Rabe, 1978: 107~).

오늘날의 산업선교사에 해당하는 활동을 했던 기독교 신학자 괴흐레(Paul

Göhre)도 1891년 공장노동자로서 겪었던 3개월의 생활 체험을 유사하게 보고하고 있다. 그는 노동자 "상호 간의 비밀스러운 통제"에 대해 기록했다. "우리들 중에는 작업 전에 특별히 압력을 행사하려는 사람이 둘 있었다. 다른 사람들은 그들을 특별히 주의 깊고 날카로운 눈으로 지켜봤다. 물론 사람들은 그들의 많은 부분을 관대히 보아 넘긴다. 그러나 그들이 그것을 한 번 못되게 몰아가면 사람들은 공개적이고 진지하게, 그러나 퉁명스럽게 말하곤 했다. 거기에는 항상 낯익은 싸움이 있었다"(Göhre, 1891: 80).

여기서 '훈육'은 노동하는 동안 강요된 집단 연대의 의미에서, 즉 성과의 동등성을 보장하기 위해서 고용주의 입장에서 사용되었다.

파업 반대자가 공장이나 사무실에 들어오려는 것을 파업 지도부가 폭력으로 방해하려고 할 때, 파업 중에 강제적인 형식으로 연대를 관철시키는 것이 특별히 문제가 되었다. 노동조합이 합법화되고 뒤이어 파업이 합법화된 이후부터 파업 참여자가 반대자에게 취하는 태도는 공적인 논쟁의 대상이 되었다. 각 집단의 입장은 처음부터 아주 분명했다. 국가는 공권력 독점의 엄격한 유지에 신경을 썼으며, 파업 반대자에 대한 신체적 폭력은 금지되었다. 그에 반해 파업 참여자는 파업의 효과가 파업 반대자에 의해 위협받고 있다고 생각하여 최대한 효과적인 수단을 통해 파업 반대자에 대항하려 했다. 이때 파업 참여자의 눈에는 파업 반대자에 대한 신체적 폭력은 전적으로 정당했다. 그러나 그들은 법을 따랐고 금지 규정을 준수했다. 국가 공권력의 전개라는 관점에서도 그들에게는 다른 선택의 여지가 없었다.

강제적인 연대는 오랜 전통을 가지고 있다. 이미 직인 연합에서 이 연대는 비가입자에게 혹은 신입 직인의 입회식 때 상징적이고 실제적인 폭력을 행사함으로써 중요한 역할을 했다. 직인들 사이에는 신입 직인에게 의무를 부과하는 엄격한 규칙이 있었다. 직인들은 이 규칙을 철저히 준수했고, 이를 지키지 않으면 엄격히 처벌받았다(Grießinger, 1981: 210~). 벌칙은 "주위에 에워싸고 물건 던지기"부터 "견딜 수 없을 정도의 물리적 · 심리적 압박", 나아가 공동체에서의 추방까지 포함했다. 조합비를 납부하지 않는 것, 벌금을 지불하지 않는 것과 같은 이탈은 곧 탈퇴를 의미했다. 직인 연합의 시기에는 이탈에 대해 "견딜 수 없을 정도의 물리적 · 심리적 압박"을 가하는 것이 온전히 정당했지만, 산업자본주의 시대에는 임금노동자들이 보기에도 자신과 같은 사람에게 폭력을 행사하는 것은 결코 정당하지 못했다. 그럼에도 폭력은 항상 존재했다. 산업자본주의의 초기에는 비밀의례의 폭력이 종종 아첨과 같은 의례적인 야유의 형식으로 계속되었다. 제2차 세계대전 이후의 처음 10년에는 거의 모든 노동자가 "임시 숙소에 흉기가 날아다닌다"라는 표현을 알고 있었다. 직인 사이의 공개적인 폭력이 은밀한 폭력으로 바뀌고, 마침내 교육을 통해 아예 사라지게 되는 발전을 확인할 수 있다. 이러한 발전의 논리적 귀결은 언어적 의사소통이라는 공개적인 형식으로 모든 폭력적 형식을 대체하는 것이었다. 그 맞은편에 임금노동 관계의 구조적 폭력이 있다. 그러나 임금노동자는 자신을 향한 구조적인 폭력이 계속 존재한다 하더라도 항상 비폭력적인 의사소통을 선호한다. 심지어 이를 파업 지도부에 주입시키려 하기도 한다.

집단 결속의 논리는 처음부터 노동자 연대의 경험적 현실을 지배했다. 노동자 연대 이념이 전체 노동자 계급을 뜻했지만, 이러한 집단 논리는 실제로 항상 반복해서 작용했고 일부 노동자 계급에게 연대는 제한적이었다. 수공업 직인에게는 경계가 분명했다. 연대는 '결탁한' 공동체에만 관계한다. 노동자 연대는 종종 다른 노동자 집단에 대항하여 구체적인 노동자 집단에 제한되었다. 예를 들면 미숙련 노동자 집단에 대항한 '숙련된' 노동자 집단, 여성과 어린이에 대항한 남성 노동자 집단, 같은 기업의 다른 공장에 대항하여 혹은 같은 산업의 다른 기업에 대항하여 공장 또는 기업의 노동자 집단, 외국인 노동자 집단에 대항하여 토박이 노동자 집단, 사무직에 대항한 노동자 집단, 비조직적인 집단에 대항하여 조직적인 집단, 실업자에 대항하는 취업자 등이 그것이다.

미헬스가 이미 언급한 노동자 연대의 또 다른 문제는 노동자 자신의 연대에 상응하는 반작용으로서, 노동조합에서 제도화된 연대에 정치적 정당이 개입하는 것이다. 바이마르공화국에서 분열 경향이 나타난 것은 대부분의 노동조합에서 주도권을 잡고 있는 사회민주주의자를 '사회적 파시스트'로 밀고했던 공산주의 정당에서였다. 노동조합에서 상당히 실현되어 있던 포괄적인 노동자 연대는 이러한 술책에 의해 와해되었고, 여전히 불충분한 상태에 놓여 있던 충분치 못했던 파시즘에의 저항 의지는 더욱 약해졌다. 이탈리아에서 파시스트가 권력을 장악하고 독일에서 국가사회주의가 권력을 쥔 이후, 이 두 나라에서 노동자 연대는 매우 위험할 때 단결해서 저항하거나 노동 일상에서 이들을 단결시키는 기능을 했다.

공산주의 정당이 노선을 변경함에 따라 1936년 프랑스에서는 인민전선 정권이 형성될 수 있었고, 위에서 여전히 '사회적 파시스트'라고 비방받았던 사회민주주의자들은 단기간에 연정의 동반자로 떠올랐다. 이 정권보다 먼저 존재했으며 이 정권과 함께 가는 노동자의 사회운동은 의심할 여지없이 내적인 한계와 제한을 넘어선 노동자 연대의 사례였다. 운동의 도약에 힘입어 많은 것이 이루어질 수 있었다. 이를테면 블룸(Léon Blum) 정권은 주 40시간 노동을 실현했고 중요한 사회정책적 업적을 몇 가지 관철했다. 예를 들어 1937년 파리에서 열린 '근대적 삶에서의 예술과 기술의 국제 전시회'에서 사회적 주제에 관한 전람회장이 '연대의 방(Pavillon de la solidarité)'이라고 이름 붙여짐으로써, 포괄적인 연대가 새롭게 성취된 것이 대외적으로 분명해 보였다. 그러나 얼마 후 블룸 정권과 국가가 국제 정세를 고려하여 스페인 내전 참여를 금지했을 때, 프랑스의 좌파는 이 연대의 한계를 처절하게 깨닫게 되었다.

내란의 시작은 스페인 공화국과의 대규모 국제 연대 운동을 야기했다. 그러나 이 운동의 패배는 분명히 파시스트 국가인 독일과 이탈리아를 통해 이루어진 프랑코에 대한 지원으로 환원시킬 수 없는 것이며, 오히려 좌파 정당 사이의 내적인 갈등도 한몫을 담당했다. 노동조합적인 대중 조직에서 제도화된 연대는 첫해에는 매우 강했으며, 환호와 함께 공화국과 좌파 민주주의 정권의 출범을 동반한 사회운동에 함께 기여했다. 경쟁적인 노동조합 연합, 무정부적인 급진적 노동조합주의(아나코생디칼리슴)적 성격의 노동자국민연합(Confederación Nacional del Trabajo: CNT)과 사회주의노동총연맹(Unión General de Trabajadores: UGT)은 커다란 차이와 갈등에도 불구하고 연대적인 공동 작업을 위한 길을 찾았다. 그러나 해를 거듭하면서 격화되는 좌파 정당 사이의 투쟁은 공화국을 결정적으로 약화시켰다. 소련은 공화국을 지원했지만, 이러한 지원은 공화국 내의 스탈린주의자가 보증하는 것을 통해서만 가능했고, 무엇보다도 처음에는 상대적으로 약하게, 그러나 점차 강하게 모든 수단을 동원하여 공산주의 정당에 유리하게 이루어졌다. 공산주의 정당은 함께 동참할 준비가 되었다고 선언하지 않는 모든 조직에 대해 무자비한 투쟁을 전개했다. 이 투쟁의 대상은 이른바 무엇보다도 좌파 사회주의적인 정당, 또한 트로츠키주의자가 조직한 마르크스주의통일노동자당(Partido Obero de Unificatión Marxista: POUM), 그리고 무정부주의자들, 즉 CNT뿐 아니라 무정부주의자들의 정치적 날개인 더 급진적인 무정부주의자 연맹(Federación Anarquista Ibérica: FAI) 등이었다.

제2차 세계대전 이후에 이탈리아, 프랑스, 독일에서는 국민 속에서 호흡

했던 연대로서 그리고 통일적 노동조합에서의 제도화된 연대로서의 노동자 연대를 활성화시키기 위해 엄청난 노력이 이루어졌다. 노동자와 노동조합의 간부들이 어떤 열정과 활력을 가지고 이 과제에 접근했는지는 1945년 브레멘에서의 실례가 보여준다. 한 노동조합원은 노동조합 재건위원회에 참석한 경험을 다음과 같이 들려준다. "우리는 25개의 위원회에서 설립하려는 조직의 형식과 내용에 대해 집요하게 씨름했다. 통일적 노동조합? 정당에 의존하는 노선별 노동조합은 절대 안 된다! 하나의 직장에 하나의 노동조합! 강한 중앙권력, 모두에게 일괄적인 회비, 하나의 창구, 중앙의 재정권(財政權), 대표자 체제가 아닌 기초 선거! 정관의 내용을 둘러싸고 커다란 암투가 있었다. 노동조합에게 지역을 넘어선 기초 위의 연합이 허용되지 않는 한 대부분의 것은 임시적으로만 규칙화되도록 했다"(Reiners, 1976: 32).

그러나 초기의 도약은 몇 년 만에 무기력해졌고, 통일된 노동조합이 지속된 것은 독일뿐이었다. 프랑스와 이탈리아에서 정치와 노동자 운동에 참여한 정당 사이의 갈등은 1948년 통일된 노동조합을 무너뜨린다. 독일에서는 소련이 점령한 지역에서 독일공산당(KPD)과 사민당(SPD)의 강제 합병이 먼저 이루어졌다. 독일공산당과 사민당이 이른바 사회주의적인 통일 정당인 통일사회당(SED)으로 합병된 것이다. 프랑스와 이탈리아에서는 노동조합이 분열되는 일이 많았던 반면, 서독에서는 공산주의 정당을 억압하는 데 많은 사회민주주의자들의 태도가 일정한 역할을 수행했다. 그들은 공산주의자들이 바이마르공화국, 스페인 내전 또는 심지어 이른바 이탈자인 자신들의 동지에게 신체적 또는 정신적 파괴를 자행함으로써 진행된 모스크바의 재판이 가르쳐준 교훈을 결코 잊지 않았다. 1968년의 사회운동이 비로소 프랑스와 이탈리아의 분열된 노동조합 운동을 다시 적어도 행동 통일체로 결집시켰다고 할 수 있다.

그러나 이 모든 사건을 통해 노동자 연대를 규정하는 근본적인 요소가 변화했는가 하는 질문에 대해서는 아니라고 답해야 할 것이다. 이 주제에 대해서는 매우 근본적이며 개념적으로 정확한 해석학적 연구가 라이젠슈타인(Irene von Reitzenstein)에 의해 이루어졌으며, 그 연구의 제목인 『연대와 평등(Solidarität und Gleichheit)』(1961)이 이미 연구 성과를 미리 제시하고 있다. 이 연구서는 노동조합의 계획에 관한 표현, 노동조합 지도자의 발언, 노동조합과 가까웠던 지식인들의 텍스트, 여러 노동조합의 공식 회의 문서와 정관 등 매우 다양한 문헌 자료를 토대로 하고 있다. 저자들의 정치적 입장은 매우 다르지만, 연대에 관한 근본 명제, 즉 평등이 연대 개념의 구성적 계기라는 점에서는 모두가 일치한다. 그것은 이중적인 의미에서 구성적이다. 먼저 공통적인 사회적 삶의 상태와 결핍 상태가 연대의 기초라는 점, 그리고 연대적 행위의 목표가 평등 원칙에 따라 질서 지어진 사회라는 점에서 그러하다. 사회적 불평등은 민주화를 통해 극복되어야 한다. 여기에서는 물질적인 평등뿐 아니라 권리, 의무, 책임과 관계된 모든 시민의 형식적 평등이 중요하다. 이런 의미에서 민주화에는 경제계획과 공동의 재산에 관한 생각이 포함된다. 이러한 연대의 구현체로 간주되는 독일노동총동맹(Deutscher Gewerkschaftsbund: DGB)은 모든 노동자를 대표하여 노동조합적으로 활동하고자 한다. 여기서 중요한 것은 보편적 연대이다. 보편적 연대는 모든 노동자와 보편적인 평등에 주의를 기울이기 때문이다. 물질적인 결핍과 궁핍뿐 아니라 노동 분업에 따른 삶의 통일성 상실, 노동의 소외와 기능화, 마찬가지로 노동 과정에서의 사물화와 의미 상실 등 생산과정에서 자기실현의 가능성의 결여도 극복되어야 한다. 형식적 민주주의의 법적 평등은 물질적 평등을 통해 보충되어야 한다. 그를 통해 민주화 일반이 실현되어야 하며, 이는 곧 보편적 연대의 실현을 의미한다. 연대는 동등한 사람 사이의 관계로, 그를 통해 지배적인 사회적 형식으로 이해되며, 또한 인간에 대한 인간의 직접적 관계로도 이해된다.

연대 개념은 강한 공동체성에 토대를 두고 있다. "평등을 추구하는 근저에는 직접성의 상태에 대한 요구가 깔려 있다"(Reitzenstein, 1961: 99). 그러나 이를 통해 노동조합 활동가들이 그들의 텍스트에서 주제화하지 못하는 하나의 내적 모순이 표현되었다. 그들은 민주주의와 평등의 실현에 공동 결정을 요구하며, 산업 노동의 기능적인 평등에서 이 요구를 이끌어낸다. 그러나 여기서 간과되는 것은 복합성과 고도의 노동 분업적인 매개적 연관이 노동조합 활동가의 직접성에 대한 소망과 일치할 수 없다는 점이다. 공동의 결정은 그렇게 추론되지 않는다. (노동조합 활동가들이 생각하는 것처럼) "가치를 은폐하는 노동 분업에서 노동의 평형과 조정이 기인하기 때문이다" (Reitzenstein, 1961: 71). 그를 통해 한편으로는 비록 사회적 불평등을 점진적으로 극복하는 것도 포괄적인 의미에서, 즉 정치적인 의미에서뿐 아니라 사회적인 의미에서 시민의 신분을 실현시키는 전제이기는 하다. 그러나 다른 측면에서는 사회의 복합성을 실제적인 평등과 직접성의 상태까지 되돌아 파고들 수 없다고 볼 때 실제적인 평등의 요구가 비현실적이고 허무맹랑한 것이라는 사실이 명백해진다.

이와 함께 노동조합의 지도자와 설립자에게는 기계적 연대라는 완전히 뒤르켕적인 의미에서 '종속된 상태가 동등하다는 것'이 연대를 가능하게 한다. 당시 관심을 끈 것은 차이가 아니라 오늘날 하나의 매우 추상적인 형식에서 주어진 종속된 상태의 동등함뿐이었다.

한편으로는 보편성과 동등함 사이의 모순, 다른 한편으로는 세부적인 이해관계 사이의 모순은 예를 들면 노동조합 통일체의 불완전한 실현에서 나타난다. 더욱이 독일에서는 독일노동총동맹(DGB)과 함께 소규모의 사무직

노조와 결코 작지 않은 공무원 연맹이 있다. 그러나 모순은 작업장에서 경쟁이 존속하는 데서도 찾아볼 수 있다. 여기에서 사무직, 특히 고위 사무직은 요청된 통일적 이해관계를 대변하는 데 결집할 필요가 없다. 특수한 이익을 의식적으로 대변하지 않는 것은 응징되어야 할 것이다; 오늘날 이 방식의 전체적인 문제가 드러난다. DGB는 노동자보다 더 많은 사무직이 자신의 노동조합에 단지 상대적으로 작은 소수로서 대표하고 있다는 사실 때문에 매우 시달리고 있기 때문이다. 또 다른 모순은 연대가 민주주의의 일반의지의 대변으로 간주된다는 것, 노동자 조직으로서의 DGB는 단지 필연적으로 한 계급의 이해관계만을 대변한다는 것, 그를 통해 사회의 일반의지를 실제로 대표할 수 없다는 데서 야기된다.

연대의 기초인 물질적 평등의 문제는 1960년에 비해 오늘날 더 첨예하게 부각된다. 라이젠슈타인이 이러한 발상의 약점을 얼마나 정확하게 부각시키는가 하는 것은 더욱더 언급할 가치가 있다. 그녀는 평등을 열렬히 동경하는 민주주의 시대의 인간을 말하는 토크빌(Alexis de Tocqueville)을 인용한다. "연대적인 평등 관계는 모든 인간 상호 간의 책임과 사회에 대한 책임을 포함한다"(Reitzenstein, 1961: 188). 사회가 계속해서 분화한다는 관점에서 보면 평등에 대한 그러한 요구는 아득한 예전의 일이며, 말하자면 현실적으로는 낯선 요소이다. 평등은 오늘날 새롭게 사유되어야 하며 극단적으로 추상적인 차원에서 새롭게 정의되어야 한다. 그러나 이것이 기계적 연대의 시기를 넘어서 유기적 연대의 시기로 인도할 것이다. 오늘날 사회에서의 기계적 연대를 방어하려는 사람은 "사회가 다원주의적으로 분리되는 것을 막고 통일적으로 유지할 수 있는 보편적 합의는 어떤 일치되고 지탱할 만한 근거에 기초해야 하는가"(Reitzenstein, 1961: 210)라는 물음을 제기해야 한다. 이들이 이 물음에 만족할 만한 답을 내놓을 수 있다 하더라도 다른 사람들은 대표의

견해에 따라서 머물러 있을 것이다. "연대는 보편성과 평등을 고유한 방법으로 추구해온 결과, 제도적인 대표의 간접성과 형식성에서만 민주주의의 직접성에 형태를 부여할 수 있다. 연대는 비록 형식성과 간접성을 비판하지만, 스스로 야기하는 논리적 곤란함을 피할 수 없다"(Reitzenstein, 1961: 207).

다섯 번째 중간 질문
사회적 결속을 통해 연대에 관한 물음은 어떤 상황이었는가?

부르주아(Léon Bourgeois)는 가장 중요하지만 대개 소홀히해온 대답 중 하나를 제공한다.

9

레옹 부르주아

사회정책을 통한 사회적 결집

19세기 말 프랑스에서 연대라는 단어는 그 단어가 가진 모든 의미에서 널리 사용되었다. 노동운동에서는 노동자 연대를 뜻했으며, 종종 모든 생명체의 자연적 연대를 의미하기도 했다. 사회학에서는 사회적 결속의 의미로, 정치학과 사회이론에서는 사회 구성원의 사회적 연대의 의미로 각각 사용되었다. 연대는 자발적이며 즉각적인 기부뿐 아니라 사회적인 강제 관계로도 이해되었다. 또한 연대는 자연적으로 주어진 것으로서 또는 사회적 발전의 산물로서, 개인의 단편적인 지향으로서 혹은 상호 관계로서, 개인 자체의 특성으로서 또는 그것이 노동조합이든 국가든 공동체 참여자의 특성으로서 이해되었다. 어떤 이들은 노동 분업과 교환 관계를 통해 표현되거나 뒷받침되는, 연대의 공간적 성격을 강조한다. 한편 다른 이들은 세대 간 관계의 시간적 성격을 강조한다. 마르크스주의자나 무정부주의적인 급진적 노동조합주의자(아나코생디칼리스트)뿐 아니라 우파 경제학자까지도 연대라는 단어를 사용했다(Hayward, 1959: 261~).

뒤르켐 역시 사회적 결속의 문제를 다루었는데, 이는 당시 사회를 서로 분리시키려는 힘이 불안을 계속 조장했기 때문이다. 뒤르켕의 동시대인인 부르주아(Léon Victor Auguste Bourgeois)도 이를 우려했는데, 그는 사회적 관계에 관한 물음에 깔끔하게 답변했다. 그에 따르면 프랑스 혁명에 의해 주창된 평등이 정치적인 범위를 넘어 사회적 영역에서도 실현되지 않는 한 정치적 평등의 약속은 지켜질 수 없는 것이다. 사회를 결합시키는 연대는 사회적 전제조건을 필요로 한다는 것이다.

부르주아는 나중에 급진 사회주의자로 불렸지만 엄밀한 의미에서는 사회주의자가 아니라 좌파 민주주의자였던 급진당원이었다. 그는 (1895년 더 급진적인 사회주의자들과의 연정에서) 프랑스 최초의 좌파 수상이 되었고, 그 후에도 좌파 정권에서 여러 각료 직을 맡았으며, 당시 시작된 프랑스의 사회정책에 강한 영감을 주었다. 그가 제출한 법률은 의회의 동의는 얻었지만 원로회의 동의를 얻을 수 없었기 때문에 그의 생각은 부분적으로만 관철되었다. 그러나 20세기 들어 사회 법률이 통과된 것은 그의 공로로 돌릴 수 있다. 그는 유럽의 사회정책 회의를 조직하는 데 열성적으로 참여한다. 프랑스에서는 1889년부터 2년마다 한 번씩 산업재해에 대한 국제회의가 열렸으며, 1891년부터는 사회보장에 대한 회의가 개최되었다. 설득력 있는 국제주의자 부르주아는 제1차 세계대전 이후 국제연합을 지속적으로 찬성해왔으며, 1919년 국가연합의회의 의장이 되었고, 1920년에는 노벨평화상을 받았다.

이론가로서 부르주아의 중요성은 대부분 잘못 알려졌다. 그의 텍스트는 시민을 이해시키기 위해 쓰인 것이지 학술적인 용어로 쓰인 것이 아니기 때문이다. 그 과정에서 그는 독창적이고 혁신적인 사회적 연대의 이론을 제시했다. 이 이론은 그가 대체로 속해 있다고 간주되는 연대주의의 학파나 원칙에서 더 나아가 그 중요성을 행사하고 있다. 부르주아는 (나중에 연대주의가 동화되었던) 가톨릭의 사회이론가로서도 이해되지 않았으며, 연대주의의 근본 사상에 공감하지도 않았기 때문이다. 예를 들면 그를 발굴한 경제학자 지드(Charles Gide)는 연대주의를 (자유주의적) 개인주의와 사회주의(또는 집단주의)의 중도 노선을 찾는 운동으로서 특징지었다.

그에 반해 부르주아는『연대(La Solidarité)』(1896)에서 중도 노선의 사고에 대항하여 그것을 대신할 하나의 종합(Synthese)에 도달하기 위해 '더 높은 시각'을 수용하려 한다. 도입부에서 그는 다음과 같이 사회적 결집의 계기를 강조한다. "각 개인과 다른 모든 이들 사이에 연대의 필연적인 끈이 존재한다"(Bourgeois, 1896: 15). 그가 보기에 연대는 "학문적 방법과 도덕적 이념"이라는 두 힘의 공동 작용에서 생겨난다(Bourgeois, 1896: 17). 그 다음에 그는 경제생활의 측면에서 사유권과 국가의 조정에 대한 사회주의자의 요구를 대립시킨다. 그에 따르면 당시가 과거의 그 어떤 시기보다도 "자본을 소유한 자들의 특권인 소유권의 근거를 말할 때 개인적 자유와 활동을 표명하는 노동은 더욱더 무능력하다"(Bourgeois, 1896: 22). 그는 국가의 존재 이유가 사람들 사이에 정의를 수립하는 것이며, 국가는 이를 통해 균형을 창출하는 권리를 가지며 그 결과로 의무 역시 가진다고 한다. 이는 근본적으로 철저히 사회민주적인 라살레의 사고를 결정짓는 사상이다. 여기서 오늘날까지 사회철학적 논의의 우선적인 주제인 정의와 연대 사이의 긴밀한 연관이 생겨난다. 나아가 부르주아는 선과 참의 이념을 결합시킨다. "선은 참된 것을 통해서만 실현될 수 있다. 그러나 참된 것은 단지 선의 실현을 위해서만 가치를 가진다"(Bourgeois, 1896: 37). 나아가 그는 이 결합이 연대의 학설을 통해서가 아니라면 어떻게 실천적으로 성취될 수 있는가 하고 묻는다. 비록 그가 이 학설을 '자연적 연대의 학문적 원칙'이라고 칭하기는 하지만, 이미 학설의 과학성을 통해 자연 사건으로서의 연대를 파악하는 무정부주의적인 관점을 논박하고 자연과 사회에서의 지속적인 경쟁을 강조한다. 그 외에 그는 생존 투쟁이라는 관점과 연대라는 관점을 서로 대립시킨다. 여기에 홉스와 다윈이 관련되고, 칸트 역시 부분의 상호 관계(호혜주의)의 논의를 통해 연관된다. 그는 〔케플러(Johannes Kepler)와 갈릴레이(Galileo Galilei)를 언급하면서〕인간의 새로운 위상 설정에 가치를 부여하고, 인간의 모든 측면에서의 의존성, 특히 세대 간의 강한 상호 의존을 강조하며, 이런 의미에서 연대가 보편적이며 본성에 부여되어 있다는 논의를 받아들인다.

부르주아에게 진정 중요한 것은 사회적 연대를 통한 정치적·사회적 쇄신이다. 그에 따르면 인간은 자신의 개별적 발전을 위해 보편적 연대를 필요로 한다. 그는 선(善)과 정의의 연관성이 "사회적 연대에 관한 실천적 학설"에서 정립되어야 한다고 말한다. 그는 보편화가 하나의 도덕적 법칙이라는 데 동의하면서 로잔(Lausanne)의 신교 철학자 스크레탕(Charles Secrétan)이 쓴 『문명과 신앙(Civilisation et croyance)』의 일부를 인용한다. 이 책에 따르면 도덕적 선은 "우리를 인간의 구성원으로서 파악하고 또 그렇게 하도록 바라는 것이다. 우리를 고립된 것으로 보려고 하며, 우리의 일부인 육체에서 우리를 분리하려는 것은 악일 것이다"(Bourgeois, 1896: 86 재인용). 이줄레(Jean Izoulet)는 『현대 도시(La cité moderne)』(1894)에서 이에 대한 "매우 흥미로운 다른 표현"을 발견했다. "재화의 사회화가 아니라 인격성의 사회화가 실현되어야 마땅하다"(Bourgeois, 1896: 86~)라는 것이다.

인간이 국가를 만들고 사회와 독립적이지 않기 때문에 부르주아는 사회 쇄신을 위한 새로운 기초를 놓으려 한다. 반(反)사회적 인물인 루소의 사회계약은 인간의 소외를 함축하고 있는 반면 부르주아는 연대를 통한 자유의 제도화를 중시한다. 이를 위해 인간은 사회와 타자에 대한 부채를 인정해야 한다는 것이다. 위계질서와 분배는 자연법칙이 아니며, 권리의 불평등 때문에 자연적 불평등이 확대되어서는 안 된다. 그러나 "인간은 인간적 연합의 채무자로 태어났다"(Bourgeois, 1896: 116). 부르주아는 사회에 대한 부채에서 '가계약(Quasivertrag)' 이념을 이끌어낸다. 확실히 인간은 가계약과 함께 태어난다. 그러나 이 계약은 "반작용적으로 동의되는 계약"(Bourgeois, 1896: 133)이다. 한편 이 계약은 조상에 대한 문화적 · 물질적 · 자연과학적 부채에도 성립한다. 우리는 문명을 유지하고 계속 발전시키는 이른바 이중적 의무를 수용함으로써만 이 부채를 갚을 수 있다. 인권의 기초로서 정의된 계약은 가계약의 형식에서 연대적 사회의 기초가 되며 — 에왈(François Ewald)이 올바르게 부각시킨 것처럼 — 사회적 조정의 과제가 부여되는 근대적인 사회법의 기초이다. 이 부채가 보편적으로 인정된다면, 자신의 의무를 수행하지 못하는 자에게 제재가 주어지는 것은 당연한 귀결이다. 이러한 사고하에서는 사회적 연대를 통해 누진적인 과세가 정초되며, 부과된 세금을 납부하지 못하는 이는 처벌받는다. 이것은 오늘날에는 자명하게 들릴 수 있지만 사회적으로 관철되는 과정을 먼저 겪어야 했다.

이러한 사고 구조에서 자유는 — 근원적인 자유주의와는 달리 — 결과적으로 새롭고 다르게 정초된다. 다른 사람의 자유는 사회적 의무를 준수함으로써만 가능하다. 부르주아는 19세기의 많은 다른 사회이론가처럼 "프랑스 혁명의 정치적 · 사회적 이론의 완결"을 다룬다. 많은 분석가와 관찰자들은 그가 그 작업에서 다른 선행자들보다 수미일관하게 더 많은 진척을 이룩했다는 사실을 보지 못하고 있다. 그들은 그의 정치적 위상에 따라 그를 정당의 틀 안에서 이른바 가장 적절한 좌파 민주주의자로서 평가하고, 그의 학설을 단지 자유주의와 사회주의 사이의 제3의 길로만 취급하기 때문이다.*

---

* 부르주아를 다르게 파악한 몇 안 되는 사람 중 하나가 에왈이다. 『복지국가(État providence)』(1986, 독일어판: Vorsorgestaat, 1993)에 대해서는 다음 장에서 다시 다룬다.

그러는 동안 부르주아의 '연대 계약'은 특수한 계약 원칙을 제정하는데, 이 원칙 위에 사회법이 구성되며, 동시에 이 원칙은 뒤르켕의 경우와 마찬가지로 하나의 도덕이론이기도 하다. 사회를 그 본성과 자연에서 모든 것으로부터 해방시키려는 ― 이른바 야경국가로 자신의 역할을 축소한다든지 ― 자유주의의 유토피아와는 정반대로, 부르주아의 유토피아는 사회가 결코 사회적으로 충분하지 못하다고 말한다. 인간은 혼자서는 자신의 고유한 안녕을 보살필 수 없으며, 오히려 다른 사람들과의 결합에 의존하고 있다는 것이다. "그와 더불어 우리는 마침내 하나의 사회적 도덕의 기초를 발견했다. 나의 고유한 행복을 추구한다는 것은 내게 다른 사람의 행복을 원하는 의무를 가지게 한다"(Ewald, 1993: 477).

부르주아는 폐결핵을 예로 들어 감염자가 다른 사람과 결코 접촉하지 않았다면, 이 전염병에 감염되지 않았을 수도 있다는 점을 지적한다. 그리고 모두에 대항하여 투쟁하는 것은 아무런 의미가 없다고 한다. 누가 보균자인지를 알 수 없고, 다른 사람과의 접촉도 불가피하기 때문이다. 그러므로 모두에 관한 개인의 투쟁을 모두를 위한 개인의 투쟁으로 변환시키는 것만이 도움을 준다는 것이다. 부르주아는 이 예를 사회개혁을 위한 유비적인 근거 제시에 사용한다. 여기서 (국가적인) 중앙 집권과 감독의 필요성이 추론될 수 있다는 것이다. 그러나 부르주아는 반대로 국가의 조정 역할을 위해 노력한다. 비록 부르주아가 공공위생학에서 '정치적 모델'을 유도하기는 하지만, 그 안에서 "국가권력을 강화하기 위한 어떠한 계기도 보지 않는다. 반대로 그는 이 모델을 국가에 대항하는 사회의 봉기와 같은 시발점으로 만들고자 꿈꾼다"(Ewald, 1993: 470).

부르주아는 사회계약을 위한 새로운 기원을 발전시킨 사회계약 이론의 독창적인 대변인이다. 루소가 사회계약 모델을 통해 개인에서부터 출발하는 반면에 뒤르켕은 더 이상 개별화된 개인이 아니라 사회에서의 개인의 결집을 다룬다. 부르주아는 한걸음 더 나아가 개인과 사회의 관계에 대한 규칙을 새롭게 규정하고자 한다. 그에게 중요한 것은 정의의 규범을 "자유주의적 규범에 대한 대안으로" 표현하려는 시도이다. "그는 자신의 연대 원칙을 통해 그 자체가 사회적인 하나의 권리를 가능하게 하는 정의의 규칙이 사회적인 것에서 추론될 수 있다는 것을 제시하고자 한다"(Ewald, 1993: 475).

부르주아는 ─ 콩트를 인용하면서 ─ 세대 계약에 관한 미래의 이념을 미리 보여준다. "인간 각자에게는 다른 모든 이들의 도움에 근거하여 인간 모두에 대한 책임이 있다. …… 게다가 이들에게는 앞 세대가 이루어낸 업적에 근거하여 다음 세대에 대한 책임이 있다"(Bourgeois, 1896: 138).

부르주아는 이러한 이념 위에 자신의 새로운 계약 이론을 구성했다. "직무의 이러한 교환은 가계약, 즉 모든 인간을 연결하는 연합 계약의 대상이다. 그리고 이것이 교환된 직무의 정의로운 평가이다. 이는 또한 이익과 손실, 사회적 능동인과 수동인의 정의로운 분배이고, 이 분배는 사회적 법칙의 정당한 대상이다"(Bourgeois, 1896: 138).

따라서 그는 각각의 개별적 교환보다 사회가 우위에 있다고 가정한다. 정의의 규범은 오직 계약의 형식에서만 수용될 수 있다. 푸리에(Fouillé, 1910: 45)는 몇 년 뒤, 정의는 계약의 기초 위에서만 존재할 수 있다고 더 날카롭게 표현한다.

부르주아의 연대 원칙은 하나의 계약 이론이다. 에왈은 이를 다음과 같이 요약했다. "누구도 다른 사람보다 더 많이 소유할 수 있는 근본적인 권리를 주장해서는 안 된다. 그들은 자신이 가지고 있는 모든 것이 연대의 존재 덕분이라는 것을 알지만, 개별적인 경우에 한 사람이 다른 사람에게 무엇을 빚졌는지를 결정할 수 있는 능력이 없기 때문에 원칙적으로 재화의 분배 규칙을 도입할 것을 결의한다. 그를 통해 공동체가 최대한 모두에게 유리하도록, 따라서 최대한 평화롭게 존립할 수 있게 된다"(Ewald, 1993: 478~).

도대체 인간이 이러한 사회계약에 어떻게 도달할 수 있는가 하는 질문에 부르주아는 다음과 같이 독창적인 대답을 제공한다. "자유롭게 토의되고 양쪽의 입장에서 충실하게 적용된 계약은 인권의 근본적 기초이다. 인간이 사전에 적절한 조정 조건을 토론할 수 없었다 하더라도 필연성이 인간을 서로 결합시키는 곳에서는 법률이 이 조건을 고정시킨다. 그러나 법률은 단지 자유롭고 평등한 인간으로서 문의될 수 있는 기회가 있었다면, 사전에 인간들 사이에서 맺어질 수 있었던 것과 같은 '계약의 해석과 대리'일 수 있다. 말하자면 권리의 유일한 정초가 되는, 자유롭고 평등한 의지가 발견할 수 있었던 것과 같은 합의의 추측이 중요한 것이다. 가계약은 반작용적으로 동의되는 계약과 다를 바 없다"(Bourgeois, 1896: 132~).

그러므로 이 사회계약 또한 앞선 학자들의 구상과 마찬가지로 하나의 허구이지만 성격은 전혀 다르다. 그것은 사회의 원천에 관한 허구가 아니기 때문이다. "사회는 이미 현존한다"(Ewald, 1993: 479). 인간은 이 사회계약을 수용할 수도 있고 그렇지 않을 수도 있다. 그리고 우리는 이탈하거나 적어도 이탈하려고 시도하는 소수가 어느 정도는 항상 있다는 것을 알고 있다. 그러나 이 집단은 그 적은 수를 고려해볼 때 중요하지 않다. 부르주아에 따르면 오히려 연대 계약에서 중요한 것은 그것이 인식되고서야 비로소 형성되는 필연성이다. 그러나 이어서 이 사회계약은 본디 영원한 협상의 반성적 과정이라는 것이 명백해진다(Ewald, 1993: 479~ 참조).

부르주아는 도덕이론가로서 ― 동시에 칸트주의자로서 ― 매우 현대적인 면모를 갖추고 있다. 그는 분명히 보편화의 원칙을 논의하기 때문이다. 인간에게는 자신과 타자의 행위를 평가할 규칙이 필요하기 때문에 부르주아는 다음의 내적인 '태도'를 제안한다. "우리를 타자의 상황에 옮겨놓고 충분히 진실되고 열린 태도에서 우리가 우리 자신에게 제안된 합의에 동의할 수 있는지 시험해보자"(Bourgeois, 1914, t. 1: 80)라는 것이다. 이 원칙은 그를 국제주의적인 입장으로 이끌었다. 그는 국가마다 다른 사회정책 체계가 국제 경쟁에서 도구화되는 것을 우려했으며, 따라서 사회정책의 국제적인 공동 작업을 위해 열성적으로 활동했다.

사회정책에 관한 부르주아의 생각은 매우 뒤늦게야, 그것도 단지 단초의 형태로만 관철되었다. 오늘날 사회정책을 성찰적 시민이 실제로 참여하는 하나의 영원한 과정이라고 주장할 수는 없겠지만, 그것이 언제나 매우 바람직한 것이라는 점은 누구도 의심하지 않을 것이다.

10

연대주의

오늘날 연대주의의 개념을 알고 있는 것은 정통한 독자밖에 없을 것이다. "개인주의와 사회주의"를 화해시키려는(Mauranges, 1909; Bouglé, 1924 참조) 높은 이상을 내세웠던 이 운동은 19세기에서 20세기로의 전환기에 프랑스의 사회철학과 정치에 엄청난 영향력을 발휘했으며, 가톨릭의 사회이론에도 커다란 영향을 주었다. 연대주의를 제대로 이해하려면 연대주의의 최초의 이념과 이후의 가톨릭적인 사회적 학설을 구별해야 한다. 전자는 페시(Heinrich S. J. Pesch)에 의해 제1차 세계대전을 전후하여 독일에서 가장 먼저 표명되었으며, 이탈리아에서는 제2차 세계대전 이후 기독교민주당(CDU) 내부에서 일정한 역할을 했다. 후자의 대표자는 지드, 부르주아, 부그레(Célestin Bouglé)이다.

경제학자 지드는 1893년에 이미 『경제 계획으로서의 연대 이념(L'idée de solidarité en tant que programme économique)』이라는 소책자에서 연대주의에 관한 최초의 윤곽을 제시했다. 여기서 그는 연대라는 주제를 다룬 — 뒤르켕에서 스크레탕까지의 — 수많은 저작을 연관시킨다. 뒤르켕과 유사하게 그는 '강요된' 연대에서 '일반적인' 연대로 이행하는 사회적 변화를 분명히 파악하고 있다

(Gide, 1893: 9). 문헌에서 자주 강조되는 것처럼 지드와 다른 연대주의자들은 '사실적으로 존재하는 연대'와 '의무로서의 연대'를 구별한다. 지드는 연대의 핵심 사상을 둘러싼 개념 혼란의 와중에 눈에 띄게 분명한 구별을 해냈다. 그리하여 그는 자신이 옹호한 연대의 이념이 ― 크로포트킨이 협동으로 표현한 ― 자연적인 연대와 아무런 관련이 없음을 확고히 했다. 이 연대는 사회의 변화를 위해 요구되는, 이른바 "의식적으로 원하고" 이에 상응하는 "의도적인 수단"을 통해 실현되는(Gide, 1893: 223) 연대의 필수적인 특성을 갖고 있지 못하기 때문이다. 또한 지드는 연대와 자선을 날카롭게 구별하며, 직접적이고 고유한 이해관계에서 비롯된 행위를 연대적인 것으로 인정하지 않는다. 희생 개념에 관한 논의에서 그는 '개별적인 자아'의 일부는 '사회적 자아'를 확장하기 위해 희생되어야 한다고 적고 있다. 지드는 이 구별을 토대로 '영국의 시민적인 협동'보다 '벨기에의 사회주의적인 협동'을 더욱 선호한다. 후자에서는 보편적인 복지를 추구하는 사업에 투자하기 위해 모든 구성원이 자신에게 주어진 몫을 양보하기 때문이다.

지드는 자유로운 연합을 직업 연합, 상호부조적 연합, 협동적 연합의 세 가지로 구분한다. 이러한 연합에서는 자유 원칙이 구성원의 자발성, 국가에 관한 자율과 내부의 자치 관리를 통해 실현된다. 당시 연대주의의 목표는 매우 사회민주주의적으로 들리는 '경제민주주의' 혹은 '민주주의적인 협동과 사회적 민주주의'와 같은 핵심어로 요약된다. 자본과 노동의 연합은 협동조합의 형식에서뿐 아니라 노동자의 자본 참여(그리고 이윤 참여)를 통해 실현되어야 한다. 이를 통해 지드는 부르주아의 민주주의 이론에서 나타나는 경제민주주의적 형태를 어느 정도 취하고 있다. 그는 민주주의를 의회주의에 한정시키려 하지 않는다. "민주주의는 정부의 형태만을 의미하는 것이 아니다. 그것은 전체 사회 조직의 형태이다"(Gülich, 1991: 89 재인용).

지드에게 연대적인 사회로 나아가는 길은 인간이 연대를 배우게 되고 소비 연합의 경제적인 힘을 넘어 경제생활 전체를 변화시킬 수 있다는 소비협동조합에서의 인간들의 자발적인 통합을 넘어서서 뻗어나간다. 그의 근본적 관심사는 국민경제 전체의 협동조합화이다. 즉, 협동조합의 존재는 소비에서 생산으로 확장되고, 경제민주주의와 사회민주주의는 정치적 민주주의를 완결시키며, 그런 방식으로 사회 전체를 민주주의적으로 만들어가야 한다.

연대주의의 대표자로 독일에서 가장 유명한 이는 예수회 소속의 페시이며, 그는 『국가경제학 교본(Lehrbuch der Nationalökonomie)』에서 연대주의를 여러 차례 다루고 있다. 물론 그의 서술은 부르주아나 지드의 저작과 비교하면 독창성이 확연히 떨어진다. 그는 연대주의의 대표적인 유형을 기독교 연합〔뤼티히(Lüttich) 학파〕과 사회 개혁파〔앙제(Angers) 학파〕로 나누어 정립했다. 그리고 전체적으로는 벨기에의 기독교 연대주의 추종자들의 영향을 많이 받은 것으로 보인다. 당연히 회칙 「새로운 사태(Enzyklika Rerum Novarum)」에 기대어 증거를 제기한다는 사실이 빠질 수 없다. 그는 드 라프네(Félicité de Lamennais), 펙케르(Constatin Pecquerr), 위에(François Huet)와 같은 "기독교와 혁명과 사회주의의 화해"의 급진적인 대표자를 날카롭게 비판했고, 그들의 작업을 "잘못된 시도"라고 표현했다. 바그너(Adolf Wagner)와 에스카르틴(Saz y Escartin) 같은 강단 사회주의자에 대해서는 동정심을 느꼈다.

페시는 연대의 세 가지 형식을 구별한다. 우선 일반적으로 인간적인 연대가 있고, 두 번째로 국가적인 동지의 사회법적 연대와 계층적인 동지의 연대가 있으며, 마지막으로 '아마도'라는 표현과 함께 그는 기업가와 노동자의 '노동 동지'의 연대를 제시한다. 그의 학설에서 규정된 약간의 내용에서 제2차 세계대전 이후 초기 기독교민주당(CDU)에 그가 끼친 영향을 알 수 있다.

"업무의 지도와 계속적인 수행에 방해되지 않는 한 올바르게 제한된 공동 결정권은 유용할 것이다"(Pesch, 1922: 5). 그리고 "연대주의가 그렇게 힘주어 요구했던 공공복리에 사적 이해관계를 예속시키는 것은 커다란 어려움을 야기한다"(Pesch, 1922: 6). 그에게 "연대주의적인 수요 충족 경제"의 중심에는 가족에서 가장 순수하게 실현된 것으로 보는 공동체의 사고가 자리하고 있다. 그는 자신의 말이 잘못 이해되지 않도록 다음과 같이 설명한다. "아니다. 이익을 확보하려는 적당하고 규칙적인 노력은 수요 충족 경제에서 배제된 것이 아니다. 오히려 이 경제의 일부이다"(Pesch, 1922: 19). 이처럼 윤리적 의무로서의 사회적 연대를 중요시한 부르주아의 학설은 연대주의를 둘러싼 모든 혼동을 사라지게 했다.

첫 번째 시기에 페시는 국가의 개입을 통해 공공복리를 보장해야 하는 기독교적 국민경제의 이념을 발전시켰다. 페시가 보기에 국가의 행위는 어떤 면에서 높은 주권을 가지고 있는 교회의 통제를 받아야 했다. 두 번째 시기에 페시는 신교와 자본주의에 대항하는 자신의 학설을 누그러뜨렸다(Schmelter, 1991: 89). 그는 스페인 철학자 코르테스(Juan Donoso Cortés)에 의지하여 연대를 '구원의 연대'로 새롭게 해석했다(Schmelter, 1991: 95).

군트라흐(Gustav Gundlach S. J)는 예수회의 위탁을 받아 페시의 저작을 ― 또한 그의 도움을 통해 ― 계속 작업했다. 그는 신스콜라적인 자연법 구상을 대변하며, 연대는 그에게 사회의 내적 건설 원리를 형성하는 존재론적 중요성을 가진다. 그는 계급 연대나 투쟁 연대, 경제에서의 이익 연대나 당파 연대와 같은 모든 특별한 형식을 불충분한 것으로 비판한다. 그것들은 사회의 전체성을 포괄하지 않으며, 내적이고 인간적인 결합을 표현하지 않기 때문이다. 연대는 교황 피오 11세(Pius XI)와 12세(Pius XII)의 자문가인 군트라흐의 영향을 받아 ― 물론 그의 전형적인 특수한 사회 형이상학적인 변형에서 ― 교황의 설교에 갈수록 의미를 더하게 되었다.

　물론 예수회에 의해 선정된 것이기는 하지만 넬브로이닝(Oswald von Nell-Breuning S. J.)은 군트라흐의 노선을 이어가고자 연대 개념을 선행자들과는 조금 다르게 이해한다. 그는 자신의 저서에서 무엇보다도 연대의 사회적 차원을 강조한다. "모든 인간은 자신이 속한 전체를 위해 책임을 져야 한다. 전체는 자신을 구성하는 각 개인을 위해 책임을 져야 한다"(Nell-Breuning, 1967: 349). 넬브로이닝에게 이는 법 정책의 차원으로 귀결된다. "그래서 연대의 원칙(결속과 재결합에서 공동의 보증)은 (사회적이며), 그 까닭에 또한 경제생활에서 포기할 수 없는 주체의 위상을 보증하는 기초적인 법 원칙이다"(Nell-Breuning, 1967: 349). 그에 따르면 공공복지는 모든 국가의 시민을 결합시킨다. 그러나 시민 각자는 국민경제의 생산물의 정당한 몫에 대한 권리도 가지고 있다. 넬브로이닝이 상대적으로 광범위한 요구, 이를테면 고용인의 복지를 위한 기업의 연대적인 책임에 관한 요구를 정식화한 것도 이 때문이다. 선행자와 대립한 넬브로이닝은 연대를 이렇게 해석함으로써 노동조합에 우호적인 태도를 갖게 된다. 그의 생각은 교황 요한 22세(Johannes XXII)와 바오로 6세(Paul VI)를 비롯하여 회칙 「노동하는 인간(Enzyklika Laborem exercens)」(1981. 9. 14.)에서 노동조합을 "사회생활의 불가피한 요소"로 묘사한 요한 바오로 2세(Johannes Paul II)의 사회문제에 대한 포고에 영향을 미친다. "정당하지 못한 체계에 반항하는 노동자 연대는 요한 바오로 2세에 의해 도덕적으로 정당한 연대로 인정받았다"(Prüller-Jagenteufel, 1998: 432).

　가톨릭 사회이론의 범위 안에서 연대의 더 급진적인 해석은 메츠(Johann Baptist Metz)의 정치적 신학과 라틴아메리카의 해방신학에서 발견된다. 메츠는 무엇보다도 연대에 대한 보편주의적 타당성 요구를 강조한다. "그 까닭에 사이비 보편적인 체계와 균형 잡힌 배분에서 기독교적 연대에서의 당파성을 완화시키려는 (그리고 구체적인 연대를 이미 의미론적으로 제외하려는) 수많은 시도는, 연대를 처음부터 그리고 아무런 생각 없이 제한된 것으로 설정하고, 보편적인 연대가 실제로는 불가능하다는 것에 더 이상 방해받지 않는 그러한 발상과 마찬가지로 신뢰받지 못할 수 있다"(Metz, 1992: 222~).

해방신학은 "가난한 자를 위한 입장을 선택하는 것"에서 출발하며, 구체적이고 단호한 연대 정책과 가톨릭교회와 그 구성원의 온정적인 연대의 실천을 위해 최선을 다한다(Prüller-Jagenteufel, 1998: 42~ 참조).

본질적으로 더 적절한 연대주의는 제2차 세계대전 이후 이탈리아에서 채택되었던 연대주의의 정치적 변형이다. 분명히 다른 나라에서도 연대주의적인 입장이 존재했지만, 그것이 가장 큰 영향력을 발휘한 곳은 아마 이탈리아였을 것이다. 1931년 교황 피오 11세는 '40주년 기념식'의 회칙을 통해 「새로운 사태」의 전통을 지속시켰다. 이제 다시 연대주의와 더불어 개인주의와 집단주의 사이의 제3의 길이 제시된다. 냉전 이전 메네가치(Guidio Menegazzi)가 기독교민주당(Democrazia Cristiana: DC) 내에서 '기독교적 연대주의' 운동을 창립했다. 그러나 이 운동의 성과는 매우 적었다. 그에 반해 이탈리아의 유명한 정치가 판파니(Amintore Fanfani)는 자신을 둘러싼 상이한 연대주의적인 흐름을 통일시켜 정치적 영향력을 행사하는 데 성공했다. 그는 무엇보다도 앵글로색슨계의 사고 노선에 기반을 두었지만, 프랑스〔개인주의, 무니에(Emmanuel Mounier)〕와 독일〔뢰프케(Wilhelm Röpke)〕의 사고 노선에도 의지했다. 그 핵심적 내용은 다음과 같다. "공적으로 규율된 사적 소유를 방어하며 사회적으로 통제된 사적인 제안을 유포시키도록 이끄는, 개인주의적인 동시에 공통적인 이데올로기"(De Giorgi, 1948: 135).

이런 배경에서 연대주의적인 입장과 인물이 하나의 역할을 수행했는데, 이를테면 비토(Francesco Vito)와 도세티(Giuseppe Dossetti)가 대표적이다.

심지어 1950년대에는 ≪연대(Solidarismo)≫라는 이름의 신문도 있었다. 그에 반해 기독교민주당을 창당한 스투르조(Luigi Sturzo)는 "연대주의는 비기독교주의자에게 기독교적 감정을 일으키는 애매한 상투어다. …… 연대주의는 국가화라는 이데올로기의 모든 미생물과 사회주의의 애매모호함을 포함하고 있다"(Sturzo, 1958. de Giorgi, 1993 재인용)라고 날카롭게 비판하고 있다. 조르지(de Giorgi, 1993: 113~)는 이탈리아의 연대주의에 관한 분석에서 전환점을 지적하는데, 그 전환점에서 가톨릭교회가 특수하게 가톨릭적으로 고취된 정당 정책적 방향의 참여에 거리를 두며, "사회정치적 해결의 정당한 다양성"에 대해 찬성을 표명하게 된다. "새로운 종교상의, 무엇보다도 절충주의적인 목표를 제기했던 제2차 바티칸 공의회는 사회주의의 대안이 되고자 했던 사회정책적 이데올로기로서의 '사회적 연대주의'를 몰락의 길로 내몰았으며, 그 대신 생존했던 연대의 전망을 선전했다"(de Giorgi, 1993: 125).

부르주아와 다른 사람들이 현대적 사회정책의 기초를 마련한 것에서부터 기독교민주당 내부의 논쟁에 이르기까지는 하나의 후퇴이자 몰락이었다. 비록 판파니 같은 정치가가 "이탈리아에서 복지국가를 실현하려는 가톨릭의 시도를 구체화했다"라고 하더라도 말이다.

11

빈민 구제에서 사회정책으로의 변화

다양한 종류의 사회보장이 도입되기 전에는 과연 사회정책이 없었는가? 빈민 구제는 사회정책의 일종이 아닌가? 그렇지 않다. 그것은 심지어 정반대라고 할 수 있다. 그래서 오늘날 여전히 사회정책에 포함되거나 사회정책에 재도입되는 빈민 구제의 특징은 사회정책 발전에 부정적인 계기이며, 발전된 복지국가는 — 스웨덴의 예에서 알 수 있듯이 — 빈민 구제를 더 이상 채택하지 않고 있다. 그러나 이렇게 구별할 때에는 빈민 구제와 사회정책이라는 두 개념을 특히 연대와의 관계 아래에서 좀 더 면밀히 규정해야 한다. 여기서 두 개념과 이 두 개념으로 설명되는 실제의 발전은 연대의 관점에서만 관심의 대상이 되기 때문이다. 그러나 이 때문에 구별 역시 쉽다. 사회적 연대는 사회정책의 기초인 동시에 그 실천의 기초이기 때문이다. 그에 반해 빈민 구제 행위는 자선가와 수혜자 사이의 위계적 구별, 즉 주는 행위를 통해 지양되는 것이 아니라 오히려 견고해지는 구별을 포함한 '자비'라 할 수 있다. "온화한 자선은 자선을 받는 사람의 마음을 상하게 한다. 우리의 모든 도덕적 노력의 목표는 부유한 '자선 기부자'가 무례하게 생색내는 것을 막는 것이다"(Mauss, 1968: 157). 왈처(Walzer, 1998: 145)는 "자선은 돈으로 영향력을 행사하고 존경을 사는 하나의 수단일 수도 있다"라고 주장했다.

여기서 다음과 같은 이의를 제기할 수 있다. 전근대적 시대, 빈민 구제의 시대에는 어떠한 연대도 실행되지 않았다는 것인가? 당연히 협동의 의미에서의 연대는 존재했지만, 그것은 엄격하게 연관된 공동체, 즉 프랑스어로 이른바 '일차적인 연결망(réseaux primaires)'에 속하는 가족, 대가족, 이웃 관계, 종교 단체 등의 영역에서만 존재했다. 그러나 이는 그러한 연대적 행위의 사회적 토대가 되는 이 연결망 내에서는 어떤 위계적인 구별도 존재하지 않았거나, 연대의 실천에서 이 연결망이 결정적인 역할을 수행하지 못했다는 것을 의미한다. 이러한 종류의 연대는 빈민 구제와 아무 관련이 없다.

이행 또는 위기의 시대에서는 그러한 구별이 특히 잘 드러난다. 지멜(Georg Simmel)은 「가난한 자(Der Arme)」(1908)라는 제목의 장에서 사회정책이라는 표현을 사용하지 않고도 이를 정확히 구분하고 있다. 그는 사회화의 형식을 연구하려고 시도했기 때문에 사회적 연관에 관한 생각에서 출발한다. "인간이 사회적 존재로 간주되는 한 그의 모든 의무에 타자의 권리가 상응한다. …… 그러나 이런 식으로 의무를 지는 개개인은 또한 어떤 권리를 가진 사람이기 때문에 이리저리 옮겨가는 권리와 의무의 연결망이 성립한다. …… 우리는 권리를 가진 사람들의 도덕적·법률적·관습적인, 그리고 그 밖의 많은 범주에 따라 정당한 존재의 상호성으로 사회 전반을 고찰할 수 있다. …… 궁극적으로 우리는 우리 행위의 인류성을 우리 자신 안의 더 나은 자아, 우리 자신에 대한 존경, 즉 우리 자신에게 책임을 물을 수밖에 없다"(Simmel, 1908: 454).

지멜은 이 기초 위에서 — 또한 "근본 감정에서의 원리적 이원론"의 기초 위에서 — 우리에게도 아주 중요한 구별을 포착해낸다. "(빈민 지원의) 의무는 가난한 자의 요구에 대한 단순한 상관물로 나타날 수 있다. 특히 구걸이 정당한 생업인 나라에서는 걸인은 소박하게나마 적선에 대한 권리를 가지고 있다고 믿고 있다"(Simmel, 1908: 455). 그러나 '가난한 자의 권리'를 통해서는 결코 기부자와 수혜자의 권리가 동일해질 수도 없고 두 사람의 사회적 차이가 없어질 수도 없다. "빈민 구제의 의미에서 부유한 자에게 얻어서 가난한 자에게 주는 것으로 이 개인들의 입장이 결코 동등하게 되지 못한다는 것은 분명한 사실이다. 빈민 구제의 개념이 가난한 자와 부유한 자에 대한 사회의 차별화 경향을 한 번도 철폐하려고 하지 않는다는 것도 분명하다"(Simmel, 1908: 459).

이로써 우리에게 사회정책 개념을 더욱더 정확하게 규정할 수 있는 구획의 기준이 주어졌다. 지멜 자신도 인용한 텍스트에서 이처럼 정확하게 규정하지는 않았다. 다만 그는 "가난한 자의 집단에 속해 있다는 사실에 근거하여 지원을 요청하는 것에 대해 근거를 제시하는 것은 완전히 성격이 다르다"(Simmel, 1908: 455)라면서 이미 경계의 구별 가능성을 인식하고 있다. 시민의 지위로서 집단 소속성은 또한 전체 사회로 확대될 수 있다. 그렇다면 관계는 더 이상 위계적인 것이 아니라 평등과 잠재적인 상호 관계에 연유한다. 프랑스 혁명도 빈민에게 시민의 지위를 부여하지 않았다. 인간 집단의 배척에 관한 어떤 정책도 사회정책과 연대와 합치할 수 없다. 그 까닭에 프랑스 혁명에서는 어떠한 실제적인 사회정책도 없었다.

마셜(Thomas Humphrey Marshall)은 시민 지위의 세 가지 종류에 관해 연구했는데, 그가 20세기를 이른바 시민권의 세기로 규정한 것은 사회정책의 시기를 구분하는 데 도움을 준다. 사회적 시민권의 실현이라는 관점에서 20세기에 실제로 사회적 시민권이 관철되었는지에 대해서는 의심할 여지가 있다. 그러나 20세기에 대부분 소위 산업 국가인 몇몇 나라에서 사회적 시민의 '평등'과 이른바 사회 전반적인 연대의 실현이 사회정책의 도움을 받아 시도되었다는 것은 의심의 여지가 없다. "연대주의적인 정책은 수용되고 정당화되었으며, 이 정책이 자비와 이타주의보다는 권리로서 고찰된다면 논쟁의 여지가 없는 것이었다. …… 시민은 수혜자를 공동체의 온전한 구성원보다 조금 모자란 자들로 특징지음으로써 다른 가치체계에 다른 방식으로 근거해야 하거나 단지 과소평가된 조건에서만 지속되는 업적에 대한 권리를 모두에게 부여한다"(Baldwin, 1990: 29).

이 과정은 수 세기에 걸쳐 진행되었다. 영국 국왕 에드워드 3세(Edward III)가 1349년 「노동법(Statute of Labourers)」을 공포하여 임금노동을 강제적으로 도입한 것이 그 시초였다. 이 「노동법」은 임금을 최저 생계 수준으로 제한했는데, 그마저도 대부분 현물로 지급되었다. 사람들은 모든 수단을 동원해서 "쓸모없는" 유랑인과 유사한 "천민"(Castel, 1995: 90~)을 주인에 소속되지 않은 노예 신분과 유사한 임금노동에 강제로 취역시켰다. 카스텔(Castel, 1995: 141~)은 붙잡힌 유랑인, 걸인 등 11가지 형식의 임금노동과 직인의 '노동자 귀족주의'를 구분한다. 이것은 당연히 '정당한' 임금노동이 아니다. 그러나 임금노동은 이러한 선행 형식에서 발전했다. 직인들은 여전히 가장 순수하게 연대를 보여주는데, 그것은 결함을 가진 제한된 연대였다.

프랑스 혁명을 거치며 이론이 변화한다. 혁명가들 또한 사회정책에 대해 심사숙고하기 시작했다. 그러나 실천적 측면에서는 여전히 빈민 구제에 머물러 있었으며, 심지어 시민의 정치적 권리는 최소한의 세금(1주일에 3일 동안) 지불 여부에 달려 있었다. 이론적으로 빈곤은 모든 이를 위한 노동을 통해 철폐되었다. 1793년 3월 19일 국민의회는 "모든 사람은 노동력이 있는 경우 노동을 통해, 노동을 할 수 없는 경우 무상의 도움을 통해 생계를 영위할 권리를 가진다"(Dreyfus, 1905. Castel, 1995: 190 재인용)라고 공표했다. 이 권리는 3개월 후에 '성스러운 은혜(dette sacrée)'라는 표현으로 헌법에 수용되었지만 실제로 적용되지는 않았다. 그에 반해 바뵈프(Gracchus Babeuf)와 마레샬(Sylvain Maréchal)은 평등을 강력히 주장했으며 몇 년 후에는 그것의 실현을 요구했다. 마레샬이 근거로 든 것은 1793년의 헌법이었다. 이 헌법은 "사람들이 결코 지금까지 도달하지 못한 실제적 평등을 향한 위대한 발걸음을 의미"(Kool/Krause, 1967: 126 재인용)하기 때문이다.

현실에서 사회적 시민의 평등을 관철하려는 과정은 100년 후에야 비로소 천천히 시작될 따름이다. 프랑스 혁명은 「인권선언」을 통해 법으로 자유를 보장하고자 하며, 권리 주체를 자유로운 주체로 구성하고 법과 자유를 결합한다. 1804년 「민법(Code Civil)」이 통과되었다. 법은 이제 권력을 문제시하는 특수한 형식이다. 그렇다면 그것은 당시에 어떻게 정의되었는가? 근본적으로는 시민권이 사회적 문제를 해결해야 했다. 그것은 '자유주의자의 꿈'에 머물 수밖에 없었다. "그들은 사회라는 기계를, 그것이 통제되지 않도록 또는 적어도 될 수 있으면 가장 적게 통제되도록 하려고 했다"(Ewald, 1986: 51).

이 경우에는 혁명가들이 '불행의 축제'를 개최했다는 사실도 전혀 도움이 되지 않았다. 이 축제에서는 가난한 자에 대한 지원이 공식적이고 축제적인 의례의 영역에서 제공되었다. 이 불행의 축제를 통해 인간이 실제로 원했던 것은 훼손된 명예를 회복하는 것이었다. 그러나 민속음악을 가지고는 당사자에게 아무 도움을 줄 수 없었으며(Castel, 1995: 191~), 심지어 그러한 '축제'에 참여하는 것이 오히려 명예를 훼손시켰다고도 볼 수 있다.

1830년 이후 프랑스에서 사회문제는 명백히 새롭게 드러났다. 기독교도덕협회(Société de morale chrétienne)가 창립되었고, 이 협회는 예를 들면 프레데리크(François-Alexandre Frédéric), 라 로슈푸코리앙쿠르(La Rochefoucauld-Liancourt), 기조(François Guizot), 토크빌(Alexis de Tocqueville)과 같은 많은 유명한 회원들과 함께 상호부조를 위해서 저축은행과 사회의 지원이라는 정책을 제시했다(Castel, 1995: 250 참조). 당시 많은 유럽 국가에서 이러한 조직이 만들어졌다. 이 조직들은 상업자본주의에서 기원을 둔 보험 사상에 관심을 갖고 이를 다루었으며,* 이 사상을 "국가 없는 정책"의 방식에서 사회정책적으로 방향을 전환시켰다(Ewald, 1986: 181~ 참조). 개인과 자본의 자동화는 새로운 안전에 대한 욕구를 이끌었다. "보험은 자본의 산물"이며, 또한 결코 모순되지 않는 것이다. "좀바르트(Werner Sombart)와 베버(Max Weber)가 잘 서술했듯이 보험은 자본주의 윤리의 산물이다"(Ewald, 1986: 182). 이 짧은 개관에서 특히 자본주의와 자본주의 윤리, 그리고 연대의 연관성이 뚜렷이 드러난다. 가장 상이한 방식에서 점점 증가하는 위험을 고려해볼 때 단지 보험만이 도움이 된다고 하면, 보험은 "인간을 결합하는 무의식적인 연대"에 "명확하고 과학적인 동시에 실천적인 하나의 형식"(Chauffon, 1884, t. I: 291)을 부여하기 때문이다. 여기서 연대 개념의 법률적인 원천을 재구성할 수 있다. "연대의 이념은 모든 사회적 구제 사업에 앞서서 보험의 경제학에 속한다"(Ewald, 1986: 184).

영국도 19세기에는 빈민 구제 수준에 머무르고 있었다. 1795년 「스핀햄랜드 법(Speenhamland Act)」에서 모든 인간에게 최저 생계에 대한 권리가 처음으로 인정되었다. 1834년의 「수정 구빈법(Poor Law Amendment Act)」은 거주지의 속박을 철폐했다. 그러나 영국에서도 다른 유럽 국가에서와 마찬가지로 사회적 연대를 처음 실행에 옮긴 것은 대부분 보험 모델에 따라 기능하는 공제조합(협동조합 또는 단순히 상호부조)에서의 노동자의 자조(自助)였다. 이는 궁극적으로 1848년 프랑스 헌법이 노동의 권리를 수사학적으로 보증한 것보다

---

* 유럽 최초의 보험으로는 중세 말의 해운 상업(제네바, 피렌체)이 있었으며, 1666년의 런던의 화재 이후에는 화재보험이, 1762년에는 생명보험이 생겼다.

더 실제적인 도움이 되었다. 공제조합은 유럽 각국에서 국민보험의 최초의 형식을 제공했고, 최초의 의료보험을 제시하기도 했다. 이 단체들은 노동자 운동의 사회정책적인 지류였으며, 대부분이 노동자 연대의 최초의 조직적인 실천자였다. 이 단체들은 노동조합이 — 독일에서 이른바 「사회주의자 탄압법(Sozialistengesetz)」을 통해서 그랬던 것처럼 — 여전히 또는 다시 금지되었을 때에도 계속해서 존재했기 때문이다. 그러나 이후 이 단체들의 발전 양상은 매우 상이하다. 독일에서는 비스마르크식(式)의 사회입법이 더디지만 분명하게 그들의 활동을 방해했다. 이 단체들은 「사회주의자 탄압법」의 시기에 여전히 특정한 정치적 대체 기능을 수행했지만, 제1차 세계대전 이후에 결국 그 의미를 상실했다. 대부분의 다른 유럽 국가에서 이 단체들은 상이한 법률 위에서 사회적 안정의 성립에 기여하는 하나의 요인을 의미할 뿐이었다.

스칸디나비아 국가들과 벨기에는 전혀 다른 경우인데, 이 나라에서는 사회적 연대의 체계가 공제조합에서 직접 발전되었다. 이는 여기서 전형적으로 묘사된 사회정책의 세 가지 발전 경로 중 첫 번째에 해당하는 것이다. 협동조합에서 대형 보험이 생겨나는데, 이 보험은 위험, 질병, 노동 사고, 실업 등을 모두 포괄하는 것이다. 이 사회보험은 부분적으로 노동조합과 밀접하게 결합되어 있으며, 비록 그에 대한 대안이 있다 하더라도 각 노동조합의 매력을 현저히 향상시킨다. 노동조합 운동이 벨기에에서처럼 분열되어 있으면 각 노동조합연합은 — 사회주의적인 벨기에노동자총연맹(FGTB)과 기독교적인 기독교노동조합연합(CSC) 등 두 개의 거대 조합을 비롯하여 기타 작은 조합들도 — 자체적인 사회보험을 가지고 있다. 이른바 겐트(Gent) 시스템에 따른 엄밀한 결합은 벨기에와 스칸디나비아 국가에서 노조 조직률이 다른 유럽 국가에 비해 가장 높다는 결과를 가져온다. 사회적 연대와 노동자 연대는 이러한 발전 노정에서 엄밀히 결합되어 있다. 모델을 관철시키려면 국가 및 고용주와 갈등을 겪는 것은 당연하다. 그러나 결국에는 세 가지 요소 모두의 공인을 받았다.

다른 나라와 마찬가지로 독일에서 사회입법은 1871년 산업재해에서 기업의 책임을 제한하는 원칙을 명백히 규정하는 법률이 도입됨으로써 시작되었다. 여기서 독일은 선도자 역할을 수행했다. 유사한 법률이 1897년에 영국에서, 1898년 프랑스에서 통과되었다. 독일은 1881년부터 기업가가 노동자의 산업재해에 대비해서 보험에 가입하도록 법률로 의무화했다.

그러나 이 두 번째 발전 경로에서 특징적인 것은 1883년에서 1889년 사이에 이루어진 근대적인 사회보장을 위한 국가의 발의(發議)였다. 비스마르크는 사회민주주의자들이 선거에서 이루어내는 성과에 대해 극도로 불안해했다. 그는 1878년 사회민주주의 정당과 노동조합 등 사회민주주의적인 조직과 신문을 금지했고, 몇몇 사회민주주의 지도자를 연금했다. 그러나 그는 이러한 조치로 사회민주주의자들의 비약을 지속적으로 방해할 수 없다는 것을 정확히 알고 있었다. 그 까닭에 그는 비망록에서 드러나듯이 사회입법을 통해 그들을 견제하고자 했다. 궁극적으로 제국의 사회정책적 발의는 이른바 노동자 연대에 간접적으로 기인하는 것이다.

1883년 6월 15일 의료보험에 관한 법률이 통과되었고, 그 다음 해에는 1881년 법률의 원칙들을 수용한 산업재해에 대한 기업가의 의무 보험에 관한 법률이 통과되었다. 이어 1889년에는 정년과 질병에 대처하는 연금보험에 관한 법률이 뒤따랐다. 이 법률은 조직 원리로서 오늘날까지 유지되어온 국가의 감독을 통한 자율적인 사회제도이다. 이를 통해 포괄적인 사회적 연대를 위한 체계가 의무 보험의 형식으로 마련되었으며, 근대화로 나아가기 위해 할 수 있는 모든 비판이 상세하게 행해졌다. 이 근대화는 정치적으로 종종 훨씬 앞선 다른 유럽 국가에서는 더 나중에야 이루어졌다. 독일 자유주의자들의 유약함과 국가의 비중이 이러한 진보에 기여했을 것이다. 그리고 마르크스보다 더 긍정적으로 자신의 역할을 바라보는 사회주의자들, 이를테면 한편으로는 자신의 사회주의적인 생각의 관철을 위해 국가를 개입시키려고 했던 라살레, 그리고 다른 한편으로는 이른바 강단 사회주의자들, 특히 1872년 영향력 있는 사회정책학회(1936년 금지됨)를 출범시킨 바그너(Adolf Wagner)와 슈몰러처럼 좌파적 입장에서 매우 중요한 학자들의 영향 또한 많은 기여를 했을 것이다.

노동자 집단의 궁핍 — 특히 노동을 전혀 할 수 없는 회원들의 궁핍 — 과 노동자 운동의 압력, 강단 사회주의자들의 노력, 그리고 국가의 화신인 제국 수상의 궁극적이고 결정적인 발의가 초래한 어수선함 때문에 관련자들은 새로 도입된 사회보장체계에 대해 통일된 태도를 취할 수 없었다. 그들은 이 체계에 어느 정도 객관적으로 구체화된 사회적 연대를 전혀 이해하지 못했거나 혹은 부분적으로만 이해했다. 이는 곧 그들이 사회적 안전이 주는 유익함을 인식하지 못했다는 것을 의미하는 것이 아니라 이제 생겨난 사회적 관료주의에 대항해 싸워야 했고 각각의 법률의 해석을 두고 그들과 겨루어야 했다는 것을 의미한다. 첫 번째 발전 경로에서 사회 안전 체계와의 동일시가 훨씬 더 크게 이루어졌을 것이라는 사실은 분명하다.

세 번째 발전 경로는 프랑스의 경우를 예를 들어 개관하는 것이 바람직하다. 그것은 상이한 요소의 상호작용이 프랑스에서 명백히 드러나기 때문만이 아니라 두 가지 다른 발전 경로에서도 마찬가지로 중요한 의미를 가지는 이론적 작업이 수행되었기 때문이다. 벨기에와 스칸디나비아 국가들과 같은 예외적인 경우를 제외하고는 프랑스 역시 다른 유럽 국가와 마찬가지로 대체로 노동자 운동도 협동조합 운동도 후자를 토대로 하여 사회적 안전의 고유한 모델을 관철시킬 만큼 충분히 강력하지 못했다. 그럼에도 — 정치적 태도에서 종종 강단 사회주의자들과 비교할 수 있는 — 각기 다른 기원을 가진 사회개혁자(가톨릭 사회개혁론, 중도적인 사회주의자, 급진적인 사회주의자, 사회적으로 참여하는 시민 계급의 민주주의자 등)처럼 상대적으로 영향력 있는 집단이 집중적으로 사회문제를 취급했다.

그 다음 부르주아에게 행운이 있었다. 그는 수상으로서 비스마르크가 가졌던 가능성을 부여받지는 못했지만 사회정책의 포괄적인 이론적 기초를 시도할 수 있었다. 비록 그의 이름이 언급되는 경우는 흔치 않지만 그의 사상이 오늘날까지 사회정책적 논의에서 다양한 형식으로 재발견된다는 사실만으로도 그의 위상을 알 수 있다. 특히 에왈은 그의 기념비적인 법철학 연구 『복지국가』에서 부르주아의 의의를 부각시켰다. 부르주아는 연대주의적인 국민보험을 평화적 발전을 위한 전제로 인식한 최초의 인물이라는 것이다. "삶의 모든 위험 — 질병, 사고, 비자발적인 실업, 노령 — 에 대한 모든 시민의 연대주의적 보험을 조직하는 것은 20세기 초에 모든 사회의 평화적 발전의 조건과 사회적 의무의 필수 요소가 되었다"(Bourgeois, 1904: 321).

아마 우리는 부르주아가 닦아놓은 노정과 앞선 장에서 연대 계약을 의식적이며 항구적인 조정으로 묘사한 상황에서 한걸음 떨어져 있을 것이다. 그러나 이를 막론하고 이러한 기반을 바탕으로 일어난 것은 사회적 시민권(마셜)이 더디게나마 관철되기 시작했다는 것이다. 이 과정은 프랑스와 영국의 각 단계를 통해 연구할 수 있다. 프랑스에서는 제1차 세계대전 이전에 상이한 사회 법률이 통과되었고, 1936년 국민전선 정부가 사회적 성취를 이루어 냈으며 제2차 세계대전 이후 통합이라는 단계를 밟았다. 영국에서는 1909년의 베아트리스 웹과 시드니 웹(Beatrice and Sidney Webb)의 『소수자 보고서(Minority Report)』가 있었으며, 그 후에 여러 법률이 통과되었다. 1942년 비버리지 플랜(Plan Beveridge)과 제2차 세계대전 이후 베빈(Ernest Bevin)이 이

룩한 사회정책적 성과도 주목할 만하다(Rosancallon, 1992 참조). 특정한 사회 정책을 관철하기 위해 때로는 국가의 도움을 받기도 했고, 복지국가의 실현 주체가 결코 사회민주주의자들이 아니었지만, 이는 분명히 사회민주주의가 이루어낸 성공의 역사이다.

"복지국가가 그 주체이다. 우리가 살펴본 바와 같이 복지국가는 그 기원 부터 다양한 요소에 의해 서로 조립되었다. 그러나 그가 더 강해질수록 진보를 형성하려는 야망이 그를 에워싼다. 그 까닭에 사회복지국가의 완결된 구상은 그 야망이 충만해질수록 사회민주주의적이다. 분명히 모든 근대 국가는 극도로 눈에 띄는 기능 장애에 대항하고 사회 집단 사이에 최소한의 결집을 확보하려는 등의 이유로 어느 정도 사회정책적으로 행위할 의무가 있다. 그러나 사회민주주의적인 이상에서 보면 복지국가는 사회의 통치 원리가 된다"(Castel, 1995: 387~).

에왈은 또한 모든 유럽 국가에서 관찰할 수 있는 사회보장의 일반화 경향, 즉 전체 국민을 포함하는 경향은 복지국가의 개념에 필연적으로 내재되어 있다는 사실을 인식한다. 하나의 사회 계약은 비록 극단적으로는 ─ 사회정 책으로서 ─ 노동자 운동이 성취한 것이라고 하더라도 포괄적이어야 한다. 에왈은 이상(理想)으로 ─ 또는 이념에 따라 ─ 정식화하여 이를 "사회보장은 사회에서 개인들 사이에서의 실제적인 관계를 구성하는 연대 계약을 실현시킬 수 있는 사회제도이다"(Ewald, 1986: 403)라고 표현했다. 사회적 보장에서 "순수한 연대"의 이상이 추구되었다. "사회보장은 보험이라는 단순한 사회적 제도를 훨씬 넘어서는 것이다. 정확히 말하자면 사회보장은 사회를 ······ 순수한 연대의 이상에 접근하기 위해 시민적 의무라는 국가행정에서 해방시키는 사회적 제도이며, 사회가 자기 자신을 통제할 수 있도록 요구하는 사회적 제도이다. 동시에 그것은 시민의 지식이 영구적이고 지속적으로 다듬어

져야 하며, 그들의 욕구와 희구, 그 제도의 위협과 마찬가지로 그들의 재생산을 허용하는 사회적 제도이다. 사회보장이 우리 역사의 특별한 시점을 특징짓는다는 것은 의심할 여지가 없다. 이 시점에서 한 사회가 자신의 고유한 의지의 외부에 있는 신적 또는 자연적 질서와 관계 맺을 필요 없이 홀로 악의 주인인 동시에 정의와 선을 분배하는 주인이라는 것을 믿을 수 있는 것이다"(Ewald, 1986: 404).

그와 동시에 무엇이 – 사회정책의 기초로서 – 사회적 연대인지 분명해진다. 사회적 연대는 "가장 먼저 조직화된 위험 부담의 조정"(Hengsbach, 1999: 36)이다. '정의의 주인'이 되고자 하는 사회는 사회적 정의를 수립하기 위해 사회에서의 분배 흐름을 조절해야 한다. 이런 의미에서 사회적 연대는 사회복지국가에서 하나의 '조절 형식'이다.

"등가성의 원칙에 따라 기여와 능력의 엄격하고 투명한 상호성에 기인하는 시장 형식의 교환과는 달리 연대의 조정 형식은 연대하려는 자들이 서로 동등하게 간주하고 동등하게 자리 매김한다는 평가에 달려 있다. 그들은 이해관계가 동등하다 해도(혹은 그 때문에) 삶의 위험은 동등하지 않다는 동등한 이해관계를 공유하고 있기 때문이다. 그러므로 연대는 단지 잠재적으로 존재하는 상호성에 기인한다. 성과와 보상은 기대치를 통해 서로 결합되어 있기 때문이다. 이 기대치는 단지 가정일 뿐이다. 객관적인 위험 상태와 그에 대한 주관적인 평가가 서로 어긋나기 때문이다. 그래서 '연대 분담금'은 개인의 재정 능력에 상응하고, 그에 반해 화폐의 혹은 사실적인 연대 요구는 실제 수요에 상응한다"(Hengsbach, 1999: 36).

카우프만(Franz-Xaver Kaufmann)은 사회적 조절의 실행이 일반적으로 다음 세 가지 기능으로 이루어진다는 것을 명백히 했다. 첫째는 행위자가 목표의 크기를 평가할 수 있는 "하나의 행위 체계에 참여한 행위자를 위한 판단

기준"의 허용이며, 둘째는 "행위의 조정", 셋째는 "평가 혹은 피드백"(Kauf-mann, 1984: 166)이다. 조정 형식으로서의 연대는 협조적인 행위와 관습법의 기초 위에 있고, 카우프만은 그 특징을 다음과 같이 정리한다.

- 공동의 이해관계가 개별적인 이해관계를 주도해야 한다.
- 행위의 협조를 위해 "규범이나 가치를 공동 설정"할 뿐 아니라 "상황 정의" 또한 공동으로 할 필요가 있다.
- 이것이 전제된다면 "자발적인 협조를 기대할 수 있다".
- "연대의 조정 유형에서 피드백은 사회적 인정을 할당하거나 박탈하는 것으로 구상될 수 있다."
- 이 조정 유형은 "협약의 비용이 적게 든다".
- 조정 유형은 또한 "연속되는 짧은 행위에 결합되어 있는 것처럼 보인다".
- "공속성(共續性)에 대한 의식이나 감정은 연대적 조절의 필수 조건이다."

사회적 결집이 성립하기 위한 전형적인 조건은 "사회적 유사성", "공통의 가치 설정", "공통의 위험", "상호 의존성", "지속적인 사회적 관계"이다 (Kaufmann, 1984: 167~). 여기서 사회적 결집과 사회적 연대가 직접 연관되게 된다. 그러나 카우프만은 사회적 연대가 사회적인 연결을 보증하기 위한 충분조건이 아니라고 본 것 같다. 카우프만은 기능적으로 분화된 사회에서 '조정 형식으로서의 연대'가 있을 수 있는지, 그리고 그것은 어떤 조건에서 가능한지라는 물음을 스스로에게 제기하고, 이는 '규범적 통합'을 넘어 인간들이 사회적으로 획득할 수 있는 인간의 동정심에 대한 능력에 달려 있다고 답한다(Kaufmann, 1984: 173). 사회적 연대가 존재하기 위해서는 제도적인 예방 수단뿐 아니라 무엇보다도 사회보장체계, 그리고 사회적 과정에서 이것을 학습할 수 있는 개인의 능력이 중요하다. 이를 위해 카우프만은 애덤 스미스가 전개한 이론을 언급한다. 이 이론은 다음 장에서 다룬다.

12

애덤 스미스에서
연대의 사회적 학습 이론까지의 발전

사회화에서는 감정 이입의 능력, 연대의 능력과 같은 특성도 아마 다시 망각되고 학습될 것이다. 나는 지금까지 연대에 관한 사회적 학습 이론은 제시되지 않았다고 생각한다. 개인에게서 어떻게 연대가 생겨나는지, 그리고 개인에서 시작하여 사회적 집단에서 어떻게 연대가 생겨나는지를 다룬 연구가 몇 개 있었을 뿐이다.

폴란트(Eckart Voland)의 글은 그 예외 중 하나이다. 그는 집단에서 나타나는 협동의 원천에 관해 몇 가지 답변을 제공한다. 폴란트가 보고하는 인종학적인 고찰 중 가장 흥미로운 것은 남베네수엘라 원시림의 수렵 인종인 야노마미 인디언이다. 이 인종이 중요한 이유는 전체 인간을 고려할 때, 인류 역사의 99.5%가 "야생수렵이라는 조건에서"(Voland, 1998: 306) 이루어졌으며, 따라서 당시 습득된 전통이 깊이 심어졌다는 사실 때문이다. 폴란트는 사냥꾼이 포획물을 나누지 않는 것은 무의미하다고 적고 있다. 포획한 짐승 한 마리를 가지고 그가 배불리 먹을 수 있다 하더라도, 먹다 남은 부분은 어쩔 수 없이 썩게 내버려두어야 하며, 사냥이 다시 성공할 때까지 경우에 따라서는 수일, 심지어 수 주를 기다려야 하기 때문이다. "따라서 야노마미 인디언이 …… 17kg이나 나가는 멧돼지를 자신의 가족끼리만 먹으려는 생각을 전혀 하지 않는다는 것은 진화론적 측면에서 절대적으로 설득력 있다"(Voland, 1998: 306).

최근 사회에서 나타나는 족벌주의적 연대는 이러한 수렵사회에서의 '연대적인' 분배가 쇠퇴했음을 뜻한다. 예를 들어 최근 밝혀진 바에 따르면 메이플라워호를 타고 바다를 건너가 북아메리카에 도착한 103명의 순례자 중 첫해에 살아남았던 50명의 혈통을 살펴보면 이들 대부분이 친족 사이였다. 본디 경건한 다른 선조 순례자의 경우 그렇게 많은 - "혈연 친족관계를 통해 결합된"(Voland, 1998: 303) - '연대적인 동반자 일동'은 상상할 수 없는 것이었다.

폴란트 역시 다른 학자들과 마찬가지로 야노마미 인디언을 '연대 공동체'로 이해했다. 여기서 이 연대 형식에 동기를 부여한 것은 철저히 개인적인 이해관계였다. 이러한 개인적 이해관계는 거의 모든 연대에서 일정한 역할을 수행한다. 이는 "미국의 인류학자 호크(Hawkes, 1992)의 가설 연역적 분석에서 증명된다. 이러한 이타주의적인 연대 형식은 장기적으로 모든 개별 참여자의 온전히 개인적인 이해관계에 의해 극대화된다"(Voland, 1998: 307).

지금까지의 설명에서 내가 수렵사회에서의 이러한 연대 형식에 '협동'이라는 표현을 선호한다는 것이 분명해진다. 연대는 근대의 개념이자 실천이기 때문이다. 그러나 연대의 선행 개념이 협동이라는 것은 의심의 여지가 없다. 협동을 연대라고 부르는 특정한 전통이 있으며, 여기서 뒤르켕과 크로포트킨을 떠올릴 수 있다. 카시러(Ernst Cassirer)는 여기서 한 단계 더 나아간다. 그는 "삶의 개별 형식의 다양성과 다형성을 서로 연결하는, 삶의 어떤 토대적이고 지워버릴 수 없는 연대"라는 '원시인'의 '깊은 믿음'(Cassirer, 1990:

131)을 말하고 있다. 그러나 카시러는 이러한 종류가 연대의 최초 단계라는 것 또한 알아차린다. 두 번째 단계는 유일신적인 종교를 통해 생겨난 인간의 연대일 것이다. "보편적이고 윤리적인 동정심의 이러한 형식은 유일신적인 종교에서는 생동적인 것의 자연적이고 마술적인 연대를 위한 감정을 넘어 그에 대한 승리를 낳는다"(Cassirer, 1990: 159). 세 번째 단계는 바로 르루에게서 보았던 것과 같이 자신의 종교적 뿌리에서 연대를 분리함으로써 생겨난다. 이 과정에서 오늘날 사용하는 의미의 연대라는 단어가 만들어진다.

다시 협동으로 돌아가면 폴란트는 '이타주의적인 연대'를 다음과 같이 요약했다. "상호적인 이타주의는

- 신뢰하는 동반자끼리 더 자주 규칙적으로 상호작용할수록
- 평균적인 삶의 긴장이 더 오래 유지될수록
- 이주가 삶의 공동체의 변화를 드물게 야기할수록
- 잠재적인 사기꾼들이 자신을 위해 이타주의자들의 유익을 요구하면서도 자신은 아무 기부도 하지 않는 것이 더 어렵고 비용이 많이 들수록,

성립할 가능성이 더 크다"(Cassirer, 1990: 159).

이 구절에서 논쟁의 여지가 없이 학습에 속하지만, 연대라는 주제에서 특별한 의미를 가지는 사회적 학습의 차원, 즉 시간이 드러난다.

이를 다루기 전에 자연과학자(이자 철학자인) 폴란트가 연대가 유전학적으로 고착화된다는 주장에 반대하여 제기하는 논의를 인용해보자. "우리가 그들과 친척도 아니고 상호성의 어떠한 작은 기회도 기대할 수 없다면, 곤궁한 자에게 제공할 수 있는 것은 인간 양심의 실행뿐이다"(Cassirer, 1990: 310). 그리고 "연대의 본성과 연대의 윤리 사이에는 하나의 간극이 있는데, 이를 연결하는 것은 지금까지 자연과학적으로도 철학적으로도 실제로 성공하지 못했다"(Cassirer, 1990: 316).

그렇다 하더라도 이 장(章)의 고유한 물음은 자본주의의 융성과 더불어 일반화된 경쟁 조건에서 비연대적인 태도가 훨씬 더 적절한 것처럼 보이는 오늘날의 사회에서 어떻게 연대적인 행위가 생겨날 수 있는가 하는 것이다. 여기서 놀라운 일은 ─ 어쩌면 그렇게 놀라운 일이 아닐지도 모르지만 ─ 이 사회의 최초의 위대한 이론가 중 한 사람이 '비자본주의적'인 사고와 느낌, 태도의 가능성을 동시에 고려했다는 점이다. 그것은 애덤 스미스(Smith, 1994, 1759)와 그의『도덕감정론(The Theory of Moral Sentiments)』인데, 카우프만은 조절 형식으로서의 연대에 관한 논문에서 이 이론에 대해 강조한 바 있다. "분화된 사회적 관계에서 조정 기제로서의 연대의 효과는 인간의 동정심에 기인하는 것이지, 구조기능주의 사회학 ─ 예를 들면 파슨스의 사회학이 대표적이다 ─ 이 가정하는 것처럼 일차적으로 사회적 연관의 규범적 통합에 더 이상 기인하지 않는다"(Kaufmann, 1984: 173). 사회적 현실에 관계하는 상이한 가능성을 고려할 때 공통된 상황의 정의는 개연적이지 않다. 그러므로 다음과 같이 모든 현대적 도덕이론의 결정적인 물음을 제기하는 것이 타당하다. "한 세계(또는 문화)에서 초월적인 계시의 확실성과 확고히 존재하는 인간 본성의 명증성에 기댈 수 없는 윤리적 판단이 어떻게 가능한가?"(Kaufmann, 1984: 174).

애덤 스미스는 우리가 (그리고 타자들이) 도덕적 판단을 해야 하거나 그것을 원하는 상황을 제시한다. 그의 상황 해석은 사회적 학습 이론을 위한 특징을 철저히 드러낸다. "우리의 최초의 도덕적 비판은 타자의 성격과 행위에 대해 행해지며, 우리 모두는 이러한 타자의 성격과 행동 하나하나가 우리에게 어떠한 감정을 느끼게 하는지를 관찰하려 한다. 그러나 우리는 다른 사람들도 우리 자신의 성격과 행동에 대해 똑같이 느낀다는 것을 곧 깨닫는다. 우리는 우리가 어느 정도 그들의 비난과 찬사를 받을 만한지에 대해, 그리고 그들이 우리의 눈에 비칠 때와 마찬가지로 우리가 그들의 마음에 드는 존재로 보일지에 대해 몹시 알고 싶어 하게 된다. 그렇기 때문에 우리는 우리 자신의 열정과 행동을 고찰하고, 만일 이 열정과 행동이 타자의 것이라면 우리에게 어떻게 보일지를 고려함으로써 우리의 열정과 행동이 그들에게 어떻게 보일 것인지를 생각하기 시작한다. 우리는 우리 자신이 우리 행동의 관찰자라고 상정하고 그러한 관점에서 우리의 행동이 우리에게 어떠한 영향을 초래할지 상상하려 한다. 이것이 우리가 타자의 눈을 통해 우리 자신의 행동이 어느 정도까지 적절한지를 면밀히 살펴볼 수 있는 유일한 거울이다"(Smith, 1994: 169~).

우리는 미드(George Herbert Mead)가 자신의 시대보다 100년 앞서 읽고 있다고 생각한다. 그리고 애덤 스미스는 우리가 주체적 자아(I)와 객체적 자아(Me), 그리고 일반화된 타자에 대한 이러한 선취를 실제로 그러한 것처럼 인식할 수 있도록 이 과정을 반영의 과정으로 묘사한다. "인간을 일단 사회 속으로 데리고 오면 그는 곧 이전에 가지고 싶어했던 거울을 제공받게 된다"(Smith, 1994: 168).

근본적으로 애덤 스미스는 세 가지 계기를 구별한다. 첫 번째 계기는 역할 이행(role-taking)의 계기이다. "우리가 타자의 행동을 시인하거나 부인하는 것은 우리가 타자의 문제를 자신의 문제로 생각하는 경우에, 그 행동을 일으킨 여러 감정과 동기에 우리가 전적으로 동감할 수 있는지 없는지에 따라 결정된다. 마찬가지로 우리가 우리 자신의 행동을 시인하거나 부인하는 것은 다른 사람의 입장에 우리 자신을 놓을 때, 말하자면 타자의 눈과 위치에서 우리 자신의 행동을 바라볼 때, 그 행동에 영향을 미친 감정과 동기에 우리가 전적으로 동감하는가 그렇지 않은가에 달려 있다"(Smith, 1994: 166~).

이 서술은 두 가지 다른 계기를 이미 포함하고 있다. 그러나 스미스는 명료하게 규정하기 위해 이 두 계기를 다시 한 번 분리해 명명한다. 두 번째 계기는 관찰과 판단을 요구하는 거리 두기와 자기 거리 두기의 계기이다. "우리가 스스로의 자연적 위치에서 벗어나 일정한 거리를 두고 자신의 여러 가지 감정과 동기를 바라보려고 노력하지 않는다면, 우리는 그것을 관찰하거나 그것에 대해 판단할 수 없다"(Smith, 1994: 167). 세 번째 계기는 관찰자의 독립성이다. "우리는 우리 자신의 행동을 공평한 관찰자처럼 관찰하려고 노력한다"(Smith, 1994: 167).*

스미스는 인간은 물질적인 재화보다는 신뢰와 애정에 더 많은 가치를 부여한다는 가정에서 나아간다. 인간은 "위대하고 명망이 있기를 원하는 것이 아니라 사랑받기를 원한다." 또한 그는 어떤 유형의 인간이 이러한 희망을 품는지를 명백히 밝힌다. "진실과 정의가 기뻐하는 것은 부유하게 되는 것이 아니라 사람들에게서 신뢰와 믿음을 얻는 것이며, 이것이야말로 이러한 덕목이 거의 항상 틀림없이 얻게 되는 대가이다"(Smith, 1994: 251~).

스미스와 연관 지을 필요 없이 괴벨(Andreas Göbel)과 판코케(Eckart Pan-koke)에게서도 유사한 동기를 떠올릴 수 있다. 그들은 이미 르루에게서 발견되는 자비의 일상적인 실천에 대한 비판을 출발점으로 삼는다. "연대는 더 이상 '주고받음'이라는 지배적인 격차를 통해 구체화되지 않는다. 오히려 연대는 연대의 동반자 관계로서 상호작용적으로 구성된다. 연대화는 주는 자와 받는 자가 반성적으로 서로 반영하고 관찰하고 영향을 미치는 과정 속에서 성찰된다. 그 과정에서 주는 자와 받는 자의 역할은 여전히 가난함과 부

---

* 셀리그먼은 스미스에게 사회성은 "일반의지에서 자신을 해소함으로써(루소의 해법)"가 아니라 오히려 "편파적이지 않은 내적 관찰자를 허용하는, 더 높은 도덕성의 기초 위에서 자의적으로 구성됨으로써" 도달된다고 강조한다(Seligman, 1995: 209).

유함의 비대칭적 격차 속에서 행사되지 않는다"(Göbel/Pankoke, 1998: 478).

연대 실천의 상호작용적 성격은 학습 과정으로도 서술될 수 있다.

마찬가지로 롤스는 정의 산출의 절차, 공정이라는 실천의 절차는 그것에 참여한 개인에게 강제를 실행하고, 그들에게 절차의 과정에 긍정적으로 작용하는 의무를 강요한다고 강조한다. 이것은 연대의 실천에 있어서도 유비적으로 타당하다. 다른 말로 표현하면 연대 활동은 참여한 개인의 연대적인 능력을 강화한다.

클라이네(Thomas Kleine)는 가톨릭 사회이론에서의 연대 사상의 발전에 강하게 영향을 받은 『과정으로서의 연대(Solidarität als Prozess)』(1992)에 대한 연구에서 연대가 가진 학습 과정의 성격을 부각시켰다. 그에 따르면 인간은 자기 발견의 노력에서 타자에 대한 자기 전달, 즉 의사소통에 의존한다. 연대적 사회의 전제로서의 연대적 인간은 사회적인 능력을 획득해야 한다는 것이다. 이 능력에는 자기 지각과 타자 지각에서의 예민함, 타자와 자기 자신에 대한 인정의 능력, 마찬가지로 타자와 자기 자신과의 조우에 관한 반성의 능력이 포함된다. 의미의 공통적인 활성화와 변화는 의사소통과 — 다음 단계로 — 서로 간의 연대를 조건 지었다. 담화 규칙에 따라 생겨나고 성취된 의사소통은, 이런 의미에서 생존했던 연대의 전진인 동시에 연대 학습 과정에서의 전진이라고 한다.

호르크하이머(Horkheimer, 1967: 265)는 인간적인 상호작용에서 연대를 증진시키는 요소를 강조하는 다른 저자와는 달리 연대를 위한 실존적인 동인을 '고독'이라고 칭하며 "어떤 곤궁함도 저세상에서 보상받지 못한다"라고 냉정하게 덧붙인다.

물론 그러한 부정적인 감정이 연대적인 행위를 방해할 수도 있다. 무엇보다도 여러 종류의 두려움은 커다란 장애물이다. 어떠한 방식으로든 타자(들)

의 궁지에 몰려 부정적으로 연루된다는 두려움, 혹은 ─ 클라이네가 묘사하듯이 ─ 실패에 대한 두려움 등이 그 예이다. "이 학습된 곤궁함은 연대적인 사회로 나아가는 데 방해 요소가 된다. 그것은 원래부터 염려된 실패에 근거한 의미 있게 주시하는 행위로서 (연대적 사회를) 불가능하게 만들기 때문이다"(Kleine, 1992: 184). 반대 조치는 ─ 투랭(Touraine, 1997, Kap. II; VIII)이 강조하는 바와 같이 ─ 주체의 역량 강화 전략을 발전시켜야 하고, 상호적인 인정의 태도를 증진시켜야 한다. 가톨릭의 입장에서도 유사하게 논증된다. "때로는 연대가 개인적인 해악도 함께 가져오기 때문에 자아의 강직함, 긍정적인 자존심, 용기, 갈등 극복 능력은 중요한 역할을 한다"(Prüller-Jagenteufel, 1998: 460).

한 논증 계열은 개인에게서의 연대의 성립보다는 오히려 동질성의 감정, 궁극적으로 집단에서의 연대의 발전과 확립에 관해 다루고 있다. 이 계열은 뒤르켐의 『종교적 삶의 기본 형식(Die Elementaren Formen des religiösen Lebens)』(1981)에서 출발하는데, 여기서 뒤르켐은 인간이 이미 항상 사회적 연관에 의존해왔다고 논증한다. 그 사실은 반복해서 분명히 해두어야 하는데, 그것은 "똑같이 고함치고, 똑같은 단어를 말하고, 같은 대상과의 관계에서 똑같은 태도를 취할 때, 그들은 조화롭게 느낀다"(Durkheim, 1981: 315)라는 사실 때문이다. 여기서는 이른바 상징적인 행위를 통해 사회적 연관을 확립하는 것이 중요한 의미를 가진다.

"집단적인 감정과 생각을 규칙적으로 생동시키며 공고히 하는 욕구를 느끼지 않았던 사회는 없다. 이 도덕적 재생은 그 안에서 서로 강하게 밀착된 개인이 자신들의 공동의 감정을 함께 강화하는 단체, 회합, 집회의 도움을 통해서만 도달될 수 있다. 그리하여 의식(儀式)은 그들의 목적과 그들이 목표하는 성과, 그곳에서 적용되는 절차를 통해 그들의 본성에 따라 고유한 종교적 의식과 구별되지 않는다"(Durkheim, 1981: 571).

케르처(David I. Kertzer)는 이 논증에 흥미를 가지고 이를 계속 발전시켰다. "사회적 공동체의 의례는 사회적 연대를 향한 생득적인 노력만을 표현하는 것이 아니다. 이 의례는 그러한 노력을 이끌어내고 쇄신하는 데 크게 기여한다. 인간은 그러한 의례에 참여함으로써 자신들이 사회적 집단에 종속되어 있음을 지속적으로 상기하게 된다. …… 사회적 연대는 (뒤르켐에 의해) 사회의 요구로서, 그리고 의례는 그들의 활동에 꼭 필요한 요소로서 파악되었다"(Kertzer, 1988: 62).

케르처는 변화에 직면했을 때 왜 의례가 신앙보다 더 오래 지탱되는가 하는 물음을 탐구한다. "뒤르켕이 이 수수께끼에 대한 해답을 제안한다. 의례는 우리가 우리 자신의 의존성을 표현하는 수단이다. 의례에서 중요한 것은 우리의 공동의 참여와 정서적인 연루이지 의례를 정당화하는 합리화가 아니다"(Kertzer, 1988: 67). 궁극적으로 뒤르켕의 사고는 이러한 입장을 넘어서서 "인간이 같은 가치를 공유하거나 심지어 의례를 동일하게 해석하지 않더라도 의례가 사회적 연대를 증진시킬 수 있다"(Kertzer, 1988: 69)라는 주장에까지 이르게 된다. 이것은 엄청난 정치적 함의를 가진다. "혁명 운동이나 신생 정권의 경우 의례의 가치는 의례를 모든 정치적 체계에서 그렇게 중요하게 만드는 동일한 요소에 기인한다. 의례는 중요한 조직적인 요구를 충족시킨다. 의례는 정당성을 창출하는 동시에 실제적인 권력 관계를 신비화한다. 의례는 사람들의 동의가 명백히 드러나지 않는 곳에서조차 대중적인 연대를 쉽게 만든다"(Kertzer, 1988: 152~).

케르처는 어느 정도 순수한 초기 노동계급의 축제에서부터 의례에 관해 철저히 과오를 지닌 파시즘과 스탈린주의의 정치적 획책에 이르기까지 의례의 기능을 추적한다. 하지만 그는 의례를 부정적인 것으로 환원할 수 없다고 결론 내리고, 오히려 연대를 지지하는 의례의 잠재력을 주장한다. 바링호르스트(Sigrid Baringhorst)의 개괄에서는 이것이 다음과 같이 표현된다. "의례의 사회적 중요성은 고대나 전근대적인 사회의 형성에만 제한되지 않는다. …… 어떤 규범적인 합의를 전제하지 않고도 공동성을 창출하는 의례의 특수한 상징 성격에 근거한 능력은 근대 다원주의 사회의 정치적 동원 과정에서도 매우 중요하다. 그것은 계속 진행되는 개인화의 대열에서 포괄적인 가치 합의는 항상 비현실적으로 보이기 때문에 더욱 그러하다. 연대를 실현하는 기능은 단지 정치 지도자층에 의해 발의되는 공식적인 의례에만 주어지는 것이 아니며, 지지자를 획득하고 동원하는 '아래로부터' 자극된 비판적·반문화적 시도에도 부여된다"(Baringhorst, 1998: 46).

이러한 맥락에서 여전히 이 논증 계열의 분파, 이른바 '연대의 대중매체적인 산출'을 지적할 수 있다. 예전에는 이러한 주제가 조롱의 대상이었지만, 텔레비전에서 연대를 호소하여 얻어지는 엄청난 기부금을 보면 오늘날 매우 중요한 의미를 가진다고 할 수 있다. 바링호르스트는 세계화가 비로소 매스미디어의 매개를 통해 의례 속으로 파고 들어왔다고 주장한다. 그녀는 이 과정의 양가적 감정을 올바르게 부각시킨다. 한편에서는 볼 만한 스캔들 만들기와 개인적인 책임 공방, 문제의 배경에 관한 반(反)주제화, 선정주의가 서 있으며, 다른 한편에서는 연대 지평의 엄청난 확장, 세계화의 사회적 위험과 마찬가지로 생태론적 위험의 의식화와 '국경 없는 의사회' 같은 NGO를 위한 새로운 기회가 서 있다. 세계적이지만 '얇은' 연대가 생겨난다. "대중매체적인 의사소통은 시민사회에 중요한 사회적 연합의 상호 매개적인 차원과 관계가 있을 뿐 지역의 자조 조직과 다른 연대 조직의 의사소통을 위해 이들을 연결시켜주는 능력은 미미하다"(Baringhorst, 1999: 59). 대중매체가 연대를 호소함으로써 생겨나는 '새로운 시장의 도덕'은 "사회적 연대의 고전적이며 근대적인 대리인을 결코 대체할 수 없을 것"이다. 그러나 논증은 차별화되어야 한다. "대중매체적인 연대 행위와 가장 깊숙한 곳에서 이루어지는 시민적인 연대는 원리적으로 배척되지 않는다. 대중매체의 활동은 보완 전략으로서 의미 충만한 주제화와 민감한 수용의 기능을 분명히 충족시킬 수 있다. 이는 …… 무엇보다도 조망할 수 있는 인접 영역의 외부인과의 연대를 고려할 때 타당하다. 대중매체를 이용한 연대 활동은 먼 이웃 또는 사회 내부에서 주변부로 배제된 이웃을 가시적으로 만들며, 우리의 관심을 일상적인 경험의 지평을 넘어 생태학적인 문제로 향하게 한다(Baringhorst, 1998: 341).

기억을 되살리며
연대의 현 주소에 관한 일곱 가지 테제

① 연대는 심각한 위기에 처해 있다. 위기라는 개념은 종종 몰락이나 종말과 연결된다. 그러나 위기 현상은 하나의 변화 과정일 수도 있고, 연대의 변화를 표현할 수도 있다. '오래된' 연대 형식은 '새로운' 연대 형식에 의해 바뀔 수도 있을 것이다.

② '오래된' 연대란 동등한 사람들 사이에서의 관계이며, 어떤 공동체에서의 '사회적 결합'이다.

③ 많은 사람들에게 연대라는 단어는 넓게 확산된 연대의 형식인 '노동자 연대'라는 의미를 가지고 있다. 동시에 노동자 연대는 동등한 사람들 사이에서의 연대, 즉 공동체에서의 연대에 대한 가장 좋은 본보기이다.

④ 간단한 것이 어렵게 이루어지는 경우도 종종 있긴 하지만, 노동자 연대는 상대적으로 간단한 문제였고 이는 현재도 마찬가지다. 이들은 동등하거나 적어도 유사한 사람들이며, 동일한 집단이나 공동체에 속한 누군가와 연대한다는 것은 비교적 쉬운 일이기 때문이다.

⑤ 그에 반해 동일한 집단이나 공동체에 속하지 않는 다른 사람, 즉 타자와의 연대는 더욱 어려운 일이다.

⑥ 노동자 연대는 위기에 처해 있다. 많은 사람들은 노동자들이 서로 매우 다르며 관심사도 다양하다는 것을 분명히 알고 있다. 그들이 남자든 여자든, 젊은이든 늙은이든, 노동자든 사무직 직원이든, 토박이든 이방인이든, 이주 노동자든 망명 신청자든 말이다. 그러나 아직 더 많은 차이가 존재한다.

⑦ 오늘날 필요한 것은 타자와의 연대이다. 즉, 공동체와 집단의 한계를 넘어선 연대가 그것이다. 그러한 연대를 위한 출발점은 존재하지만 그것은 다

만 출발점일 뿐이다. 유의할 것은 새로운 연대가 오래된 연대를 불필요한 것으로 만드는 것은 아니라는 사실이다.

중간 결산과 새로운 물음
무엇이 사회를 궁극적으로 결합시키는가?

연대는 많은 사람이 원하는 것처럼 명백하고 엄밀히 제한된 개념으로는 결코 규정되지 않을 것이다. 그러나 아주 정확하게 규정될 수 있는 여러 가지 의미의 계열이 점차 드러난다. 역사적으로 고찰해보면 연대는 먼저 사회적 결집이라 명명되었다. 그 다음 가장 강력하게 연대의 일상적인 이해를 계속해서 만들어내는 노동자 연대가 뒤따랐다. 노동자 연대는 특수한 형식이지만, 오늘날 넓은 영역에서 지배적 영향력을 행사하는 기계적 연대의 특수한 형식이다. 이런 의미에서의 연대는 원리적으로 동등한, 더 정확히 말하면 원리적으로 동등한 것으로서 혹은 유사한 것으로서 이해하며, 서로를 그러한 존재로서 인정하는 인간들 사이의 관계이다. 여기서 중요한 것은 상호적인 관계인데, 적어도 이 관계는 잠재적이고, 게다가 잠재적으로 상호적이다. 대부분 이 관계는 좁게 혹은 넓게 정의될 수 있는 공동체에서의 관계이다. 항상 그런 것은 아니지만 기계적 연대에서는 투쟁 연대가 관건이 된다. 모든 종류의 이해관계로 통합된 공동체에는 노동자 연대와 나란히 기계적 연대에 대한 다른 예가 존재한다. 여기서 이 이해관계는 실존적인 성질을 띨 수도 있고 틈틈이 혹은 우선적으로 추구하는 어떤 취미와 관계있을 수도 있다. 노동자 연대는 실존적인 물질적 이해관계에 의해 유지되고 지탱되었다. 그것은 많은 자조 집단의 구성원에게 철저히 그들을 함께 결합시키는 실존적이고 심리적인 이해관계이다.

두 번째의 의미 계열은 사회적 연대의 계열이다. 이 경우에 중요한 것은 기계적 연대에 관한 오늘날의 예에서와 같이 공동체 속에서의 집단의 구성원이 아니라 조직화된 위험 부담을 조정하는 관계를 장려하는 이들이며, 대부분의 사회 구성원이 여기에 속한다. 우리는 사회적 연대의 더 많은 원천을 알고 있다. 그러나 많은 유럽 국가에서 협동을 위한 단체는 상호부조 또는 공제조합이라는 것은 의심할 여지없이 가장 중요한 사실 중 하나이다. 먼저 공동으로 자신들의 불이익에 반발했던 시민사회의 구성원이 노동자였기 때문에, 사회적 연대는 그 원천에 따라 노동자 연대와 동류의 것이다. 그러나 그동안 사회적 연대의 보편화가 매우 다양한 형태로 진행되었는데, 즉 경향에 따라 한 사회의 모든 구성원으로의 확장과, 노동자 연대로부터의, 적어도 부분적인 분리 과정이 이루어졌다. 이 과정은 비록 여전히 예전의 노동자 연대에 결합된 사회적 연대 형식의 실천자에 의해 지속되었지만,* 피할 수 없으며 전적으로 기대할 만한 것으로 나타난다.

사회적 연대에 참여하는 사람은 이 연대에 관한 결정적인 관점에서 동등하다. 그들은 대부분 예견할 수 없는 유사한 위험부담을 지고 있다. 오늘날 사회적 연대 대부분이 국가에 의해 또는 국가에 종속적으로 조직되거나 통제된다 하더라도 그것은 어떤 형식에서든 구성원이 의식적으로 참여하는가에 달려 있다. 그러한 거대한 연대 공동체에서 무임승차자로 행동하려는 유혹은 개인에게 본능적인 것이다. 그러나 경험적으로 이 현상은 모든 재앙의 예언에도 불구하고 더 부차적인 것처럼 보인다. 티트머스(Richard Titmuss)는 만약 도움이 필요한 자를 위한 사회적인 도움이 없다면 공동체의 사회적 통합은 몰락하고 만다는 것을 알았다(Titmuss, 1973. Metz, 1998: 91 재인용). 예를 들면 헌혈은 대체될 수 없는 것이다. 더 나아가 연대는 "산업사회에서 고도의 복잡성과 의존성에 관한 의식"이다(Metz, 1998: 177). 따라서 연대는 사

---

* 예를 들어 사회적 연대에서 계급 기초의 상실에 대해 안타깝게 생각하는 볼드윈 (Baldwin, 1990) 참조.

회에 거의 필수적인 의식이라 할 수 있다. 비록 우리가 사회적 연대로 가기 위한 사회 구성원의 (자기) 반성적인 관계는, 부르주아를 떠올리게 되는 것에서 보듯이 아직 요원한 것이라 하더라도 사회보장체계는 '연대의 문화'에 의해 지탱된다. "사회적 규범과 도덕적인 제도를 의식적으로 인정함으로써 의료보험이 정당성을 갖게 된다"(Hinrichs, 1997: 26). 힌리히스는 개인화가 진척되었지만 사회보장의 도덕적 하부구조는 잘 작동한다고 파악한다. 사회적 연대가 관철되려면 "사회주의의 선동"(메츠)과 국가적인 고유한 이해관계를 위한 강력한 힘(비스마르크)이 필요하다는 것만 제외하면, 그것은 사회 구성원의 보편적 양식이 되었다. 사회적 연대의 상황은 각각의 사회 상태에 대해 많은 것을 이야기한다. "사회적 도움의 질서는 사회가 스스로를 이해하는 기초가 되는 것이며, 그를 통해 사회의 도덕을 구성하는 기초가 된다"(Metz, 1998: 193).

이로써 사회적 결집에 대한 질문에 답변이 되었는가? 그렇지 않다는 데 이 문제의 복잡성이 있다. 이 물음은 다른 영역, 다른 차원과 관계하기 때문이다. 사회적 연대는 한 사회의 결집에 엄청나게 많이 기여할 수도 있을 것이다. 그러나 그를 통해 콩트와 뒤르켕의 질문이 의미했던, 한 사회에서 근본 합의를 가능하게 하는 근거를 밝혀주는 내용은 단지 조금만 드러난다. 근본적으로 사회를 결합시키는 것은 무엇인가? 그것은 이해관계인가 혹은 도덕인가? 아니면 또 다른 어떤 것인가?

13
사회적 결집은
규범이나 갈등을 통해 이루어지는가?

뒤르켕의 사상에서 현재까지 세 가지 논의의 계열이 발전해왔으며, 여기에 특히 뒤르켕의 사고 구조 밖에서 유래하는 계열이 덧붙는다. 우선 여기서 관심을 끄는 가장 중요한 계열은 공동체의 사회적 결집에 관한 뒤르켕의 중심 물음을 다룬다. 규범적 기능주의와 그 가장 중요한 대표자인 파슨스(Talcott Parsons)는 뒤르켕에 직접적인 근거를 두고 있다. 두 번째 계열은 연대를 ─ 마찬가지로 뒤르켕과 더불어 ─ 무엇보다도 도덕의 문제로 파악한다. 그러나 마르크스에서 가톨릭의 사회이론까지 도덕철학적 논의의 상이한 갈래는 부분적으로 전혀 다른 분파를 가지며 오늘날까지 분리되어 있다. 세 번째 계열인 고유한 사회철학적 논쟁의 시작에는, 연대는 정의 없이는 불가능하다는 뒤르켕의 인식이 놓여 있다.

이 세 가지 계열을 각각 사회학적 계열, 윤리학적 계열, 사회철학적 계열로 특징지을 수 있을 것이다. 여기서 ─ 이른바 공리주의적인 ─ 한 계열은 자신의 발상을 상대적으로 엄격히 유지하는 반면 다른 계열들은 다른 노선의 기여를 수용하거나 연관시키고자 시도한다. 여기서는 먼저 사회적 결집의 관점에서 사회학적 계열을 비교적 짧게 추적해볼 것이다.

이 경우에 지극히 다양한 형태의 답변이 나올 수 있다는 점에서 문제가 복잡해질 수 있다. 한 계열은 사회가 규범과 가치를 넘어서 통합되었다고 말하고, 다른 계열은 통합이란 각 체계의 자기 형성적인 힘이라고 주장하며, 또 다른 계열은 의사소통적 행위에 통합하는 힘을 부여할 것이다. 이 방향은 다른 계열이 사회를 분열시키는 계기라고 생각하는 사회적 갈등이 특정한 조건하에서 사회적 통합에 기여한다고 설명한다. 이 모든 이론을 이 자리에서 논의할 수는 없기 때문에 사회적 결집으로서의 연대라는 주제와 직·간접적으로 관련 있는 사회학적 이론에 주목하는 것이 좋겠다. 그 첫 번째는 파슨스의 직접적 관계이고, 두 번째는 코저의 간접적 관계이다.

그러나 우선 록우드(David Lockwood)가 제시하는 사회 통합과 체계 통합 사이의 중요한 구별을 도입할 필요가 있다. 전자는 가장 상이한 종류의 사회적 결속을 통한 공동체의 통합을 목표로 한다.* 이것은 철저하게 하나의 결속이지 강제가 아니다. "사회적 통합이란 자유와 결속의 성공적인 관계를 뜻한다"(Peters, 1993: 92). 후자는 시민을 기능적으로 강제하는 결속을 의미한다. 이 강제는 부분적으로는 시민이 모르는 사이에, 부분적으로는 현대의 복잡한 공동체에서의 그들의 존재에서 발생한다. 하버마스의 표현에 따르면 이것은 화폐, 정치권력, 법을 매개로 성립되었다. 루만(Niklas Luhmann)의 체계 통합 테제는 말하자면 절대화된 형식에서 발견된다. 그의 체계 이론은 비록 우리 사회의 기능적 분화의 테제, 특히 파슨스에게서 도출되지만, 사회의 결집에 관한 파슨스의 논의를 더 이상 도덕적인 규범의 근거 위에서 진행시

---

* 사회적 결속에 대한 상이한 '고전적인' 사회학적 이론의 상세한 토론에 대해서는 리히터(Richter, 1999) 참조.

키지 않는다. 여기서는 체계 이론을 더 이상 논의할 필요가 없기 때문이다. 짧게 정리하면 사회적 통합은 체계를 그 기능적 강제를 넘어 안전하게 정립한다. 사회적 결집으로서의 연대를 논의하는 것은 불필요하다.

이러한 극단적인 입장에 대해 많은 저자가 하나의 사회적 혹은 문화적, 심지어 연대적인 통합은 문제시할 수 없다고 이의를 제기했다. 체계적으로 통합된 사회만이 분열될 따름이다. 뒤르켕은 최종적으로 그렇게 주장했고, 노동 분업을 통한 사회 분화에서 도덕적 의식으로서의 연대를 추론했다. 뒤르켕에게 사회적 결집으로서의 연대가 도덕적 요소를 가지고 있다는 것은 명백했다. 그러나 그는 "도덕이 과학에서 도출되는 것이 아니라 오히려 전혀 다른 '도덕학'을 추구하고자 했다"(Durkheim, 1992: 76). 사회 발전이 오히려 사회적 결합을 느슨하게 만들기 때문에 사회적 결합은 보완되어야 한다. 뒤르켕에게 그것을 수행하는 것은 사회적 노동 분업이고, 그것은 곧 노동 분업의 '도덕적 가치'이다. 인간은 노동 분업을 통해 "스스로 자신이 사회에 종속되어 있음을 의식하게 되기 때문이다. …… 노동 분업이 사회적 연대의 중요한 원천이 됨으로써 노동 분업은 사회적 질서의 토대가 된다"(Durkheim, 1992: 471).

규범적 기능주의와 그 뒤를 잇는 더 새로운 체계 이론은 노동 분업이 유기적 연대를 이끈다는 것에 대해 회의를 품으며(파슨스, 루만), 오히려 노동 분업은 사회적 갈등을 초래한다고 말한다. 이 문제를 두고 주장이 갈리게 된다.

"파슨스에게 통합은 한편으로 기능적으로 분화된 부분 체계의 상호 연결(적응, 목표 달성, 유형 유지와 함께)을 의미하는 동시에 사회체계의 네 가지 기본 기능 중 하나를 의미한다"(Peters, 1993: 129). 파슨스는 "사회적인 공동체"에서 사회의 통합적인 하위 체계를 인식한다(Peters, 1972, 21). 그에게 연대는 ─ 철저하게 뒤르켕적인 의미에서 ─ 한 집단의 가치 의무에 근거하며, "사회적 공동체의 아마도 가장 보편적인 기능은 더욱 통일적이고 응집력 있는 집단적 조직을 통해 하나의 규범 체계를 만들어내는 데 있기 때문에"(Peters, 1972, 21), 기계적인 연대가 우선권을 갖는다. 기계적 연대는 어떤 면에서는 "통일적이며 응집력 있는 (집단적) 조직에 관한 다른 표현이다. 그 까닭에 그는 한 집단에서의 연대에 대해서도 강조한다. 이 연대는 상이한 집단 사이의 연대보다 더 활동적이라는 것이다.

뒤르켐의 이론을 지속적으로 전개해나갈 때 파슨스에게 제기되는 가장 큰 문제 중 하나는 "그 구조가 상당한 정도로 다원주의에 도달한 거대한 사회에서의 사회적 연대를 위한 동기의 기초"(Peters, 1972, 181)에 관한 것이다. 이 문제에 대해 파슨스는 근본적으로 두 가지 보충적인 해결책을 제시했다. 그는 근대적 시민권 제도에서 하나의 해결책을 찾아낸다. "시민의 공통적인 지위가 국가적 연대를 위한 충분한 기초"(Peters, 1972: 34)이기 때문이다. 또 다른 해결책은 아도르노가 다음과 같이 비판하는 정신적 구조에 놓여 있다. "파슨스에 따르면 그가 암묵적으로 그리고 일반적으로 긍정적인 것으로서 전제한 사회의 통합은 이를테면 그것의 기능적 욕구가 ― 객관적인 사회적 계기로서 ― '평균적인 초자아'의 도식과 일치할 때 성취된다. 인간과 체계의 이러한 상호 합치는 규범으로 고양된다. …… 또한 나쁜 억압적인 상태도 그러한 초자아에서 규범적으로 반영되어 나타날 수 있다"(Adorno, 1979: 45).

록우드는 규범적 기능주의에 대한 분석에서 시민권의 역할에 관한 사고를 더욱 발전시킨다. 그에 따르면 시민적인 문화와 시민권은 "집단적 의식"이며, 뒤르켐이 생각했듯 그러한 사회를 위한 적당한 제도화이다. "시민권은 두 가지 의미에서 더욱 규범적이고 제도적인 유기적인 연대 영역으로 적당하다"(Lockwood, 1992: 30). 록우드의 저서는 많은 것을 기대하게끔 하는 『연대와 분열(Solidarity and Schism)』이라는 제목이 붙어 있지만 연대에 관한 연구라기보다는 오히려 뒤르켕과 마르크스의 사회학적 사회이론과 각각의 학파에 관한 연구이다. 그의 중심 주제는 두 이론이 근본적인 문제 — 이를테면 하나의 경우는 미리 예견하지 못한 아노미의 발생 또는 더 적절히 표현하면 무질서의 발생이고, 다른 경우는 이미 예견된 무질서의 미(未)발생 또는 혁명의 미발생이라 표현하는 것이 더 나을 것이다 — 를 해명하려면 각각 다른 이론의 중심 범주인 이론 외부에 놓인 차이성의 범주를 다루어야 한다는 것이다. 이른바 하나의 종합이 예고된 것과 마찬가지이다. 그 대신 록우드는 두 발상을 종합하는 처리 방식을 제안한다. 뒤르켕에 관한 분석에서 그는 다음과 같은 결론에 도달한다. 노동 분업적 사회에서 '유기적' 연대가 부재하다는 관점에서 — 뒤르켕의 부수적인 동기이기도 한 — 숙명론이 유기적 연대의 과제를 넘겨받는다는 것이다.

루만은 사회적 연대에 관한 논문에서 파슨스의 사회적인 공동체의 위치에 상호작용 체계를 정립한다. 이 상호작용 체계는 "현존하는 것 가운데서" 형성되며, 마찬가지로 "사회 내부에서 고유한 체계의 한계를" 설정한다(Luhmann, 1984: 81). 그는 '상호작용 체계'와 '사회체계'의 분화를 수단으로 연대란 결코 사회의 사회적 결집에 아무런 영향을 끼치지 못한다는 주장에 도달한다. 파업 또는 다른 사회적 운동에서의 사회적 연대의 표현 방식은 각 집단 내부에서의 연대를 가리키는 것이지, 그것이 바로 사회에서의 연대를 나타내는 것은 아니다. "연대도 도덕과 유사하게 경계를 염두에 두는 …… 특징이 있다"(Luhmann, 1984: 90). 루만의 논의가 가능하기는 하다. 그는 상이한 연대 개념의 필수적인 구별을 포기하기 때문이다. 그는 연대의 사회적 변화를 의도적으로 간과하고, 결국 사회 통합을 체계 통합으로 환원시키고 말았다.

뒤르켕 학파를 제외한 논증의 중요한 계열은 공리주의이며, 그중에서도

더욱 중요한 것은 공리주의의 새로운 분파들이다. 올슨(Olson, 1965)은 집단
적 재화가 어떤 조건의 사회에서 사용되는가 하는 물음을 다루었다. 집단적
재화는 예를 들면 홍수를 유발하는 하천을 정비하는 것처럼 모든 사람에게
유익한 재화이다. 올슨의 논증은 축약해 말하자면 집단적 재화를 연대적으
로 생산하는 것이 결코 인간에게 매력적이지 않을 수도 있다는 것이다. 합리
적으로 고찰해보면 집단적인 선에 대한 그들의 이득 또한 고유한 업적 없이
도 가질 수 있는 것이기 때문이다. 이것이 바로 '무임승차자'의 존재를 증명
하는 것이다. 오페(Offe, 1985: 57)는 무엇보다도 또한 노동조합의 연대에서
그러한 논증이 가끔 가져오는 부정적인 결과를 지적하며 해결책으로 '문화
적 규범 체계'를 간단히 언급한다. 그에 반해 골드스로프(Goldthorpe, 1967:
304~)는 올슨의 근본 가정, 즉 합리적 고려와 자기 이해관계의 관철에 대한
가정, 그리고 '집단적 재화'와 '선택적 충동'의 대립적 설정은 경험적 연구에
서 유지될 수 없다고 논박한다. 영국의 노동조합이 그 예이다. 영국의 노동
조합에서는 단체교섭과 개별적인 고충 처리의 전통이 상호 보완적으로 작용
했다. 올슨의 이론은 집단적 행위를 이해하는 데 결정적으로 기여하지 못한
다는 것이 그들의 주장이다.

엘스터(Jon Elster)는 『사회의 결속(The cement of society)』에서 합리적 선
택(rational-choice)이라는 발상에서 출발하기는 하지만, 올슨과 마찬가지로
무임승차자의 문제를 집단적 행위의 관점에서 협동의 주요 난제로 확실히
부각시켰다. 그러나 그는 곧이어 합리적 선택 이론에 사회적 규범 이론을 포
함시키는 것이 필수적이라는 점을 명백히 한다. "사회적 규범은 행위의 중
요한 동기를 제공하는데, 이 동기는 합리성이나 실제로 어떠한 형식을 최적
화시키는 메커니즘으로 환원할 수 없다"(Elster, 1989: 15). 그는 상세한 논증
을 통해 다음과 같은 결론을 내린다. "이타주의, 연민, 사회적 규범과 고유한

이해관계는 복잡하고 상호작용하는 모든 방식에서 질서, 안정, 협동을 성립시키는 데 기여한다. 안정을 증진시키는 몇몇 메커니즘은 협동에 반하여 작용한다. 협동을 용이하게 하는 몇몇 메커니즘은 폭력의 강도를 높인다. 모든 사회와 공동체는 좋은 것에서나 나쁜 것에서나 이러한 동기들의 어떤 특별히 이상적인 절충적 혼합을 통해 결합된다. 그러나 이 결합 수단의 기초적인 구성요소는 비록 그것이 무수히 많은 종류로 결합될 수 있다 하더라도 모든 사회에서 비슷비슷해 보인다"(Elster, 1989: 247).

더 새로운 논쟁에서는 한 논의의 계열이 비록 가장자리에 있는 것처럼 보이지만, 이 계열은 또한 사회의 통합을 위한 매우 중요한 설명의 단초를 제공한다. 지멜과 코저의 갈등이론적 계열이 그것이다. 지멜은 이미 20세기에 「논쟁(Der Streit)」에서 갈등이 사회화의 한 형식이라는 테제를 제기했다. "우주가 하나의 형식을 가지기 위해 사랑과 증오, 원심력과 구심력을 필요로 하듯, 사회는 특정한 형태에 도달하기 위해 조화와 부조화, 연합과 경쟁, 총애와 질투의 어떤 양적인 관계를 필요로 한다. 그러나 이러한 이분화는 마치 명백히 현실적인 사회가 다른 긍정적인 사회적 활력에 의해서만 성립될 수 있다는 것처럼 결코 사회학적인 수동태, 부정적인 심급이 아니다. 그러나 이것은 이 양적 관계가 사회를 방해하지 않는 한 그런 것이다. 이 일반적인 이해는 완전히 피상적인 것이다. 사회는 그것이 주어진 것처럼, 두 가지를 온전히 긍정적으로 등장시키는 상호작용의 두 범주의 결과이다"(Simmel, 1908: 187).

코저는 그의 사회갈등 이론에서 이러한 이해를 계속 전개해나갔다. 그의 첫 번째 테제는 다음과 같다.

- 사회적 갈등은 참여한 집단을 공고히 하는 데 기여한다. 집단 사이의 갈등이 각 집단 내부의 결속을 강화시킨다는 것은 자명한 사실이다. 코저는 지

멜을 새롭게 파악한 듯 다음과 같이 서술하고 있다. "갈등은 집단을 창출하고 사회와 집단 사이의 경계를 만들며 유지하는 데 기여한다. 다른 집단과의 갈등은 집단 정체성을 만들어내고 공고히 하는 데 기여하며, 사회적 환경과의 경계를 유지한다"(Coser, 1972: 41).

 – 갈등이 "분위기를 정화"(Coser, 1972: 44)한다는 환기 기능이 중요한 것은 이를 위해 제도적 예방 수단이 만들어지고 이용될 수 있기 때문이다.

 – 코저는 불순한 갈등과 순수한 갈등을 구분한다. "불순한 갈등은 사회화 과정에서 또는 나중에 의무를 행해야 하는 성인의 역할에서 실패하고 좌절하는 것에서 생겨난다"(Coser, 1972: 64).

 – 공격적인 자극은 갈등을 동반하지만 그것을 해명하지는 못한다.

 – "사람은 다른 사람이 좋아하는 것을 증오하는 경우가 자주 있다. 그래서 두 가지 계기를 구체적인 현실에서 분리한다는 것은 종종 옳지 못하다. 하나의 요소가 성장하면 다른 요소가 퇴락한다고 생각하는 것은 잘못된 것이다(Coser, 1972: 72). 이와 관련하려 코저가 프로이트의 양가적 감정 개념을 떠올리는 것은 일관성이 있다.

 – 관계가 가까울수록 갈등은 더 강하다.

 – 집단 내부에서의 갈등은 집단을 정화시키고 분열을 막는 기능을 한다.

 – "타자는 누군가와의 싸움을 통해 신뢰를 가지게 된다"(Coser, 1972: 144).

 – 갈등은 통일과 연합을 만들어낸다.

 – 갈등은 갈등의 동반자를 서로 연결한다. 임금 협상에서 매우 잘 나타나는 것과 같이 특정 조건에서는 갈등 상대자는 대립자와의 의견 합치에 관심을 가진다.

여기 간략하게 제시된 테제에서 갈등이 만들어내는 결집 작용이 조건에 결합되어 있다는 것이 분명해진다.* 지멜의 표현을 빌리면 "인간은 투쟁하기 위해 결합하며, 사람들은 규범과 규칙의 두 측면에서 인정된 지배 아래에서 투쟁한다"(Simmel, 1908: 264).

아도르노는 코저의 이론은 물론 지멜과 다렌도르프의 갈등 이론까지 날카롭게 비판했다. 이 이론들은 "실증주의적으로 마르크스의 계급투쟁 이론을 근저에 깔고 있기 때문"이다(Adorno, 1979: 177). "사회적 갈등에 관한 현재의 학설은 계급투쟁이 여태껏 대중을 공격했다는 점에서 계급투쟁이 주관적으로 잊혔다는 사실에 논거를 둔다. …… 그러나 이러한 통합에 의해 객관적인 대립 투쟁이 사라진 것은 아니다. 이 투쟁에서 이 대립에 관한 표현만이 중립화되었을 뿐이다"(Adorno, 1979: 184). 그러나 아도르노는 이 '중립화'가 그렇게 오랫동안 유지될 것이라고 예상하지 못했다. 게다가 그는 예를 들면 독일의 임금 자율화나 경영을 통해 이루어지는 사회질서에서와 같은 '사회적 갈등의 절차화'를 다루지 못했다. 아도르노의 명언 이래 수십 년 동안 영향을 끼친 것은 가장 순수한 계급투쟁으로 해석할 수 있는 프랑스 68 운동의 폭발적인 투쟁이 아니라 오히려 사회적 갈등의 절차적인 형식이었다.

바이간트(Wolfgang Weigand)는 『갈등을 통한 연대(Solidarität durch Konflikt)』(1979)에서 사회학적인 갈등 이론을 다루었으며, 정신분석학적인 요소와 직면했다. 이를 통해 그는 연대를 전망하면서 갈등의 긍정적인 작용을 위한 조건에 대해 통찰을 얻었다. 갈등은 특정 조건에서만 구성될 수 있다는 것이다. 갈등에 관여한 집단은 ─ 그것이 개인이든 사회적 집단이든 사회든 상관없이 ─ 갈등을 극복할 수 있는 능력을 학습해야 한다. 공격성에 대처할 수

---

* 게다가 코저는 이익 갈등과 가치 갈등을 구별하면서, 후자가 더 치열하다고 말한다. 이 구별은 특정한 의미에서 추후의 결코 동일하지 않은 허시만(Albert O. Hirschmann)의 구별을 선취한 것이다. 허시만은 규범적 갈등과 정체성 갈등을 구분한다.

있도록 학습해야 한다. 갈등에 대한 두려움에서 갈등을 심화시킬 수 있는 결별에 대한 두려움이 생겨나기 때문에 공포와 친숙해져야 한다. 즉, 갈등을 철저하게 규명하는 작업을 거쳐야 하는 것이다.

바이간트는 다렌도르프의 도움을 받아 파슨스 이론과 코저와 다렌도르프 이론에 대립되는 테제를 부각시킨다. 그에 따르면 합의 이론은 다음 네 가지 가정에 근거한다. 우선 균형 잡힌 결합에 놓여 있는 사회의 구성요소의 안정성의 가정(균형의 가정), 즉 사회를 위한 이 요소들의 기능성의 가정과 특정한 공통 가치에 대한 시민들의 합의의 가정이다(Dahrendorf, 1961: 209 참조). 다렌도르프는 파슨스의 이러한 가정에 역사성의 가정이라는 자신의 고유한 가정을 대립시킨다. 이는 곧 구성요소가 변화한다는 가정이다. 구성요소가 모순적이라면 그 접합은 폭발적인 성격을 갖기 때문이다(폭발성의 가정). 사회의 구성요소는 사회의 긍정적 또는 부정적 변화에 일정 정도 기여한다〔반(反)기능성의 가정 또는 생산성의 가정〕. "모든 사회는 그 사회의 일부 구성원이 다른 구성원에게 행하는 강제를 통해 유지된다(강제의 가정)"(Dahrendorf, 1961: 210 참조).

다렌도르프가 제기한 이 반대 명제는 해석을 둘러싸고 일어날 수 있는 차이를 분명히 드러내준다. 새로운 논의가 분열을 지양한다는 것을 말하는 것은 결코 아니다. 이것은 하이트마이어(Wilhelm Heitmeyer)가 엮은 두 권의 논문 모음집에서 분명히 드러나며, 그 제목인 『무엇이 사회를 서로 분리시키는가?(Was treibt die Gesellschaft auseinander?)』와 『무엇이 사회를 결집시키는가?(Was hält die Gesellschaft zusammen?)』(Heitmeyer, 1997a; 1997b)는 이러한 딜레마를 잘 드러내고 있다. 하이트마이어는 제1권에서 매우 거칠게 표현하면 인종적·문화적 갈등이 사회를 분리시킨다고 논증하고 있는 반면(Heitmeyer, 1997a: 629~), 눈너빙클러(Getrud Nunner-Winkler)는 제2권의 「다시 뒤르켕으로 회귀하는가?」라는 글에서 더 나아가 "사회적인 결집의 기초로서 분리된 가치"가 타당할 수도 있다고 반대 입장을 표명하고 있다.

두비엘(Helmut Dubiel)은 공동체성의 몰락이 사회의 위협을 가져온다는 공동체주의의 테제에 반대하여 논의를 전개한다. 그는 지멜과 코저에 동의하는 맥락에서 모든 갈등이 아니라 특별히 사회적으로 발전된 갈등의 형식, 즉 '보호된' 갈등만이 사회를 결집시키는 데 적절한 것이라고 엄밀하게 표현하고 있다. 우리 사회에는 법적으로 설정된 규범을 훨씬 넘어서서 갈등이 초래한 제한을 조정하는 전통이 있다는 것이다. 이 전통은 갈등이 사회를 분리시키는 것을 막으며, 반대로 사회를 궁극적으로 결집시킨다(Dubiel, 1994).

오히려 허시만은 지멜, 코저, 두비엘의 테제와의 차별화를 목표로 한다. 그는 자신의 저서에서 이들의 이론은 갈등의 대상을 충분히 고려하지 못하고 있다고 비판한다. 분할할 수 있는 어떤 것이 문제라면 ― 이에 대해 대부분의 사람들은 '파이의 은유'를 떠올린다 ― 예컨대 임금인상에 대한 쟁의가 중요하다면 지멜과 코저의 테제가 적중할 수도 있을 것이다. 그러나 더 이상 분할할 수 없는 대상이 문제시된다면 갈등에서 어떠한 합의하는 힘이 생길 수 없을 것이며, 성향에 따라 상대방과 화해할 수 없을 수도 있다. 그러한 갈등에 대한 여러 사례 중 정체성 문제가 언급되며, 인종적인 정체성 집단 간의 냉혹한 싸움을 꼽을 수 있다. 허시만 자신도 미국에서 생겨난 예로서 "낙태 또는 다문화주의와 같은 문제"(Hirschmann, 1994: 301)를 언급한다. 또한 그는 오늘날 사회에서 더욱 자주 나타나는 "새로운 종류의" 갈등을 아무도 문제시하지 않는다는 사실에 대해 경고한다. "누구나 즉시 떠올릴 수 있는 생생한 사례가 두 가지 있다. 유고슬라비아에서 영토가 분리된 이후 나타난 증오는 평가절하되고 있으며, 40년간의 분단 이래 동·서독의 경제적·문화적 격차는 과소평가되고 있다"(Hirschmann, 1994: 303).

허시만은 '교차하는 갈등'에 대해서도 조사하고 있다. 이 중첩적 갈등은 개인의 다중적인 소속성이 교차하는 데서 생겨나는 것이다. 그에 따르면 "다중 소속성"이 "중심적 갈등의 강도"를 약화시킨다고 한다(Hirschmann, 1994: 301). 그러나 그를 통해 드러나는 것은 우리 시대의 냉혹한 정체성 갈등이 모든 다른 주제와 갈등을 몰아내고 배제하는 경향을 가진다는 것이다. 그래서 이러한 극단주의적 경향을 미리 인식하고 그것에 적절히 대처하는 것이 매우 중요해진다.

허시만의 테제에 대해 다음과 같이 반박할 수 있다. 이른바 순수한 분배 갈등은 현실에서 항상 상징적인 이해관계도 포함하고 있다는 것이다. 이 이해관계는 예를 들면 사회에서의 노동자 위상에 관계하거나, 아니면 고용주의 금지 목록의 도움으로 주당 40시간으로 노동시간을 단축하는 과정에서 심지어 노동조합의 존재마저 건드린다. 이와 동시에 분배 갈등은 정체성 갈등을 의미하기도 한다. 분배 갈등은 노동자 또는 노동조합 조합원의 정체성과 관련 있기 때문이다. 이 정체성의 차원은 고령 노동자와 가진 많은 인터뷰에서 분명히 드러난다. "노동조합은 우리가 가지고 있는 유일한 것이다." 즉, 그들의 이익을 대변하는 유일한 조직인 것이다.

다른 측면에서 정체성은 학문적인 논쟁에서 이미 오래전부터 사유되어왔던 것처럼 그렇게 확고부동하고 불변적이며 종결된 것이 아니다. 정체성 갈등의 조건이 비로소 정체성 갈등을 화해할 수 없는 것으로 만든다. 이것은 우리를 두비엘의 논증으로 다시 되돌아가게 한다. 그것은 갈등을 키우는 것이 조건을 변화시킬 수 있으며 "의지를 거역한 문명화"(Senghass, 1998)를 실현할 수 있다는 것이다.

두비엘은 허시만에 대한 답변에서 "비분리성"이 "갈등의 소재에 객관적으로 조응하지 못하며", "비분리성은 오히려 비타협적으로 대항하는 논쟁

상대의 주관적인 조망에서 그렇게 보일 따름이다"(Dubiel, 1997: 431~)라고 강조한다. 그는 정체성 갈등과 전략적 갈등을 구별하며, "모든 의문시되는 갈등에서 동질적이고 전략적인 방향 설정이 분리될 수 없도록 서로 제한하고 있다"라고 강조한다(Dubiel, 1997: 434). 두비엘은 외관상으로는 순수한 실제적인 노동조합의 투쟁을 가리키면서 '품위'의 관점을 부각시킨다. "많은 노동 투쟁은 그것의 고유한 역동성에서 충분한 실제적 보상이 품위 있는 실존의 조건도 제공한다는 것을 고려할 때만 이해될 수 있다. 노동하는 사람의 '품위'는 신분상의 '명예'의 근대적인 보충물이다"(Dubiel, 1997: 435; Zoll, 1999b: 345 참조). 게다가 예를 들면 알제리에서의 "근본주의에 대한 현저한 동조"는 "개선에 대한 어떠한 전망 없이 극적이고 물질적인 비참함이라는 배경만으로도" 설명할 수 있는 최초의 사례이다(Dubiel, 1997: 436).

두비엘이 관찰한 결과는 "일반적으로 탈진과 타락 이후에야 '적'을 '상대자'로 인정하는 마음가짐이 비로소 생겨난다. …… 사회적 갈등은 지멜이 부각시킨 자기 제한의 계기, 의례적인 치유의 계기, 바로 '양육'의 계기를 통해 파멸적인 전쟁의 논리와 구별된다"(Dubiel, 1997: 438). 두비엘은 이러한 문명화를 위해 세 가지 단계의 분석적인 구별을 제안한다. "1. 정전 상태, 2. 공동의 법질서로의 예속, 3. 민주적인 공론"(Dubiel, 1997: 440)이 그것이다. 비록 그가 담론을 민주적인 공론을 위한 방식으로서 언급하고 있기는 하지만 전체적으로 '양육'의 형식을 충분히 다루지는 않고 있다. 이 형식은 문명화를 이루기 위해 특별한 의미를 가지는 것이다. 독일의 임금 자율화의 예라든지 다른 유럽 국가에서도 보듯이 '양육된' 갈등을 형성하기 위한 절차화의 의미는 범례적으로 그려볼 수 있다(Zoll, 1999b 참조)

왈처는 문명사회, 즉 국가·경제·가족 사이의 이 공적인 공간(Zoll, 1999b 참조)을 "분열과 투쟁의 영역이자 구체적이고 실제적인 연대의 영역"으로 규정했다(Walzer, 1992: 78). '양육된 갈등'의 사회적 장소는 문명사회이고, 국가는 이 시민사회의 조정에 필수적인 법적인 영역만을 제공한다. 프랑켄베르크(Günter Frankenberg)는 '갈등' 또는 문명사회의 이념을 전개했는데, "이 사회에서는 정쟁과 사회적 분배를 위한 투쟁이 상호 통합적으로 작용할 수 있다"라는 것이다. 이 사회의 존재를 위해서는 "주변부의 공적 영역만 필요한 것이 아니다. …… 이 영역의 활동 무대에서 의견과 이해관계의 다원성이 현실로 나타나고, 갈등적이지만 그야말로 문명적으로 논쟁을 끝낼 수 있는 것이다. 문명의 정도는 투쟁의 실천을 통해 추론될 수 있으며, 이 실천이 적대자를 다른 자들로서, 그러나 정치적인 평등을 인정하며, 다르게 사고하고 다르게 행동하는 자를 정치적인 적으로 간주하여 공적인 공간에서 몰아내려고 하지 않는다는 것을 증명한다"(Frankenberg, 1994: 217). 여기서 문제가 되는 것은 연대의 궁극적인 기초가 되는 인정의 실천을 학습하는 것이다(Honneth, 1994 참조). "적대자를 경쟁자로 인정하는 자는 이 경쟁자가 동등한 권리를 가진 정치적 공동체의 구성원이라는 사실을 존중한다. 그것이 여전히 그렇게 성가시고 지겨운 것이라고 할지라도 말이다"(Frankenberg, 1994: 219). 물론 이러한 상호 인정은 실존적으로 위협받고 있다고 느끼는 인종적인 정체성 집단에게는 가끔 완전히 부당한 것으로 보이기도 한다.

하이트마이어는『무엇이 사회를 분리시키는가?』에서 허시만과 비슷하게 "문화적 가치와 규범의 타당성"(Heitmeyer, 1997a: 637)을 대상으로 하는 분배 갈등과 규칙 갈등을 구별한다. 그는 인종적·문화적 갈등이 증가한다는 테제를 아노미 이론적인 고찰을 통해 보강하는 동시에 폭력적인 싸움의 발생을 촉진시키는 조건의 차별화된 이미지를 그려낸다.

투랭(Touraine, 1977)은 공동체 사이의 갈등이 점차 형성되면서 우리 사회의 결집이 심각하게 위협받고 있다는 테제를 예리한 표현을 통해 제기한다.

그는 이미 책 제목에서 "동등하면서도 다른 자"인 우리, 바로 우리 자신이 여전히 아직 결집할 수 있는지에 대해 결정적인 물음을 던진다. 동등하고도 다른 우리는 함께 살 수 있을까? 투랭에 따르면 우리는 어느 정도 지구촌에서 같이 살고 있지만 현실적으로 무엇이 공동생활에서 병존 생활로 가치를 떨어뜨리는지에 대해 의사소통할 수 없다(Touraine, 1997: 14). 그는 그 근거로서 '탈사회화'라고 부르는 과정을 제시한다. 이 탈사회화에 대해 개인은 공동체, 동종성(同種性)과 순수성의 추구 ― 흡사 방어로서 ― 로 특징지을 수 있는 모든 종류의 정체성 집단을 구성함으로써 대응한다. 이런 관점에서 볼 때 세계를 포괄하는 멜팅포트(melting pot)는 하나의 망상이다. 우리에게 매일 세계의 형상을 전달하는 매체들은 분명히 존재하지만 투랭은 이의를 제기한다. "메시지가 더 많이, 그리고 사회적 실재 없이 매개될수록 우리의 태도는 더 적게 변형된다"(Touraine, 1997: 15~).

투랭은 세계가 두 대륙으로 분리되는 것으로 파악한다. 하나는 타자와 낯선 것을 저지하는 공동체의 대륙이고, 다른 하나는 '조화'가 없는, 말하자면 세계를 진정 결합시키는 의사소통이 없는 세계화의 대륙이다. '우리' 세계시민이 실제로 관용적이라 하더라도, 우리 사회에서 '공동체'가 더 많이 생겨나는 것을 막을 수는 없다. 투랭에 따르면 그가 공동체라고 부르는, 오늘날 분명히 확인할 수 있는 정체성 집단을 형성하는 경향은 전체주의로 치닫게 된다. 반면 개인화는 탈사회화를 실현시킨다. "사회학적인 분석은 오늘날 자유, 연대, 평등이 중심적인 위치, 즉 영주의 자리가 비어 있는 사회적 상황에서 어떤 것인지를 발견해야 한다"(Touraine, 1997: 25). "우리는 문화의 차이를 부인하는 세계 포괄적인 세계화와 공동체의 불안한 현실 사이의 불안한 선택을 어떻게 막을 것인가?"(Touraine, 1997: 27).

인종적 갈등이 빈번하게 일어나는 것을 고려해보면, 실제로 열광적인 정체성 집단에서 유래하는 위험은 부인할 수 없는 것이다. 왜 인간이 수십 년 동안 상대적으로 평화롭게 공존해온 상이한 인종적 · 문화적 특성에 따라 오늘날 갑자기 정체성 집단으로 구분되는지에 관해서는 별도의 분석 작업이 필요하다. 하지만 이 작업은 이 책의 연구 범위를 벗어나는 것이다. 여기서는 단지 혼드리히(Karl-Otto Hondrich)의 해석만 제시해보자. 이 해석은 정체성 집단에서 연대 형식의 특성 규정과 연결되는 가교를 형성할 수 있을 것이다.

근대화와 더불어 무엇보다도 인격적인 ─ 더욱 의식적이고 이성적인 ─ 본성의 사회적 결합을 선택할 수 있는 가능성이 커졌다. 그러나 이는 역설적인 결과를 가져온다. 자유로운 결합을 통해 불안정과 위험 부담이 생겨난다. 이 불안정과 위험 부담은 개인이 그동안 안전한 것으로 간주하여 우선적으로 의식하지 않고 살았던 혈연의 조건을 더욱더 강하게 인식하게 하는 것이다. 혈연의 조건은 지속성, 결합의 조숙(早熟) 정도, 결합의 범위, 그리고 잊힐 수 없다는 사실 때문에 무게를 지닌다. 위기 시기에는 이러한 혈통 조건이 활성화된다. "사회적 관계의 근대화에서 혈연 조건의 강화는 선택 조건의 희생을 통해 구상되었다"(Hondrich, 1996: 113). 이 과정은 개인이 혈연의 조건을 양육하고 실체화시키는 정체성 집단으로 도피하는 것을 수월하게 했다.

이 해석은 논증을 강화하며, 나아가 투랭의 걱정을 정당화한다. 그러나 바로 연대의 전망에서 세밀화해야 하거나 새로운 해석이 필요한 부분이 몇 가지 있다. 먼저 연대에 관한 담론의 논리가 발전한 것에 대해 투랭과 다른 이들이 단언한 것을 특징짓기 위해 개념적으로 첨예화하는 것이 필요하다. 정체성 집단에게는 대부분 강한 내적인 결합이 존재하고, 많은 이들이 그것을 연대라 부르는 데 주저하지 않는다는 것은 의심의 여지가 없다. 이 집단이 열광적일수록 결합의 강도는 더 강하다. 그러나 타자를 배제하는 동시에 물리적으로 파괴하면서 이 집단에서 실행되는 것은 강력한 상호부조이다.

이러한 결합의 형식마저 연대라 불려야 한다면 그것은 의심 없이 단지 부정적인 형식만 문제시되는 것이다. 위에서 언급한 것처럼 미헬스는 이미 노동자 연대의 형식을 서술했다. 이 형식은 이런 의미에서 부정적이라 해야 할 것이다. 특히 여기서는 노동자 집단의 연대를 생각해볼 수 있다. 이 집단들은 그들의 이해관계를 다른 노동자가 희생되거나 불리해지는 곳을 통해 지키거나 쟁취해야 하는 것이다. 프리싱(Manfred Prisching)은 부정적인 형식의 연대를 다음과 같이 세 가지로 구별했다.

1) 일탈의 연대, 예를 들어 "범죄집단이나 테러집단의 연대"

2) 집단 연대의 특정한 종류, "적대심 및 외부를 향한 공격성"과 결합된, 타자에 대한 증오와 배척과 결합된 연대

3) 전체주의적인 연대, 여기에서는 "개인은 아무것도 아니며 집단과의 연대가 전부"이다(Prisching, 1992: 277~).

이 범주의 도움으로 투랭이 비판하고 우려한 '공동체'는 대부분 정체성 집단이며, 이것들은 적어도 집단적인 연대의 부정적인 형식, 대부분은 심지어 전체주의적인 연대로 특징지을 수 있다. 나는 이 부정적인 형식의 연대를 연대라 칭할 수 있을 것인가에 대해서는 반대의 입장이지만, 이 책에서는 결정하지 않고 내버려둔다. 그러나 이런 연대의 존재를 분명히 하고 알아보기 쉽게 만드는 것은 분명히 의미 있는 일이며, 꼭 필요한 일이기도 하다.

여하간 공동체에 관한 많은 논의에서 개념은 구별되어 사용되지 않았으며, "특수하게 반연대적으로 사유된" 퇴니스의 사회 개념과 대조를 이루게 된다(Rehberg, 1993: 28). 이에 반해 예를 들면 레베르크(Karl-Siegbert Rehberg)와 유사하게, 최소한 열린 공동체와 닫힌 공동체를 구별하는 것은 타당하다. "사랑, 우정, 열린 토론 공동체가 존재하며, 또한 신뢰, 인정, 동정심은 …… 상호적인 인정에 기인하는 공동체적 형식의 실재이다." 그는 그러한

열린 공동체와 "무조건적인 의무, 집단의 명예에 의한 거만함, 폐쇄와 통제의 논리로 나타나는 고대적인 냉혹함"의 특징을 갖는 닫힌 공동체를 구분한다(Rehberg, 1993: 24). 벤하비브(Benhabib, 1993: 101)는 "차이가 존재하지 않는 공동체의 꿈은 억압적이다"라는 것을 명확히 했다. 그 대신 그는 " '다르게 존재함'을 내부에서 허용하는, 사회화의 새로운 형식을 개념적으로 파악하는 것"을 지지한다. 물론 "민주적인 자기 제어와 합치될 수 있는 연대는 …… 보편적인 정의 없이는 도달할 수 없다. 전 세계적인 규범을 항상 예외로서 기술하는, 복잡하고 이질적인 사회는 우정에만 기초할 수 없는 것이다. 하나의 동등한 권리 체계만이 연대의 전제 조건인 시민 사이의 유대를 지지할 수 있다"(Benhabib, 1993: 115). 핑크아이텔(Fink-Eitel, 1993: 309) 역시 공동체주의를 비판하며 선택할 수 있는 두 가지 공동체 형식을 구별한다. 하나는 "개인적인 정체성이 수립될 뿐 아니라 파괴되기도 하는" 위계적인 공동체이다. 다른 하나는 분명히 "통일과 연대에의 최소치 없이 존립할" 수 없는, 그러나 동시에 "그 자체로 가장 차별화된, 말하자면 분열된 긴장과 갈등의 형성물일 수 있는(그리고 역사적으로 대부분 그래왔던)" 공동체이다.

'전체주의적인' 연대를 가진 집단으로서의 정체성 집단을 특징짓는 것에서부터 이 집단의 다른 특성에 대한 통찰이 자주 생겨난다. 여기서 문제가 되는 것은 닫힌 공동체이다. 투랭의 비판은 그러한 닫힌 공동체에만 해당된다. 공동체의 형성은 다행히도 열린 공동체의 형성, 심지어 대부분 열린 특성을 가지는 네트워크의 형성을 가능하게 하기도 한다(Keupp, 1987; 1999 참조). 개방성도 주체의 탈중심화, 즉 프리싱이 말하듯 공동체에 속한 개인의 공동체와의 거리 두기를 의미한다. "침식 또는 배신으로서 고찰되어서는 안 되는, 고유한 집단으로부터의 거리 두기가 비로소 다른 생활 형식과 낯선 집단에 대한 개방성을 만들어낸다"(Prisching, 1992: 278). 내가 첨언하듯이 이

거리 두기가 이른바 동등하지 못함에도 불구하고 성립되는 연대('유기적' 연대)를 위한 전제를 만들어내며, 이 전제가 근대화된 사회의 결속을 보증할 수도 있는 것이다.

분명 사회 통합과 체계 통합 모두 사회를 결집시키는 데 기여할 것이다. 그러나 체계 이론의 극단적인 대표자를 제외하고는 체계 통합에만 의지하는 사람은 아무도 없다. 사회 통합은 사회와 개인의 과제로 남게 된다. 그러나 그것을 통해 이 과제를 해결하는 데 어떤 형식의 연대가 필수적인지는 아직 결정되지 않았다. 여기서 갈등 연대 또는 가치 연대가 서로 반목해서는 안 될 것이다. 반대로 편견에 사로잡히지 않은 실험에서 ─ 이 실험이 우리를 사회적 해석 표본과 과학적 이론에 의해 이미 책임지어진 개인에게 (연결시키는 것이) 가능한 한 ─ 우리는 여기 인용된 모든 설명의 단초가 사소한 진리 이상의 것을 포함하고 있다는 것을 알고 있다. 그러므로 가장 명료한 것은 융합주의적 해석이다. 그것은 상이한 이론적 단초를 함께 바라보고자 노력하며, 각각의 구체적인 혼합물의 상태에 따라 이것 아니면 저것을 조금이나마 우선시하는 것이다.

나는 이를 통해 포스트모던적인 임의성을 변호하고자 하는 것이 아니다. 오히려 상이한 이론에서 명료한 논증을 묶으며, 복잡한 대답을 통해 연대에 대한 복잡한 욕구와 필연성을 최대한 올바르게 평가하고자 시도하는 것을 옹호한다. 논증들의 가능한 조합을 간략히 예를 들면 다음과 같다. 나는 사회적 통합에 관한 근본 물음에서 ─ 수많은 고유한 경험적 탐구의 기초 위에 ─ 철두철미하게 분리된 사회적 기초 해석의 표본과 여기서 추론된 규범이 기초적인 지평 위에서 통합의 가장 중요한 수단의 일부라는 파슨스의 테제(가치 몰입과 유형 유지)를 확고히 하고자 한다. 이러한 해석 표본과 규범의 기초 위에서만 엄청난 폭발력을 가진 사회적 갈등이 전개될 수 있다. 거칠게나마 축약하여 말하자면 적어도 근대 초기에는 '적절한 임금을 위한 적절한 성과'와 같은 노동 윤리적인 규범이 '임금노동'과 '자본'이라는 두 측면에서 지속적으로 큰 역할을 했다. 피비린내 나는 투쟁을 통한 오랜 과정에서 이러한 갈등의 '양육' 없이는 초기 단계에서의 규범의 결집력이 사회 통합을 위해 충분하지 못했을 것이라는 사실은 매우 가능성 있는 일이다.

연대의 다양한 형태를 통해 복잡한 주제적 연관성이 중요하다는 사실이 드러난다. 이 연관성의 고유한 의미는 — 예를 들면 집단 연대로의 — 환원을 통해 오히려 변호되는 것이다.

연대가 산발적인 의미를 가지는 애매모호한 개념이라는 것은 우연이 아니다. 다양성의 배후에는 상이한 문제와 적용 영역, 해석이 숨어 있다. 그것으로 단지 공간적인 차원 — 차별화된 주제 분야에서의 상이한 연결 — 뿐 아니라 시간적인 차원도 의미한다. 더 자세히 말하면, 한 사회 또는 개인의 어떤 발전 단계에서 누가 누구와 연대적인지 또는 연대적이어야 하는지 그리고 연대적인 행위가 어떻게 매개되는지를 의미하는 것이다.

여기서는 다른 서술에서와 마찬가지로 이미 파슨스가 제시했고 하버마스가 『사실성과 타당성(Faktizität und Geltung)』에서 다시 채택한, 연대를 일반화하는 법의 기능에 관한 테제를 소홀히 하고 있다. 파슨스는 이른바 "법을 사회적 통합의 수단"이자 "더 나아가 연대적인 공동체의 자기이해를 비록 매우 추상화된 형식이지만 고집할 수 있게 하는 하나의 매체"로서 파악한다. "의사소통적 행위에 대한 구체적인 생활 형식에서 산출되는 상호적인 인정의 모든 관계는 복잡한 사회에서는 법을 통해서만 추상적으로 보편화된다"(Habermas, 1992: 273). 말하자면 법은 "사회 통합적인 고유 기능을 가진다"(Habermas, 1992: 98). 물론 그와 함께 사람들 대부분이 더 이상 "법이 자신의 사회 통합적인 힘을 궁극적으로 사회적 연대의 원천에서" 가져온다는 사실을 의식하지는 못한다(Habermas, 1992: 59). 그뿐 아니라 인간 각자에게 자발적인 연대적 도움은 법으로 보증되고 요구되는 국가적인 원조와는 전혀 다르게 기억된다. 이것이 오늘날의 사회적 연대에 대한 질문으로 우리를 이끈다.

14

오늘날 사회적 연대는
어떤 상황에 놓여 있는가?

이제부터는 연대의 현 상황에 의거해 연대의 두 가지 다른 차원을 묻게 될 것이다. 연대는 최종적으로 사멸될 수밖에 없는 위기에 처해 있는가? 아니면 무언가 변화의 조짐이 보이는가? 모든 측면에서 확인할 수 있는 위기 현상이 세 가지 차원에 다르게 나타나고 있다. 따라서 우리는 여기서 이 세 가지 차원을 분리해서 다룰 것이다. 그럼에도 나는 모든 차원에서 연대가 새로운 시기에 접어들고 있다고 주장한다.

이 새로운 시기는 전통적인 연대 형식의 위기와 더불어 시작한다. 우리는 이 위기의 끝에 연대 형식의 일부가 보존될 수 있고, 다른 형식들은 예전처럼 넓게 확산된 형태로는 미래에서 더 이상 존재할 수 없다는 것, 그리고 이미 지금 관찰되는 것처럼 새로운 형식이 생겨나게 된다는 것에서 논의를 시작할 수 있다. 이는 또한 '기계적' 연대가 그 중요성을 잃게 되지만 결코 사라지지 않는다는 것을 의미한다. 어쨌건 기계적 연대의 위기에 대해서는 이론의 여지가 없다.

사회적 연대에 관한 여러 연구가 복지국가의 위기를 언급하고 있다

(Rosanvallon, 1984; 1985; de Foucauld, 1995; Prisching, 1996; Ascoli, 1993 참조).
위기의 원인으로 매우 다양한 요소가 제시되고 있으며, 그만큼 다양한 분석
이 뒤따른다. 분명한 것은 재정 위기이다. 실천적으로 조직화된 모든 사회적
연대 모델은 경제가 성장할 것이라는 가정을 토대로 했지만 장기적인 경제
침체는 예견하지 못했다. 그 결과 사회보장체계의 수입은 정체된 반면 지출
은 계속해서 증가했다.

이미 에왈(Ewald, 1986)을 통해 분명히 확인된 것처럼 사회보장이 모든 사
회 구성원에게 일반화되는 경향을 고려할 때 위기의 범위는 넓어졌다. 이미
보험에 가입된 사람들의 부담으로 돌아가는, 말하자면 전혀 일을 하지 않거
나 잡다한 일을 하는 여성 또는 자영업자 등 지금까지 간과되었던 집단을 포
함시킬 때에 그러하다(Baldwin, 1980 참조).

더구나 이른바 세대 계약으로 구체화된 세대 간의 연대 관계에 따라 적은
(더 젊은) 고용인들이 더 많은 (연금 연령에 접어든) 노인을 기여금(사회보험료
와 세금)을 통해 재정적으로 지원해야 한다면 이 부담을 견뎌낼 수 있는지 여
부는 자주 토론의 대상이 되었다(Attias-Doufout/Rozenkier, 1995; Rosanvallon,
1995: 41~; Saint-Étienne, 1993; Hondrich/Koch-Arzberger, 1992: 43~). 그러나 이
문제는 현 세대뿐 아니라 미래 세대와 관련해서도 영향을 끼친다. 부르주아
는 연대의 시간적 차원을 이미 분명히 인식하고 있었다. 의무는 앞 세대에
대해서뿐 아니라 뒷 세대에 대해서도 성립한다는 것이다. "연대는 오늘날
…… 무엇보다도 시간적 차원에서, 즉, 미래 세대의 욕구를 공평하게 평가할
때에 불확실한 것이 된다. 우리가 한 행위는 미래 세대의 삶의 기회에 긍정
적·부정적 영향을 끼치게 된다"(Offe, 1989: 762).

또 다른 위기 요소의 본질은 사회보장체계에서 구현된, 말하자면 보험에 가
입된 모든 사람들의 객관적인 연대와 주관적으로 체험된 연대 사이의 불일치

이다. 강력한 관료제는 비록 관료제의 대표자가 주관적으로 이것을 의도하지 않았다 하더라도 연대의 경험을 주기보다는 종종 노여움과 갈등을 촉발시키기 때문이다. "복지 대상자의 관계로 가득 채워진 국가는 복지국가에서 관철되고 적응하기 시작했다"(Rosanvallon, 1984: 40). 로장발롱은 또한 복지국가는 더 일목요연하게 일반화된 것이 아니라 더 불투명해졌다는 것을 밝혀냈다(Rosanvallon, 1984: 43).

이것이 사회 안전망이 더 이상 유지되지 못한다는 것을 의미하지는 않는다. 그런데도 모든 측면에서 이 안전망이 개선되어야 한다는 경고가 제기되고 있다. 독일에서 장기 요양 보험을 도입한 것처럼 보장 영역의 의미 있는 확대는 심지어 반대의 경향을 나타내고 있다. 또한 이것은 자본주의 사회의 근본적인 특성이 변화했다는 것을 말하는 것은 결코 아니다. 자본주의 사회는 여전히 하나의 교환 사회이다. 프리싱은 애덤 스미스의 이론을 토대로 '사회적 시장 경제'의 정신적인 창시자인 뢰프케를 인용하면서 "연대가 교환의 기능적 전제"라는 것을 올바르게 지적하고 있다. "시장 기능이 작동하는 것은 시장을 규제하는 체제의 깊은 성층에서 상업적인 예절, 정직성, 작업의 명예, 계층에 대한 자부심과 같은 윤리적인 규범화가 존재할 때뿐이다"(Prisching, 1992: 274).

그러나 무엇보다도 카우프만과 함께 분명히 해두어야 할 것은 복지국가에 관한 급진적인 비판을 넘어서서 — 이 비판은 단순히 이념적인 것으로 다루어질 수도 있는 것이지만 — 복지국가에 닥친 위기의 실제 원인을 부인할 수 없다는 사실이다: "무엇보다도 취업 전망이 장기적으로 불확실해지고, 노동시장의 세분화 경향이 심화된다." 그러나 그는 모든 탈연대화의 경향에도 "정부의 정당성은 전혀 손상되지 않았으며", "전통적인 대중 정당의 저조한 후원"에도 그것이 어떠한 "정치체계의 위기"를 시사하지 않는다는 점을 분명히 한다(Kaufmann, 1997: 7).

사회보장체계에서 구체화된 연대가 여전히 '연대의 문화'에 의해 결실을 맺게 된다는 것을 생각한다면, 이는 − 이미 언급한 것처럼 − 힌리히스(Karl Hinrichs)가 독일의 의료보험에 관한 질적 연구에서 증명한 것이며, 그렇다면 사회적 연대의 상황은 물론 '희망이 없는' 것은 아니지만 적어도 불명료하다. 변화의 시대에 불명료한 상황은 전형적인 것이다. 변화가 어떤 방향으로 진행될지는, 일의 성질상 모든 예견이 경솔한 짓이 될 수도 있는, 측정할 수 없는 수많은 요소에 달려 있다. 기대할 만한 변화의 모델에 대해 많은 이들이 의견을 표출했으며, 따라서 여기서는 몇 가지에 대해서만 짧게 제시하는 것이 바람직할 것 같다〔예를 들면 로장발롱, 방 파리으(van Parijs), 카우프만〕.

물론 사회보장 구조 변화의 원리적인 방향은 이런 맥락에서 토의되어야 한다. 특히 사회적 연대의 시민사회적인 새로운 정초를 시도한 프랑켄베르크의 텍스트가 하나의 출발점을 제시한다. "고유한 자율을 위해 한 사회의 구성원 각자는 그 사회에 있는 다른 모든 구성원이 파업 문화에 참여할 수 있도록 허용해야 한다. 이 파업 문화는 모두가 발언할 기회를 가지며, 그들의 차이를 인정하도록 하며, 그들의 이해관계를 공적으로, 즉 모두에게 동일한 규칙의 조건에 따라 관철시키는 것을 그들의 마음속에 명심시키는 것이다"(Frankenberg, 1994: 219). 이러한 개인의 이해관계는 시민적 연대의 근거가 된다. "즉, 사회적 가치평가나 사회복지사업에서 생겨나는 시민으로서 한 사회의 다른 구성원과 연대하는 것은 사회에서의 삶을 스스로 조직하는 것을 목표로 한다"(Frankenberg, 1994: 220).

우리 사회의 개인화된 시민이 자율에 관심을 갖고 자유를 보증하는 형태에서 자신을 구체적으로 실현하는 것을 포함하여 자율권을 인정받는 데 관심을 가진다면, 이 자율에 − 더욱이 "자율의 자기 제한으로서" − "시민적 연대를

향한 긍정적인 행위 의무가 포함된다"(Frankenberg, 1994: 220). 사회정책은
"모두에게 사회적 · 문화적 · 정치적 생활", 즉 민주주의에 참여할 수 있도록
하는 시민의 수입으로 귀결된다. 시민적 연대에 대한 의무의 두 번째 귀결로
서 프랑켄베르크는 사회정책이 "연관된 사람과 '역량 강화'의 행위 자율성"
에 우선권을 인정해야 한다는 점을 명백히 표현한다. 여기서 프랑켄베르크,
투랭, 그루바우어(Franz Grubauer)와 같은 많은 저자의 생각이 그들의 기독교
적, 자유주의적 혹은 사회주의적 전통에서의 유래와 상관없이 서로 일치하게
된다. 그들은 사회의 자유공간이 자율적이고 연대적인 개인에게 가장 순수하
게 이용될 수 있다는 사실에서 의견이 일치한다. 그러나 여기에는 서로 상응
하는 맥락 조건이 필요하다. 그를 통해서 개인이 사회적 생활의 주체가 될 수
있으며, 그를 위해 필수적인 연대적인 능력을 획득한다. 이 맥락 조건을 학교
에서(투랭), 사회정책에서(프랑켄베르크), 그리고 사회의 많은 다른 영역에서
창출해야 한다.

15

오늘날 노동자 연대는
어떤 상황에 놓여 있는가?

"연대는 가장 많이 신비화된 개념 중 하나인 동시에 이 개념을 필요로 하는 사회 집단이 반성하지 않고 사용하는 개념 중 하나이다"(Grubauer, 1994: 182). 연대의 원천 중 하나는 임금노동이라는 공통의 경험과 이 상황과 결합된 이해관계의 전개이다. 이 기초 위에서 노동자 연대뿐 아니라 사회적 연대가 생길 수 있었다고 해도 될 만큼 이 이해관계는 공동으로 사용되었다. 두 가지 연대 개념을 파생시킨 공동체성의 원천은 이제 '공동사회'에서 '이익사회'로의 이행(Tönis, 1993)을 통해 감소되었다. 임금에 종속될 수밖에 없는 임금노동자도 그들의 중심성(Gorz, 1988; Rifkin, 1995) 또는 적어도 정체성을 수립하고 연대를 용이하게 하는 성격을 더디지만 분명히 잃어간다. 심지어 카스텔은 "비형식적 연대의 원천은 사실상 고갈되었다"(Castel, 1995: 438)라고 생각하지만 이것은 몇 가지 경험적 조사 결과와 일치하지 않는다. 그래서 연금 생활자의 미래가 젊은이의 미래보다 더 안전한 사회가 성립한다(Castel, 1995: 443).

사회적 연대와 비교해보면 노동자 연대의 위기는 다른 방식으로 드러난다. 그렇지만 이 현상은 시간적인 관점, 그리고 다른 관점에서 나란히 진행된다. 몇몇 나라에서는 노동자 연대 조직으로 간주할 수 있는 노동조합의 조합원 수가 극적으로 감소했다. 내부자의 평가에 따르면 프랑스에서는 노조 조직률이 겨우 6~8%에 머물러 있으며, 영국의 조합원 수는 항상 프랑스보다 많기는 하지만 그 수는 1978년과 1995년 사이에 약 1,300만 명에서 약 800만으로 줄어들었다(Trades Union Certification Officer의 1997년 자료).

(노동시장과 작업장에서) 임금노동자 상호 간의 경쟁이 첨예화되면서 연대적 관계에 균열이 생기는 경우도 종종 있었다. 피고용인 집단은 서로 공개적으로 경쟁하며, 하나 혹은 몇 개가 폐쇄되어야 하는 한 기업의 다른 작업장의 종업원끼리는 갑자기 대립적인 태도를 취한다. 임금노동자의 직접 경쟁에서 '집단 따돌림'은 하나의 사례에 불과하다(Hondrich/Koch-Arzberger, 1992: 30~; Zoll, 1993: 132~ 참조).

특히 악화되는 것은 그 안에서 타자에 대한 적대적 경쟁이 증가되는 잠재적인 인종적 갈등이다. 여성의 경우 '성적인 괴롭힘'(Plogstedt/Bode, 1984)을 당한다거나 노동시장에서 배제됨으로써 첨예화된 경쟁에 놓일 수 있다. 세계화는 경쟁자끼리 직접 접촉하지 않는 형태의 경쟁을 첨예화한다. 한 사람이 자신의 행위의 의도하지 않는 결과를 의식적으로 실감하지도 못하는 가운데 다른 누군가는 일자리를 잃게 된다.

노동조합 조직의 관료화로 인해 노동조합은 많은 사람들에게 다소 자발적인, 그러나 어떤 경우에서도 주관적으로 경험하거나 이해할 수 있는 노동자 연대의 성격을 상실한다. 이것이야말로 젊은이들이 노동조합에 가입하는 것을 꺼리게 만드는 요인이다. 젊은 조합원이 부족하다는 것은 그동안 대부분의 유럽 노동조합에 위협적인 것이었다.

일반적인 수준에서 노동조합의 근대화에 속하는 사회적이고 문화적인 분화의 과정은 '기계적' 연대 — 노동자의 사회적·문화적 평등 — 의 기초를 파괴한다는 사실을 분명히 확인할 수 있다. 비록 이 과정이 지금까지 사회적으로 소외된 집단이나 그러한 사람들의 접근을 가능하게 해온 것도 사실이지만, 그것을 통해 어떠한 평등도 아직 이루어진 바가 없다(van der Loo/van Reijen, 1992: 81~). 그리고 (사회적 노동 분업을 통해) 증가하는 분화가 상호 의존성을 통해 — 분화의 직접적인 결과로서 — 더욱더 '유기적' 연대로 이끌 것이라는 뒤르켐의 희망은 경험적으로 논박되었을 뿐 아니라 이론적으로도 비판받았다(Luhmann, 1984: 91 참조).

그러나 이러한 위기 상황에 맞서 노동자 연대의 존속에 관한 증거가 연대의 새로운 형식을 위한 증거로 존재한다. 유럽의 모든 노동조합이 조합원 수의 극적인 감소를 기록하고 있지는 않다. 어떤 조합은 이전과 같은 수준을 유지하고 있으며, 또 어떤 조합은 '단지' 조합원만 잃었을 뿐이다. 실업자가 되는 임금생활자 대부분이 조합을 떠나기 때문이다. 그 밖에도 구성원의 교체가 이루어지고 있다. 서독의 노동조합은 1980년대 남성 조합원의 감소를 여성 조합원의 증가로 메울 수 있었다. 영국의 노동조합도 서독의 경우와 비슷한 여성 조합원 증가율을 기록하고 있다(Cockburn, 1987). 몇몇 경험적 연구에 따르면 조합 구성원은 여전히 노동자 연대에 의지하고 있다(Lind, 1996: 118~ 참조).

팔켄부르크(Valkenburg, 1996)와 내(Zoll, 1996)가 네덜란드와 독일에서 각각 확증했던 것과 같이, 대부분의 노동조합은 여전히 연대의 개념을 조합 구성원에게 더 이상 부여되지 않는 평등에 기초하고 있다. 그 때문에 노동조합은 구성원의 분화와 개인화에 적응하려 노력하기도 했다. 그러나 이런 국가들에서 노동조합적인 연대는 근대화 과정을 거치면서도 (여전히) 심각하게 위협받지는 않았다. 성공적인 파업을 보면 노동자 연대의 위력을 잘 알 수 있으며, 노동조합의 구성원은 새로운 형식의 연대를 발전시킨다.

국제적 연대에는 취약점이 하나 있다. 예를 들면 스페인 내전 같은 예외를 제외한다면 국제적인 연대는 말뿐인 호의와 다를 바 없었다. 이것은 이른바 민족적인 연대가 격화되는 것을 감내하지 못하는 수준 ─ 예를 들면 제1차 세계대전의 발발을 보라 ─ 이었다. "국제적 연대의 모델은 …… 거의 기능하지 못했으며, 오늘날 다국적기업 동료 노동자 간의 초국가적 연대는 기껏해야 산발적으로 이루어지고 있을 뿐이다"(Grubauer, 1994: 182). 그러나 오늘날 어느 정도 개인적이고 또 어느 정도는 집단적인, 개발도상국의 젊은이들이 참여하는 국제적 연대를 보여주는 탁월한 실례가 있다.

국가의 수준에서 국제적 연대에 대한 물음은 더욱더 의문시된다. "어떤 영역에서도 연대의 가능성과 연대의 요구의 다양함과 모순이 사회 사이의 관계의 영역에서처럼 그렇게 눈에 띄게 나타나지는 않는다. 이 관계에서는 개인적 연대가 아니라 집단적 연대가 관건이 된다. 이 연대는 공개적이고 공식적이며 조직적으로 나타날 수 있고, 국가 또는 국가 사이의 혹은 국가 외적인 조직, 예를 들면 적십자사를 통해 표현될 수도 있다. …… 국가적인 연대는 시민의 태도가 기반이 되어야 하며, 시민의 호응이 필요하다"(Hondrich/Koch-Arzberger, 1992: 81). 혼드리히와 코흐아르츠베르거는 '국제사회에서의 연대'에 관한 상세한 토의가 민족 간의 물질적인 불평등 문제를 해결할 수 없다고 주장했다.

전체적으로 분명히 말할 수 있는 것은 노동자 연대의 상황이 불확실하다는 점에서 철저히 사회적 연대를 닮는다는 점이다. 누가 이 상황에 관한 자신의 해석을 몰락 현상에 의존하려 하겠으며, 또한 그렇게 할 수 있겠는가? 반대의 관점을 선호하는 자는 사람은 계속해서 존립하는 노동자 연대의 출현 형식으로 논증해나갈 수 있고, 매우 상이한 성격을 가졌음에도 대부분 폭

넓게 지원받은 지난 10년간의 상이한 파업 운동에 주의를 환기시킬 수도 있을 것이다.

이제 이 혼란스러운 상황은 연대의 새로운 형식이 부가적으로 기록되지 않는다면 단순히 위기에 나타나는 전형적인 현상과 해체 현상으로 환원될 수도 있다. 그것은 이 새로운 형식이 이전에 이미 직접적으로 또는 선행 형식으로 존재할 수 있었다는 것을 의미하는 것은 결코 아니다. 그것은 연대가 이전보다 양적으로 더 넓게 확산되었음을 의미할 뿐이다. 이 형식은 대부분 1968년부터 생겨났거나 혹은 그때부터 이전에 존재하지 않았던 확산을 경험하게 되었다.

그 몇 가지 예 가운데 첫 번째로 '자조 집단'을 들 수 있다. 공제조합의 경우와 유사하게 그러한 집단의 구성원에 의해 반드시 사회적으로 규정될 필요가 없는 하나의 상황이 동일한 또는 유사한 방식으로 해석되고 협동할 것이 결의된다. 공제조합과 비교해 이 집단의 이점은 이 집단 대부분이 어떤 방식으로도 임노동 관계에 결합되어 있지 않다는 것이다. 이전의 노동자연맹은 자본과의 경쟁에서 버텨내기 위해 과도한 자기 착취를 통해 자본을 형성해야 했다. 초기 단계의 자조 집단은 무엇보다도 심리사회적 영역과 보건 영역에서 생겨났다. 뒤따라 다른 영역에서도 많은 집단이 창립되었으며, 그 연유는 종종 국가적인 보살핌 — 예를 들어 유치원을 통한 — 이 충분하지 못했기 때문이다. 이 집단은 여성 집단이건, 장애인 집단이건, 노년과 이웃 집단의 자조건 간에 연대적인 자조를 통해 일상을 공동으로 극복하는 데 어떤 방식으로든 도움을 준다(Hondrich/Koch-Arzberger, 1994: 50~ 참조). 이 집단의 경우 자조와 자주성은, 노동자 자조 집단이나 노동조합에서 그러했던 것처럼 사회구조에 부설된 장애물의 방해를 받지 않고서도 대부분 가능했다. 말하자면 심지어 대부분 노동조합과 무관한 이 집단을 위해 노동조합이 사회적 기틀을 마련해주었다고 주장할 수도 있는 것이다. 또한 이 자조 집단의 구성원은 집단 형성을 위한 동기를 형성하는 문제의 외부에서 그들의 상이성을 철저히 의식하게 되었다. 그들은 협동의 원칙을 가지고 어느 정도 오래된 연대 원칙을 새로 고안한다.

물론 이제 동등함보다는 차이에 기초하며, 기계적 연대보다는 유기적 연대에 의해 분류되는 수많은 단체가 있다. 말하자면 그들은 연대가 변화했음을 보여주는 명백한 증거이다. 오늘날 그에 관한 예는 매우 많다.

- 예를 들면 독일에는 망명 신청자를 돕는 목표를 가진 단체가 많다. 망명에는 관청을 통한 방법이 필수적인데, 그들은 그 과정을 돕거나 교회로의 피신을 조직한다. 즉, 교회에 숨겨주어 망명 신청자가 추방되지 않게 보호하는 것이다. 이 경우에 집단은 도움을 제공하는 자와 그들에게 도움을 받는 자를 모두 포괄한다.

- 이러한 종류의 연대망은 사회적 영역에도 존재한다. 혼드리히와 코흐아르츠베르거는 사적인 지원망으로서 사회적 영역 또는 임상적 영역에서 도움을 제공하거나 매개하는 단체에 대해 상세히 보고하고 있다(Hondrich/Koch-Arzberger, 1994: 58~).

- 또 다른 예는 이른바 제3세계 단체이다. 제3세계 국가의 직접적인 발전을 돕기 위해 구체적인 계획을 추구하거나 지원하는 단체가 아마 가장 설득력 있을 것이다. 아프리카의 사헬 지대(Sahel-Zone)에서 우물을 파거나 원주민에게 어떻게 우물을 파는가를 보여주거나 또는 우물 건설 비용을 대는 것 등이 그 예이다.

위 예에서 도움을 제공하는 자와 도움을 받는 자의 사회적·인종적 차이는 명백하다. 가끔 이것은 자조 단체나 연대망의 창립 동기이기도 한 보통 사회에 대한 거리 두기이다(장애자 단체부터 AIDS 원조까지).

이쯤에서 '유기적' 연대가 갖고 있는 원칙적으로 이타주의적인 성격 때문에 기독교적 전통에서의 자비와 혼동될 수 있다는 것을 다시 한 번 짚고 넘어가야 한다. 여기서 정확한 경계를 설정하기는 어렵다. 특히 연대의 기독교적 원천과 선행 형식은 결코 부인되어서는 안 될 것이다. 그러나 자비의 전통에서는 위계적인 요소, '유기적'인 연대에 근본적으로 결여된 '위에서부터의 시혜'가 항상 있어왔다. 르루는 1893년에 이미 이 구별을 최초로 주장했다. 기독교 역시 근본적으로 인간의 동등함에서 출발하는 이웃사랑의 정의(定義)를 확실히 알고 있지만, 이 정의가 자비의 실천을 규정하지는 않았다. '유기적' 연대는 경계를 넘어서는, 또한 위계적인 경계를 넘어서는 연대, 불평등에 저항하는 연대이지만 동시에 이 연대는 인간이 근본적으로 동등하다는 가정에 근거를 둔다. 이 연대의 실천은 그러한 경계를 공고히 하지 않는다.

이전에 연대가 여전히 가장 순수하게 사회가 설정한 경계를 넘어서 이루어지는 동안에, 몇몇 경우에서는 국가적·성적 차이를 극복하는 과정에서도 여전히 동등함이 대부분의 정당성을 뒷받침해주었다. 결정적으로 작용한 것은 노동자 운동에서는 임금생활자로서의 동등함이었고, 여성운동에서는 여성으로서의 동등함이었으며, 이는 현재도 마찬가지다. 타자였던 누군가가 지속되는 연대에 포함되게 되면 그는 원래 그 연대에 속한다는 논증을 통해 정당화된다. 예를 들면 이전에 노동자였고 원래 거대 자본에 완전히 의존적이거나 형편에 따라서 자립적으로 되도록 강요된 소규모의 자영업자의 경우가 그렇다.

그에 반해 오늘날의 연대는 문화적·사회적·인종적·국가적 또는 성적 차이에도 불구하고 의식적으로 경계를 넘어서 나아간다. 그것이 물론 노동자 연대가 불필요해졌을 수도 있다는 것을 의미하지는 않는다. 이해관계를 관철시키기 위해 노동자와 사무직은 항상 그랬던 것처럼 결집이 필요하다. 그들의 연대의 기초는 – 종종 단지 생각된 – 동등함만으로는 더 이상 성립할 수 없다. 이 동등함은 그것의 추상적인 형식에서 임금노동자의, 모든 노동자에게 공통적인 지위로서 처음부터 끝까지 계속 존재하고 있다. 오히려 그 연대는 임금생활자 사이에 커지고 있는 사회적 차이를 더 심각하게 고려해야 한다.

사회적 차이에서 새로운 점은 무엇인가?

오늘날 사회적이고 문화적인 차이에서는 질적·양적인 심화와 그것에 대한 인지를 제외한다면 새로운 것이 없다. 여기서 제기되는 물음은 오늘날 차이가 훨씬 더 강하게 고려되고 주제화된다는 사상이 어떻게 주관적이고 문화적인 변화에 도달했는가 하는 것이다. 사회적이고 문화적이며 인종적인 차별화 과정은 분명히 계속해서 진행되어왔다. 그 사이에 분명히 세계화와 다원화가 정보 매체, 특히 텔레비전에서 차이를 무시하는 것이 어려울 만큼 중요한 문제로 등장했다. 그러나 차이를 주제로 삼는 문화적 운동 없이는 변화를 생각하기 어려울 것이다.

지금까지는 이런 물음에 관한 포괄적인 연구가 없었다. 그러나 포괄적이고 차별화된 방식에서 차이를 주제로 삼은 것이 여성운동과 페미니즘 덕분이라는 것은 의심할 여지없는 사실이다. 19세기부터 성적 차이가 중요한 문제로 확연히 부각되었다(Lange, 1897). 그때부터 그 주제는 — 특히 지난 10년 동안 — 항상 더 강하게 (학문적) 논쟁의 대상이 되었고, 정치적으로 응용되었으며(Knapp, 1994 참조), 스스로 다양해졌다. 새롭게 "동등함도 다양함도 특별한 처방"이 아니라는 인식이 더 강하게 관철되었다(Young, 1997). 게르하

르트(Ute Gerhard)는 여성운동에서 차이를 주제로 삼는 전개 과정을 다음과 같이 요약한다. "동등함과 차이에 관한 정치적 논쟁에서 여성 권리의 문제로 …… 분명히 부각된 것은 남성의 위상에 동화되는 것도 아니고, 단지 차이를 간과하거나 고려하지 않는 것도 아니며, 오히려 성적 차이와 여성 사이의 차이의 인정이 중요한 문제라는 것이다"(Gerhard, 1995: 269).

이와 함께 차이에 관한 숙고는 자기 반성적이 되었다.

차이를 넘어 연대를 실행하는 것은 여성에게도 남성과 마찬가지로 어려운 일이다. 우선 계급, 국가, 인종의 차이(Lenz, 1995: 41~)도 문제가 되고, 부르디외(Pierre Bourdieu)에 의거한 계급의 차이(Ferichs/Steinrücke, 1995) 역시 그렇다. 그리고 비록 "자매애가 의심할 여지없이 연대와 지원의 관계"에 근거를 둘 수는 있지만(Mitchell/Oakley, 1976: 13), 많은 여성에게 "자본주의적 생산방식에서 가사노동자로서의 공통적인 상태가 여성적인 연대를 위한 충분한 근거는 될 수 없다"(Bujrs, 1978: 30). 또 다른 측면에서 차이와 연대의 주제화는 처음부터 여성운동에 속하는 것이었고, 그런 연유로 여성운동은 노동운동보다도 먼저 차이와 동등함의 문제를 근본적으로 다루었다. 최근 유행하는 어떤 표현은 "여성의 인권이 특수한 방식으로 억압되었다는 데서 출발하는 페미니즘의 입장"과 연결되는데, 이것이 문제시될 수 없다는 것은 자명하다. 그러나 이 입장은 "보편적인 인간상과 인간의 평등한 기본권"에 대해 말한다. 저자는 "인권에서는 여성과 남성 사이에 어떠한 구별도 있어서는 안 된다"(Lenz, 1995: 41)라는 결론을 이끌어낸다.

어떤 시각에서는 노동운동, 특히 노동조합이 일찍이 이미 유사한 방식으로 차이를 주제로 다루고 연대적으로 작업하는 동기를 충분히 가졌다고 할 수 있다. 그것은 인종적인 시각에서 그러했다. 노동 이민은 산업자본주의만큼이나 오래된 것이다. 이에 대해서는 엥겔스의 『영국 노동계급의 상태(Die

Lage der arebeitenden Klasse in England)』에서 묘사된 영국 내 아일랜드 노동자의 상태를 상기시키는 것으로 충분할 것이다. 인종적 한계를 넘어서는 연대의 문제는 그때부터 지금까지 항상 되풀이해서 제기되었다. 특히 인상 깊은 과거의 사례는 프랑스, 벨기에, 독일로 이민을 왔던 폴란드 출신 광부와 원주민의 관계인데, 이것은 외국인에 대한 증오에 의해서뿐 아니라 연대에 의해서도 규정된다(Kulczycki, 1994). 다양한 사례를 쉽게 찾아볼 수 있는데, 그중 하나가 20세기 초 북부 스페인 광부들이 웨일스 지방으로 이민 갔던 것이다. 이는 스페인 내전에서 웨일스의 광부들과 공화주의자의 연대라는 매우 흥미로운 결과를 가져온다(Francis/Smith, 1980: 11~, 271~, 351~ 참조). 이 물음은 본성상 인종적인 다원화가 무엇보다도 노동조합 운동 초기에 포괄적인 노동조합의 발전을 계속 강하게 방해해왔던 미국이라는 '멜팅포트 (melting pot USA)'에서 특히 중요했다(Oestreicher, 1986).*

'유기적인' 연대가 좀 더 강화되는 데 왜 그렇게 오랜 시간이 필요했는지, 왜 긍정적인 예들이 오랫동안 오히려 예외였거나 수사학적으로 머물렀는지, 이런 것을 조금씩 이해하기 위해서는 차이의 문제를 더욱 잘 이해하는 것이 필수적이다. 그리고 그를 위해 우리는 소수의 혹은 작은 문화적·사회적·인종적 차이에서 시야를 돌려, 극단적인(혹은 극단적으로 지각된) 차이와 타자로 향해야 한다. 타자는 사회적 결집의 고유한 도전이며, 인간 상호 간의 관계에서 정말 중요한 도덕적 물음이다. 타자는 연대를 시험에 들게 한다.

---

* 엄청나게 증가한 이민이라는 관점에서 외국인 노동자와 망명 신청의 쇄도의 문제는 학문적으로 광범위하게 다루어졌다. 인종적인 다원성에 관한 많은 연구 중 하나를 임의로 지시할 수밖에 없을 정도이다.

17

보론
타자에 대하여

타자성에 관한 정의를 내리기 위해 발덴펠스(Bernhard Waldenfels)의 『타자의 고통(Der Stachel des Fremden)』을 살펴보는 것이 도움이 된다. "타자는 후설(Edmund Husserl)이 고유성의 영역이라 부르는 경계의 건너편에 있다. 여기서 고유성은, 그것이 신체, 옷가지, 침구, 집, 친구, 아이, 세대, 고국, 직업 내지 항상 그러한 것들의 고유성이든 간에, 넓은 의미로 소속됨, 친숙함, 처분의 자유로움으로 이해될 수 있다." 물론 "정해진 질서의 한계를 넘어선 타자적인 것은 정상상태의 특정한 형식을 전제한다"(Waldenfels, 1990: 59).

타자에 관한 문제는 근대의 특징적 산물 중 하나이다. 이 세계에는 이웃 아니면 타자가 있었기 때문에 타자로서 존재하는 것은 근대 이전에도 이미 매우 어려운 것이었다(Bauman, 1995: 224). "중세에서 독립적인 인간은 추방을 당하거나 사형선고를 받았다. 살아남게 된 사람은 자신을 강도 떼에라도 즉시 결속하고자 했다"(Mumford, 1938: 29. Bauman, 1995: 225 재인용). 상대적으로 자립적인 개인이 출현하게 된 것은 근대의 현상이다. 그렇지만 타자의 타자성에 관한 논쟁에서 또한 모든 — 개별화된 — 개인의 타자성과의 대결에서 비롯되는 문제가 더욱더 명백해진다. "다른 사람의 타자성과 대결하지 않고서는 어떤 개인도 그/그녀의 특수성에서 인식될 수 없으며, 그리고 어떤 인정도 그/그녀의 개별성에서 발견할 수 없다. 다른 사람과 타자 없이는 개인적 자율도 사회적 삶도 생각할 수 없다(Frankenberg, 1994: 219)." 여기서 타자와 근대와의 관련이 뚜렷이 드러난다.

『타자에 관한 보론(Exkurs über den Fremden)』(1908)에서 지멜이 내린 고전적 정의는 타자를 "오늘 오고 내일 머무르는"(Simmel, 1983: 509) 방랑자로 규정한다. 그는 이렇게 해서 집단의 구성원이 되지만, 연대의 물음에 관한 시금석은 집단이 그와 어떻게 교제하는가에 달려 있다. 반면 지멜에게 더욱 우선시되는 것은 그가 유럽의 역사에서 유대인이 범형적으로 구현했다고 보는 타자의 관점이다.

(위에서 언급한) 지멜의 저작이 출판되기 몇 년 전인 1896년에 에밀 졸라(Émile Zola)는 "유대인을 위하여(Für die Juden)"라는 유명한 신문 기고에서 분명한 입장을 취했다. 그는 "나는 유대인을 싫어한다. 그들의 코를 흘끗 바라보는 것만으로도 나는 미쳐버릴 것 같고, 내 몸은 그들을 그렇게 다르고 대립적인 존재로 지각하고 거부하기 때문이다"라고 말한 유대인 증오자의 말을 인용했다(Nair, 1992, 48 재인용). 차이는 있을 수도 있고 그렇지 않을 수도 있다. 더욱 결정적인 것은 사회적으로 이루어지는 '차이와의 교제'와 '차이에 대한 책임 전가'이다. 국가사회주의자가 지배하는 독일에서는 유대인은 유대의 별을 통해 다른 사람, 즉 '타자'로 표시되었고, 그것은 그들의 파멸을 예정하는 것이었다.

지멜은 유럽의 유대인들에게서 '민첩함'과 '다가서기와 거리 두기의 통일성'을 통해 '객관성'과 '자유'의 위치를 획득하는 가장 탁월한 타자를 보았다. "그는 실천적이고 이론적으로 더욱 자유로운 자이며, 선입견에서 더욱 자유롭게 관계를 조망한다"(Simmel, 1983: 501~). 그러나 그로 인해 유대인들은 더욱더 나쁜 평을 듣게 되고, '야만인들'에게는 전형적인 방식으로 '단지 인간적인' 모든 특성이 부인된다(Simmel, 1983: 512). 지멜은 여기에서 얼마나 끔찍한 결과가 나왔는지 미리 알 수 없었다.

미헬스는 타자를 "미지의 것에 대한 대변자"로 규정한다. "미지의 것은 결사(結社)의 부재이자 맹아적인 반감을 일으킨다"(Michels, 1925: 303). 그는 이 반감에서 '외국인 혐오의 토대'를 인식했다. 미헬스는 또한 대량 이주가 가져올 수 있는 문제를 미리 감지했다. "대량 이주가 문제시된다면, 소수민족의 의식 속에서 타자에 대한 부담이 커진다." 소수민족은 경제적인 연관성을 지각하기 때문이다. "외국인이 어떤 업무나 직업을 과잉 공급함으로써 타자에 대한 의식적인 적대감을 야기하는 최초의 충동이 생겨났다는 것을 증명할 수 있다. 대량 이주는 끊임없는 경제적 생존의 위험을 자체적으로 내포하고 있다"(Michels, 1925: 303).

슈츠(Alfred Schütz)는 『사회학 이론에 관한 연구(Studien zur soziologischen Theorie)』에서 이 논의를 계속 수행한다. 그에게 타자는 "그가 접근하는 집단에 의해 지속적으로 수용되거나 적어도 감수될 수 있는"(Schütz, 1972: 53) 성인이다. 슈츠는 타자에 대한 집단의 태도를 이해하기 위해 무엇보다 현상학적인 접근 방식에 관한 몇몇 본질적 인식을 서술해야 했고, 집단생활의 '문명의 모형'에 관해 논해야 했다. 그가 강조한 것처럼 셸러(Max Scheler)의 "상대적으로 자연적인 세계관"과 상응하는 "세간에 통용되는 생각"에는 집단의 태도를 규정하는 근본 가정 몇 가지와 "고정적이고 표준화된 도식"이 있다.

1) 생활, 특히 사회적 생활이 과거에 그러했던 것처럼 계속해서 그렇게 존재할 것이다.

2) 부모, 교사, 정부, 전통, 관습 등에 의해 전승된 지식은 믿을 만한 것이다.

3) 일의 일반적인 진행에서 사건의 일반적인 유형과 양식에 관해 아는 것만으로 충분하다.

4) 해석 도식과 증명 도식으로서의 방법의 체계도, 근간을 이루는 근본 가정도 우리의 사적인 문제가 아니다. 그것은 오히려 사회적인 모형이다(Schütz, 1972: 58~).

타자는 근본 가정을 받아들이지 않고 거의 모든 규율과 규범에 의심을 품기 때문에 집단의 새로운 구성원으로서 위기를 야기한다. 한 집단의 문화와 문명의 틀 및 집단 구성원의 사적인 기호가 그 집단에게는 어떤 자명함과 보호를 의미하는 반면, 타자에게는 모험의 광야이다.

현상학적 사회학의 전통에서 — 한(Hahn, 1994: 140)이 명백히 규정하는 — 타자는 "하나의 사회적 구성물"이다. 토착민과 타자 사이에는 "끊임없이 공통점과 차이의 충만함"이 성립한다. "강조된 의미에서 타자성은, 어떤 체계의 자기 동일화를 위한 기초로서 이 차이 중 몇 개가 이용되고, 그리하여 타자와 공유하는 공통성이 사회적으로 구속적인 방식에서 중요하지 않게 된다는 점에서 비롯된다"(Hahn, 1994: 141). 이로써 그것을 넘어서 어떤 체계가 규정되는 '경계'의 방식이 항상 중요하다는 것이 분명해지는데, 이것은 경계를 설정함으로써 매번 제외되는 것들이 만들어진다는 것을 의미한다.

바우만(Zygmunt Bauman)은 동지와 적이라는 고전적인 도식과는 반대로, 그가 동지인지 적인지 모르기 때문에 "결정할 수 없는 자"인 타자의 제3의 이상적인 형태가 존재한다고 말한다. 타자는 "정신적으로는 멀지만 육체적으로는 가깝다". 타자는 "불치병 및 여러 부적합성을 통해 타격을 입게 되고", "이 점에서 근대의 치명적인 독약"이다(Bauman, 1992: 82~). 바우만은 타자와 집단의 교제에 관한 슈츠의 물음에 대해 더욱 구체적으로 대답한다.

그는 더 많은 가능성을 파악한다. 첫 번째 선택은 타자를 강제로 격리시키거나(Bauman, 1992: 89) 그들을 제거함으로써 '부적합성의 매듭'을 근본적으로 자르는 것이다(민족국가의 추방 행위와 비교해보라). "두 번째 최상의 수단"은 "문화적 울타리"를 치는 것, 즉 고립이다(Bauman, 1992: 89).

게토는 이 전략을 택한 고전적인 형식이다. 외국인 숙소를 도시 '외곽의 목초지 위에' 건립하도록 하려는 동독 출신의 친절한 아가씨의 인터뷰에서 오늘날 이러한 전략이 어떻게 여전히 유포되는가를 볼 수 있다(Zoll, 1999a: 349~).

고립 전략의 강화는 곧 실제로는 그저 조금 다를 뿐인 집단 구성원에게 타자의 낙인을 찍는 것이다. "낙인의 본질은 원리상 사라지지 않는 차이, 그 결과 지속적인 분리를 정당화하는 차이를 강조하는 것과 같다"(Bauman, 1992: 91). 자유롭게 주어지며 자유주의자가 지지하는 해결책은 통합이다. 이 해결책의 '내적 모순'은 '자유주의적 해결'을 관철하려는 통합의 압력에서 드러나게 된다.

나중에 발간된 저서에서 바우만은 사회적 공간이라는 범주를 도입하여 논증을 더욱 분명하게 규정한다. "생활공간에서 타자의 전면적인 진입은 사회적 공간 조직의 전근대적 메커니즘을 진부하게, 무엇보다 지독히 부적합하게 만들어버린다"(Bauman, 1995: 237). 근대의 사회적 공간에서 개인은 "인식 부족, 인식의 무규정성과 불확실성이라는 조건하에서" 계속하여 타자와 더불어 살아야 한다(Bauman, 1995: 237). 근대적인 사회적 공간에서 인간은 항상 되풀이하여 타자와 마주치게끔 강요받으며, 또 심리적·물리적으로 만남을 피하기 위하여 "상대편을 무시하는 애매모호한 만남의 기술"을 익힌다. 인간은 그 안에서 어찌할 바를 모르고 상실감에 젖어 혼란스러워할 뿐 아니라 무력하게 느끼는 상황을 혐오하기 때문이다. 이를 통해 '타자의 자유'가 줄어들게 되고, 이와 마찬가지로 사회적 공간의 분배를 제어하려는 인간의 노력도 존재하게 된다.

"타자성의 억제"(Waldenfels, 1990: 60)는 대체로 인간에게 깊이 박혀 있는 충동이다. 포함(동화)부터 배제에 이르기까지 타자와 각 집단 혹은 타자와 사회와의 교제의 수많은 가능성 중에서 가장 지배적인 것이 배제이다. "타자는 비(非)시민이라는 자신의 지위에 근거를 두고 평등 국가에 속하지 않기 때문에 근대 국가의 …… 평등주의는 자동적으로 타자의 배제를 낳는다"(Nassehi, 1995: 451). 이 때문에 우리 시대에는 다음의 물음이 "중심적인 의미를 가진다. 누가 시민이고 누가 시민이 아닌가?"(Lukes, 1998: 392). 이 물음에 대한 해답은 지역 내의 모든 거주자에게 시민권을 부여한다는 데 있다. "특히 똑같이 분배된 자유는 모든 시민의 협동을 요구한다. 이 요구는 사람들이 가장 적게 우대한 사람에게 최소한의 사회적 시민권을 부여함으로써 이루어진다"(Lukes, 1998: 396).

그럼에도 타자가 "더 이상 공간적으로 거리를" 유지할 수 없게 되거나 "사람들을 일시적인 만남으로 제한할 수 없다면", 그들은 "법적으로 격리되거나 차별받을" 것이다(Giesen, 1993: 96). 그러나 격리된다고 해서 불안이 해결되지는 않는다(Giesen, 1993: 99).

바우만은 레비스트로스(Levi-Strauss, 1981)와 더불어, 다른 분야에서 외국인에 대한 선호와 혐오로 표현되는 통합적인 전략과 추방적인 전략을 구분한다(Bauman, 1995: 242~). 어떤 경우에는 타자의 차이가 절대화되기도 하고, 드물게는 그 동등함이 받아들여지기도 한다. 이것은 바우만이 출발점에서 가진 확증, 즉 차이와 동등함의 이중성으로 새롭게 규정될 수 있는 타자에 대한 양가적 감정으로 다시 이어진다. 타자는 그가 다른 문화에서 왔기 때문에 다르지만, 그 역시 인간이라는 점에서 같다. 『국가 간의 정의(Righteous among the Nations)』의 많은 부분이 그들 — (오스카 쉰들러처럼) 제2차 세계대전 중 유대인을 구하고 이스라엘의 공훈 칭호를 받은 모든 민족의 사람들 — 의 구조 행위의 동기에 관한 물음에 답하고 있다. 그것은 바로 "그녀/그는 인간이기 때문이다"(Bauman, 1995: 124~ 참조). 차이와 동등함의 이러한 관계가 — 어떤 비례적 관계에서도 항상 — '유기적' 연대의 근본 토대이다. 차이가 인식됨은 물론 명시적으로 주제화되고, 동시에 동등함도 — 대개 추상적인 영역, 심지어 가장 추상적인 영역에서("인간적 본질도 역시") — 파악되었고, 따라서 다음과 같은 결론을 내릴 수 있다. 이 추상적인 동등함은 연대를 위한 충분한 토대이다.*

브룬크호르스트(Hauke Brunkhorst)가 『타자 사이의 연대(Soldarität unter Fremden)』(1997)에서 목표로 삼았던, 동지 사이의 연대와 타자 사이의 연대의 구별은 바우만의 '동지 - 적 - 타자'라는 삼각 구도의 예리함과 뒤르켕의 구별이 오늘날 가질 수 있는 의미를 제대로 파악하지 못하고 있다. 기계적인 연대는 동등한 자와 관계되는데, 친구라는 존재는 뒤르켕이 생각하는 동등함이 가능한 특수한 경우이다. 그리고 동등하지 않은 자와 관계하는 유기적 연대는 동등하지 않음의 특수한 경우로서 타자성을 지니고 있지만, 이것은 우정과는 완전히 다른 의미에서 그러하다. 그 까닭은 어떤 의미에서는 타자성이 동등하지 않음의 가장 높은 단계를 나타내지만 결코 특수한 경우는 아니며, 기껏해야 동등하지 않음이 극단적으로 고양된다는 의미에서 그러하고, 반면 우정은 심지어 동등하지 않는 자 사이의 것일 수 있으며, 실제로 연

　＊ 타자의 문제에 대해서는 풍부한 문헌이 있는데, 여기서 선별적으로 제시하자면 Bastenier/Dassetto(1995), Buck(1993), Esser(1998), Flohr(1994), Girard(1992), Hahn(1994), Heitmeyer(1994), Kavanagh(1985), Kristeva(1990), Nassehi(1995), Rennison(1970), Sombart (1928), Stichweh(1992) 등을 들 수 있다.

대의 특수한 경우이기 때문이다. 동지 간에 서로 도울 때 그것을 우정의 한 부분으로 이해할 수 있지만, 누구도 좀처럼 연대라는 개념을 생각하지는 않는다.

─ 한(Hahn, 1994: 163)이 기술하는 것처럼 ─ "국내의 외국인"이 "타자의 전형"이다. 근대의 문제는 ─ 존재하든 그렇지 않든 간에 ─ 타자 '사이의' 연대가 아니라 타자와 '함께하는' 연대다. 타자는 항상 살아 있는 '토착' 집단, 나아가 공동체와 만나기 때문이다. 그렇지 않다면 그는 타자가 아닐 것이다. 이 집단의 구성원은 물론 스스로를 정의할 때 서로 다르지 않다. 속죄양이 요구되기 때문에 인간이 타자로 설명되는 경우에서조차, 모든 경우에서 속죄양이 소수인 반면 낙인을 찍는 것은 다수이다. 그렇지 않다면 속죄양은 그 역할에 적합하지 않을 것이다.

"연대의 보편화"(Brunkhorst, 1997: 8)는 분명 도덕적 진보이자 헤겔적 의미에서 "자유 의식에서의 진보"이지만, 중요한 것은 "동지 사이의 연대에서 타자 사이의 연대로의 전환"(Brunkhorst, 1997: 8)이 아니라 ─ 여기에 관해선 거의 반론이 있을 수 없다 ─ 기계적 연대에서 유기적 연대로의 전진이다.

18

'기계적' 연대에서 '유기적' 연대로의 발전

사회적 연대, 노동자 연대, 사회적 결집이라는 세 차원에서 연대의 위기를 다룬 각 장은 세 차원 모두와 관계되는 '유기적' 연대로의 이행이 분명 그 시작 단계에 있다는 것, 즉 그 윤곽이 어느 정도 보인다는 것을 확인시켜주었다. 사회적·문화적 다양화는 연대의 가능성에 관한 물음을 각각의 차이를 넘어서서 현재적인 의미를 가진 것으로 만들었고, 그 대답은 ─ 이 점에서 혼드리히와 코흐아르츠베르거(Hondrich/Koch-Arzberger, 1992)가 지지될 수 있는데 ─ 연대에 관한 새롭고 다양한 형식이 경험적으로 확증될 수 있는 범위에서 긍정적이다. 사회적 결합이 더 이상 위협받지 않을 정도로 이 형식이 사회적으로 관철되었는지에 대한 물음은 여전히 해결되지 않았다. 적어도 독일의 경우 요아스(Hans Joas)는 '사회적인 것의 종말'을 주장하는 '포스트모던의 옹호자'에 반대하며, 수많은 새로운 공동체적 형식(자조 그룹, 상호부조 단체 등)과 마찬가지로 오래되고 강력한 전통적인 형식을 제시했다. 그는 훌륭한 근거를 들어 적어도 서독을 위해 "영구적인 공동체의 상실이라는 전망"에 대해 논박했다(Joas, 1996).

사회적·문화적 다양화 과정이 오랜 연대의 형식에 깃들어 있는 동등함의 환상을 수차례 진부한 것으로 만들었다. 그것은 한편으로 그 형식이 정말 환상이고 실제로 어떤 특수한 동등함을 의미하지 않았다는 전제에서 그러하다. 다른 한편으로 그 과정이 동등함의 경계를 넘어 연대가 생겨난다는 사실을 뒷받침한다. 혼드리히와 코흐아르츠베르거가 말한 바대로 "연대는 차이, 동등하지 못함에도 불구하고 (이루어진) 소속감이다. (그리고 그런 경우에 한해 사회적 차이를 전제한다)"(Hondrich/Koch-Arzberger, 1992: 13). 그러나 여기에는 심지어 다양화 과정이 연대 자체를 포착하기까지 하며, 수많은 신구(新舊)의 형식과 내용이 연대의 다원화를 이끈다는 사실도 이미 함축되어 있다. 다원화는 그같이 연대를 실행하고 경험하는 자에게 해당되는 것이다. 모든 종류의 연대 집단은 대단히 이질적인 시각을 갖고 있다.

주지하다시피 다원화는 개인화를 포함한다. 이 과정이 이기적인 개인주의를 만들어내는 한 ─ 많은 사람이 염려하는 바와 같이 ─ 사회적 연대의 가능성을 저하시킨다는 것은 자명한 사실이다. 이 논증은 오늘날의 현실에 관한 수많은 진단에 이용되었다. "근본적인 변혁의 단계에서는 항상 몰락이나 파멸을 진단하는 것이 유행한다"(Keupp, 1999). 몰락의 동기로 꼽히는 것은 "근대의 장기 홍행물"(Keupp, 1997: 34)이다. 코이프는 『공산당선언』에서 몇 문장을 인용했다. "굳어지고 녹슬어버린 모든 관계는 그에 따르는 부산물, 즉 아주 오래전부터 존중되어온 관념이나 견해와 함께 해체되며, 새로 생겨나는 모든 것조차 미처 자리를 잡기도 전에 이미 낡은 것이 되고 만다. 신분적인 요소와 정체된 것은 모두 사라지고, 신성한 것은 모두 모욕당한다." 사람들은 가끔 마르크스와 엥겔스의 예측이 오늘날 현실성을 가진다는 느낌을 가지지 않을 수 없다. 몰락에 관한 일련의 논증에서 몇몇 사회학자는 "오래전부터 전통적인 연대의 종말"을 지적하며 "전통적으로 규정된 삶의 형식에서 사회적 결합의 모든 본보기에 관계하는 개인이 역사적으로 자유를 정립해가는 과정이 문제의 배경"이라고 서술한다(Heinze, 1996: 774). 여기서 제기되는 의문은 첫째, 개인화에서 문제가 되는 것은 개인주의의 발전뿐인가, 둘째, 진단된 몰락이 실제로 의심할 바 없이 일어나는 변화 과정의 결과인가 하는 것이다.

첫 번째 질문에 대해서는 개인화는 그 과정의 다른 측면이 항상 상대적인 개인적 자율성과 같은 것의 증가로 기술될 수 있는 하나의 양가적인 과정이라고 덧붙여 말할 수 있다(Zoll, 1993: 153~ 참조). 전통적인 삶의 연관에서 벗어나는 것이 확실히 문제이긴 하지만 그것은 불안을 야기하고 이기적 관계를 발생시킬 뿐 아니라 행위 선택에 돌아가는 몫을 증가시키고, 전통적인 강제적 결합을 대신하여 "자유롭게 선택된 사회적 관계"를 허용한다. 반 데 루와 반 라이엔은 심지어 '개인화의 역설'에 대해서도 언급한다(van der Loo/van Reijen, 1992: 194~). "전통적으로 강제적인 사회 결합이 느슨해지기 때문에 개인화가 개인에게 주어지는 행위 선택의 이득으로서 파악된다면 그것은 연대와 모순 관계에 놓여 있는 것이 아니라 바로 그 전제이다"(Hondrich/Koch-Arzberger, 1992: 25). 이들은 연대의 발전이 개인화를 근거로 강제적으로 이루어지는 것이라고 주장하지는 않지만, 그것이 개연적이라고 여긴다. "일상에서도 생활 양식의 '다원화'와 선택 가능성이 곧장 상호 의존성과 연대를 실현하는 난관을" 증가시키기 때문이다(Hondrich/Koch-Arzberger, 1992: 25).

두 번째 물음과 관련하여 "생활세계의 개인화와 다원화가 전적으로 사회적 결합력의 감소만을 의미하는 것이 아니라 다른 구조와 원칙에서 새로운 이해로 해석될 수 있다는 사실"(Heinze, 1996: 775)을 참조할 수 있을 것이다. 하버마스와 코이프는 사회적 관계의 '형식 변화'에 관해 말한다. 코이프와 하인즈는 그들의 논증을 "연대의 구조 변화"(Heinze, 1996: 776)라는 테제를 제시하는 것을 허용하는 경험적 연구에 의지한다. 물론 "자발적으로 나타나고", "전통적 형식과 비교하여 덜 강제적이며 다면적이고, 시간적으로 또 실질적으로 더 제한적이고 유동적인 연대의 새로운 전형"이 발생한다(Keupp, 1997: 39). 이 변동과 함께 연대를 조직하는 전통적인 연합에서, 말하자면 노동조합, 교회, 복지 단체에 참여하는 개인의 각오는 약해진다. 그러나 개인은 자원봉사대와 자조 집단, 즉 모든 종류의 사회적 네트워크에 참여하며 '연대 노동'의 거대한 과제를 수행한다. 이에 대해 코이프는 가이스링겐 연구 프로젝트(Geislingen-Studie)의 결과물(Ueltzhöffer, 1996)과 미국에서 우트나우(Wuthnow, 1991; 1994)가 구상한 거대한 연구 작업에 주의를 기울인다. 이 결과물에 따르면 "전체적으로 시민의 사회 참여는 감소하는 것이 아니라"(Heinze, 1996: 777) 오히려 증가했다. 나아가 벡(Beck, 1995)은 앞의 논증을 결합해 다음과 같이 말한다. "많은 경우 고유한 삶에 대한 옹호와 타자를 위한 사회윤리적 참여처럼 관여하지 않는 것으로 보이는 것이 포함된다. 자신에 대한 생각은 오히려 타자에 대한 생각의 전제이다." 이러한 의미에서 스페인의 철학자 코르티나(Cortina, 1990: 285~)는 '연대적 개인주의'의 전제로서 개인의 자기 중심화와 탈중심화의 변증법에 대해 말한다.

사회적 다양화와 개인화는 왈처가 다원주의를 포괄하는 '복합적인 평등'으로 특징짓는 사회적 상황을 만들어낸다. 그는 다원주의를 연대를 성립시키는 토대로 파악하는 동시에 "상호 존중과 전인적인 자기 존중"(Walzer, 1998: 452)으로서 복합적인 평등의 '지속적인 존속'을 위한 전제조건으로도 부르고 있다. 그가 제안하는 차이의 정책은 '차이의 병합'을 목표로 한다. 그것은 보편적인 것을 "다시 분명하게 표현하고 수정을 거친다는 점에서 동질화는 물론 동화와도 구별된다". " '차이 정책'의 성공은 타자성이라는 거울을 통해 '시야를 확장'해주며, 결과적으로 사회의 증가하는 복합성과 차이를 볼 수 있게 해준다"(Bienfait, 1999: 242).

노동자 연대가 노동 문화가 특징짓는 생활세계와 모든 종업원의 협동에 달려 있는 한 그것은 어떤 의미에서 항상 일상의 연대이기도 했다. 반면 노동자 연대에 이러한 생활세계적이고 일상적 요소가 결여될수록, 매년 임금 협상 기간의 단순한 결집으로 쇠퇴할수록 부정적 측면 - 집단적 강요와 집단 이기주의 - 이 더욱 강하게 드러나게 되며, 몰락으로 치닫게 된다. 임금생활자의 노동조건과 생활 형편이 다를수록 그들과 임금생활자가 가지는 이해관계의 공통점을 인식하는 것은 어려워진다.

노동조합 같은 사회적 연대 기구의 관료화 현상을 고려할 때, 젊은이들이 이 중요한 연대 형식과 함께 종종 아무것도 시작하지 못하는 것은 놀라운 일이 아니다. 연대를 탐색하거나 실행할 때 그들은 일상에서 이를 체험하고 싶어 한다.

젊은 사람들은 - 많은 젊은 임금생활자 역시 - (예를 들어 주거 공동체와 같은) 일상적인 문제를 극복하고자 할 때 협동에서부터 망명자 단체에 이르는 일상 연대의 새로운 형식을 발전시킨다. 그들에게 연대가 의미 있는 것은 - 노동자 연대의 초창기 때처럼 - 그것을 직접 경험할 때이다. 일상 연대의 더 오래된 형식에 반하여 새로운 형식에 의해, 본질적으로 소통의 의미 변화와 연관되는 변화가 발생한다. 예전의 생활세계에서 의사소통은 자명한 전제에 의존하는데, 이 전제는 예를 들어 개인 간의 신뢰를 어느 정도 사전에 확보해주었다. 그것이 의사소통의 출발점이었던 것이다. 오늘날에는 그런 전제가 존재하지 않는다. 그것이 상호 이해를 어렵게 하지만 단점인 것만은 아니다. 분명 의사소통은 힘들고 지루하며 고달픈 것이다. 특히 노인에게 의사소통은 종종 목적을 상실한 것처럼, 노인들이 기꺼이 응하려 들지 않는 시간을 잡아먹는 과정으로 보인다. 동시에 대화 참가자들은 오늘날 그들에게 내재되어 있는 난점 때문에 더욱 까다로워진다. 이전의 의사소통 방식에서는 위계질서와 권위가 받아들여졌고 심지어 추구되기까지 했다. 하나의 규정된, 종종 전통적으로 인정된 신임, 충성심을 향유했던 개인과 제도의 표현에 대해 누구도 근거를 캐묻지 않았다. 그것은 이제 지난 일이다. 이는 말하자면 노동조합에서 구성원이 가지는 규정된 정상적인 결합으로 이해할 수 있을, 충성심의 일반적인 감소를 입증한다. 이 감소는 위기에 대한 노동자의 반응을 연구한 대규모 프로젝트에서 확인할 수 있었다(Zoll, 1984: 131~). 충성심의 감소는 항상 ─ 말하자면 위기에 대한 '고전적인' 반작용의 일부로서 (Wacker, 1983 참조) ─ 연대적인 결속의 상실과 결합된다.

임금 의존성과 임금노동자의 이해관계라는 동등함에 근거를 두는 연대의 위치에 부분적으로 특별하고 "새롭게 고안된", 말하자면 일상 연대에 의해 재발견된 형식이 나타난다면, 이 진행은 젊은 사람들의 새로운 의사소통 문화에 속하는 과정을 통해 장려된다. 이 문화가 생겨나게 된 것은 특히 의사소통의 실행으로 대체되어야 하는 사회적·문화적 규범이 '정상상태의 위기'에 직면하여 의문스러워졌기 때문이다.

새로운 의사소통 문화에서는 모든 것의 근거가 의문의 대상이 된다(Zoll, 1993: 40~ 참조). 모든 진술과 결정 사항은 의사소통 과정에서 정당화되어야 한다. 위계적인 권위는 강한 거부에 부딪히고, 신뢰성과 신빙성이 요구된다. 개인의 인간적 특성은 그것의 보유자가 개인일 수도 있는 역할보다 훨씬 더 높은 가치를 인정받는 것을 경험한다. 이 새로운 의사소통 원리는 하버마스가 "지배 관계에서 해방된 의사소통의 이상(理想)"으로서 강조했던 것과 일치한다.

그와 동시에 연대의 변화가 계속된 두 번째 과정을 '일상화와 보편화'라고 이름 붙일 수 있다. 일상생활에서 의사소통 행위만이 확고히 자리 잡은 것은 아니다(Habermas, 1981, t. 2: 171~). 이 행위는 그것을 유도하는 원리에서 보편화의 가능성 또한 함축하고 있다. 이 경향은 보편화와 똑같은 것을 의미하는, 추상적 형식으로의 동등함, 동등함 일반, 인간적 존재로서의 동등함으로의 '환원'과 상응한다.

경향과 잠재력이 중요한 의미를 가진다는 점에 주의해야 한다. 이를 통해 — 이미 확인할 수 있는 경험을 넘어 — 미래의 현실화에 대해서는 거의 언급되지 않았다. 요아스는 "현존하고 또 새롭게 발생하는 연대의 잠재력의 정도를 숙고해보는 것뿐 아니라 이 잠재력이 사회적 분쟁에서 권리를 획득하는 것"을 더 중시한다. 연대가 겪게 되는 사회문화적 변동의 역동성은 분화, 개인화, 다원화, 일상화, 보편화의 양상블로 서술될 수 있다. 다른 말로 표현하면 "연대의 사회문화적 변동은 연대의 근대화 과정이다".

연대에 대한 도전을 의미하는 차이의 불인정은 노동자 연대가 가진 현저한 결점을 보여준다. 정치적·인종적 분열을 비롯하여 분열을 극복하려는 분명한 의지는 노동운동을 전체적으로 노동자의 사회적 동등함에 관한 주장을 세우고, 완연한 차이를 경시하는 오류로 이끌었다. 동시에 예전의 동등함의 정책과 함께 심지어 동등하지 못함도 보존된다. "노동조합적인 노동 개념은 성별 간 관계에서 불균형 구조를 고착시킨다"(Morgenroth, 1996: 572). 여기에서 객관적으로 동등한지 혹은 동등하지 못한지를 문제 삼는 것은 전혀 중요한 일이 아니다. 중요한 것은 그것에 대한 해석과 그에 관해 그려보는 이미지이다. 현실은 항상 우리를 차이와 동등함의 혼합 상태와 직면하게 하는데, 결정적인 것은 이것이 어떻게 해석되는가 하는 방식이다. 그리고 그 점에서 여성운동과는 달리, 라이젠슈타인(Reitzenstein, 1996)이 입증한 것처럼 노동운동의 내부에서 동등함에 근거를 둔 논증의 오랜 전통이 성립한다.

유기적 연대의 특정한 발상은 분명 이 동등함의 담론을 벗어나서 시도되지만, 이는 연약한 식물과 같아서 기계적 연대와 노동자 연대라는 힘 센 나무에 덮여 가려진다. 이에 대한 근거 중 하나가 노동조합 운동에서 노동자 연대와 사회보장제도에서의 사회적 연대의 제도화이다. 많은 나라에서 노동조합 운동의 사회적 기반이 줄어들기는 했지만 대부분의 선진 산업자본주의 국가에서 이는 여전히 폭넓고 중요한 것이다. 이에 반해 유기적 연대에는 제도화의 형식이 결여되어 있다. 오페에 따르면 "한 사회의 사회화 관계, 체제 관계, 법률 관계는 항상 가능했던 것처럼 그렇게 발전될 수 있다. 그러나 그 관계에 상응하는 '도덕적 관점'의 집단적 정체성, 협력적 실천자, 제도적 촉매가 없더라도 잠재적으로 이미 준비된 능력이 실제화되고 고갈되지는 않을 것이다. 연대를 실행하는 잠재력을 해방시키기에 공동체라는 울타리는 …… 그 자체로 보면 너무 허약하기 때문이다"(Offe, 1989: 761).

오페는 시민사회의 제도화가 중시되어야 한다는 점도 더욱 분명하게 표현한다. "실천적 성과를 가져오는 정의와 연대의 동기는 정치적 혹은 조합에서 형성된 여론의 제도적인 맥락이라는 조건에서 유발된다. 반면 이 동기는 정말 이상적인 방식으로 정당민주주의에서의 정치적 선거 행위라는 조건에서는 중립화되고 사소한 것으로 다루어진다"(Offe, 1989: 767).

앞서 서술한 것처럼 노동조합은 노동자 연대를 위해 성공적으로 제도화의 과제를 넘겨받았으며, 사회 연대를 위해서는 사회보장제도가 이 과제를 담당해오고 있다. 그러나 역사적으로 진보의 요인이었던 것은 ─ 오늘날에도 일부는 여전히 그러한데 ─ 다른 시대에서도 최소한 내적 모순의 성격을 가정할 수 있고, 더욱이 "속박과 제동"(오페)으로 입증할 수 있다. 오늘날 제도화를 구현하는 동시에 그 실천과 문화의 변동도 포함하는 연대에 관한 새로운 정의가 불가피하다.

사무직의 노동조합 조직화에 대한 물음을 예로 들 수 있다. 이미 불가피한 변동을 겪었고 많은 사무직을 조직한 노동조합이 몇몇 있기는 하지만 그 수는 상대적으로 소수이다. 똑같이 소수이지만 다른 것들도 사무직 조직화의 오랜 전통을 갖고 있다. 이런 조합의 경우 문제가 없지만, 대다수의 노동조합의 경우 문제는 급박하다. 이 노동조합들은 1950년대 주민 구성 방식에나 어울리는 사회학적 구성 방식을 여전히 가지고 있다. 그런데 그 사이에 사무직의 수는 노동자의 수를 훨씬 넘어섰다. 따라서 이제 사무직의 조직화는 산업 노동조합의 생존이 걸린 문제가 되었다. 이 노동조합의 대다수가 이를 알고 있고 방향 전환을 시도하고 있지만 지금까지 아무런 성과도 얻지 못했다.

이러한 실패의 원인은 이 책에 등장한 개념과 논증을 가지고 쉽게 설명할수 있다. 평등주의에 근거를 둔 노동자 노동조합의 문화는 차이가 자기 이해에서 의미 있는 역할 – 긍정적 역할은 물론 부정적 역할도 – 을 하는 사무직의 관심을 불러일으키는 데 그리 적합하지 않아 보인다. 무엇보다도 우리가 노동자를 조직하는 노동조합의 구조적 구성 방식을 더욱 면밀히 관찰한다면, 이 노동조합에서 조직되는 사무직의 소수가 대부분 기술자나 수공업 직인 혹은 기술자에 해당하는 예전의 노동자로 이루어져 있음을 알 수 있다. 노동자 문화에 바탕을 두고 있는 이러한 사무직이 노동조합의 노동자 문화를 받아들이려고 노력하지 않았다는 것은 분명하다. 이에 반해 타 직종의 사무직은 대부분 증가하는 추세로, 이들은 대학 교육을 받은 자들로서 '미세한 차이'가 관건이 된다는 사실을 알고 있다. 노동조합이 사무직의 평등한 문화를 바꾸어나가고 노동자 연대의 '유기적인' 새로운 정의를 시행하는 데 성공하지 못한다면, 사무직의 조직화는 계속해서 어렵고 힘든 문제일 것이다.

한편으로 노동자 연대의 제도화는 노동 연대를 보급하고 강화하여 역사의 소란과 흥망성쇠에 맞서 노동자 연대를 지켜나가게 했다는 점에서 분열적이다. 제도화는 노동자 연대에 인상 깊은 안정성과 연속성을 부여했다. 그러나 다른 한편 제도화는 개인 간의 차이와 구별을 인정하지 않는 태도를 계속 견지하는 데 기여했고, 이는 오늘날에도 커다란 결점으로 드러났다.

일반적인 의미에서의 우리 사회의 미래와 특수한 의미에서의 노동조합 운동의 미래가 특히 연대의 사회문화적 변동의 결과에 달려 있다는 것을 예측할 수 있다. 이러한 변동은 어떤 경우에도 실행된다. 여기서 제기되는 질문은 이 변동이 그저 주변부의 현상으로 남을 것인가, 혹은 사회적 결집과 노동자 연대의 붕괴를 가져올 것인가, 아니면 개인과 사회의 새로운 관계 설정으로 이끌 것인가이다.

사회적 연대가 사회 정치의 토대로서 시민의 높은 성찰이 뒷받침되어야 한다는 것은 부르주아에게 자명한 사실이었다. 이러한 희망은 현실화되지 않았다. 심지어 우리는 시민들이 더 많은 반성을 통해 그들의 생존과 변동을 지지한다면 사회 안전 체계의 난점이 더 줄어들 것이라고 가정해볼 수 있다. 청소년에게서 관찰되는 사회문화적 변동이 이러한 발전을 촉진할 수 있다 (Zoll, 1992 참조). 이러한 발전이 성찰적인 개인을 만들어내는 것처럼 보이기 때문이다. 그러나 오늘날의 변동 국면에서는 적어도 이 반성성은 일차적으로 자기 자신을 향한다. 개인은 자기 반성적이지만 사회와 사회적 연관 관계는 이제까지 거의 고찰의 대상이 아니었다.

유기적 연대의 제도화가 기계적 연대의 경우와 비슷한 방식으로 진행된다는 것은 전혀 생각할 수 없는 일이다. 그러한 제도화는 문화적 근대화의 보편적 경향을 뒤따라야 한다. 말하자면 제도화는 다원주의적으로 결과가 나타나야 하고 개인주의를 존중해야 할 것이다. 사이비 조직의 독점은 노동조합이 그것을 – 노동자 운동의 다른 단체와 함께 – 자신의 역사 속의 여러 계기에서 비록 보유하지 못했지만 주장했던 것처럼 배제되어야 할 것이다. 그것은 노동조합이 이론적 · 실천적인 노동자 연대의 새로운 정의를 실행할 수 있을 경우에도 해당되는 이야기이다. 그러한 제도화는 서로 다른 연대적 발의(發議)를 지니고 있는 조직들의 다원성 속에서 나타나야 한다. 그것은 출발점을 형성하고 있는 것처럼 보인다. 그러나 이것이 조직을 강화하기 위해서는 아마 수많은 사회적 운동이 필요할 것이다.

시민사회는 그와 같은 운동과 연대의 영역이다. 이 사회는 노동조합을 포함한 모든 방식의 시민 단체가 조우하고 서로 간에, 특히 경제와 국가와 마주하는 영역이기도 하다. '새로운' 연대의 더 강한 발전을 위해서는 " '시민사회' 내부에서의 집단적 행동의 사회 구조적이고 제도적인 조건, 즉 노동분업의 본보기와 '연합적 도안'이 도덕적 능력의 교육과 서로 '일치해야' 할 것이다"(Offe, 1989: 761). 하지만 적절한 제도적 조건이 무조건 성공을 보장하는 것은 아니다. " '유리한' 조건이 도덕적 담론의 출현을 보장하는 것이 아니라 …… 기껏해야 '약한 강제'의 역할을 하는 반면, '불리한' 제도적 맥락은 도덕적 담론의 출현을 상대적으로 확실하게 억제한다"(Offe, 1989: 770).

사회적 연대의 영역에서 복지국가의 위기에 마침표를 찍기 위해서는 기초소득제도의 도입과 같은 새로운 제도화를 촉진하는 것이 필요하다. 그러나 독일이나 이탈리아의 사회봉사와 같이 완전히 다른 제도화 역시 이미 연대적 활동의 실천에서 장려된다. 사회적·경제적·문화적 봉사 대신에 기초소득제도를 도입하자는 나의 제안은 양쪽의 발상을 파악하고, 사회적 단결과 연대를 증진하고자 선언된 목표를 통해 직무와 기초소득제도의 상호성 위에 정립된다(Zoll, 1994; 1998). 이것은 가능한 제도화를 위한 본보기일 뿐이다. 오늘날 사회의 가장 상이한 분야에서 그러한 조치를 고찰한다. 물론 이러한 논의에서 이미 존재하며 잘 기능하는 본보기의 특성은 ─ 독일과 이탈리아의 사회봉사든 미국의 평화봉사단이든 ─ 충분히 고려되지 못하고 있다. 반면 그럼에도 완전히 다른 사람과 함께 실천적 연대를 언급하는 것에서 보듯이 그 본보기들은 종종 작용하고 있다. 중요한 것은 사회사업이 아니라 오히려 그러한 사회적 직무의 실천에서, 그와 동시에 ─ 유기적인 ─ 연대의 실천에서의 훈련이다.

우리 사회가 인종 갈등, 동일한 집단과 다른 사회적 집단 간의 분쟁으로 '분열될 수' 있다는 전적으로 실제적인 위험에 직면하여 새로운 연대의 제도적 요구가 절실하다. 또한 이러한 연대가 바라는 대로 작동하기 위해서는 뒤르켕적인 의미에서 항상 '유기적'이어야 한다.

19

마지막 중간 질문: 오늘날 연대는 도대체 어떠한가?

정의와 연대
최근의 사회철학적 담론

뒤르켕에게─ 노동운동의 투쟁 개념이 아니라 ─ 사회적 결집으로서의 연대는 도덕적 요소를 가진다는 것이 분명하다. 그러나 이미 인용한 것처럼 그는 "과학에서 도덕을 추론"하려 하지 않는다. 오히려 그는 "전혀 다른 어떤 것인 도덕학"을 추구하려 했다(Durkheim, 1992: 76). 사회 발전이 오히려 사회의 결합을 느슨하게 하기 때문에 이 발전은 다른 방식으로 보충되어야 한다. 뒤르켕에 따르면 사회적 분업이 그 역할을 수행하며, 그것이 곧 분업의 "도덕적 가치"(Durkheim, 1992: 471)이다. 앞으로 언급할 연대에 관한 도덕철학적 작업은 뒤르켕의 관점에 전혀 의존하지 않거나 단지 주변적인 차원에서만 관련이 있다. 연대주의와의 상호 관계가 이미 암시되어 있는 가톨릭 사회이론의 도덕철학은 독립적인 것으로 간주되어야 한다.

셸러도 연대주의와 관계가 있다. 그는 "모든 인격 영역 전체의 도덕적 치유를 위한 모든 사람들의 근원적인 동반 책임에 관한 학설(연대 원칙)"을 전개했다. 그는 크로포트킨과 유사하게 "모든 생명체에게 근원적으로 ⋯⋯ 자연적인 동정심"(Scheler, 1980: 283)이 고유한 것이며, 이 동정심의 제거만이 인간을 이기주의로 이끈다고 가정한다. 생존을 위한 투쟁과 경쟁 또는 상호적인 지원과 연대라는 생명체의 두 가지 경향 중에서 후자는 더 심오한 것이며, 전자는 "기본적으로 구비된" 것이다. 식물과 동물의 현존에서 "투쟁은 철저히 연대의 원칙에 종속되어 있다"(Scheler, 1980: 286). 셸러는 '동정심'의 방식과 정도에 따라 '사회적 통일체'를 네 단계로 구분했고, 연대의 단계도 그에 맞춰 배열했다. '집단'은 연대를 알지 못하는 반면 생명 공동체, 즉 '초개인적인 생명 통일체와 육체 통일체'는 이미 '내세울 만한 연대'를 실행하고 있다. 더 성숙하고 자의식을 가진 개별 인격체의 '인위적인 통일체'로서의 사회는 "어떠한 근원적인 동반 책임도" 발전시키지 않으며, 그 사회는 단편적인 자기 책임에 근거를 두고 있을" 따름이라고 한다(Scheler, 1980: 515~). "사회적 통일성의 최상의 형식은 ······ 자립적이고 정신적이며 개성적인 전체 인격'에서의' 자립적이고 정신적이며 개성적인 개별 인격체의 통일성"이다(Scheler, 1980: 522). 이러한 통일체에서 비로소 연대는 최고의 단계에 도달하게 된다는 것이다. 셸러에게 연대 원칙은 "유한하고 도덕적인 인격체로 이루어진 우주의 근본 조항"이다(Scheler, 1980: 523).

비록 셸러가 칸트의 "근거 없는 상대주의"와 "비생산적이고 공허한 형식주의"에 반대하며 마르크스나 마르크스주의의 영향을 받은 것은 아니지만, 놀랍게도 둘 사이에 일치가 드러난다. 그것은 아들러(Adler, 1964: 9~)가 명백히 유토피아로서 형용되지 않은 마르크스주의의 유토피아, 즉 계급 없는 사회를 "연대적인 사회"로 표현했기 때문이다. "사회적 연대"에 대해서는 "계급사회에서 어떠한 논의도 할 수 없으며", "연대적인 사회화의 유형은 원시 부족의 유목 공동체와 부락 공동체를 제외하면 이른바 원시 공산사회에서나 나타난다"(Adler, 1964: 14). 아들러도 역시 연대적인 '사회적 연합'을 거의 통일체로 서술한다. 중요한 것은 생동적인 관심, 즉 생활과 발전에 대한 관심이 한 연합의 구성원에게 전적으로 동일하고 공동적이며, 그래서 연대적인 생활 집단의 특징을 나타내는 '사회 형식'이라는 점이다(Adler, 1964: 11). 또한 놀라운 것은 셸러와 아들러가 그들의 유토피아적인 연대의 근거를 평등에 둔다는 사실이다.

철학적인 최종 근거 놓기와 도덕적인 원리를 근본적으로 거부하려는 로티(Richard Rorty)의 입장은 대체로 셸러의 도덕철학과 연대적 사회에 관한 아들러의 생각과는 정반대에 서 있다. 비록 로티에게는 모든 것이 우연적인 것이지만, 그는 자유주의적 민주주의 이념과 심지어 어떤 특정한 진보의 이념에 고착한다. 우연성과 '원리 정초자'에 대해 그가 보인 반응은 역설적이며, 그는 니체-하이데거-데리다의 노선을 ─ 물론 다른 수단을 통해 ─ 지속시켜 나가려는 철학적 시도를 하고 있다. 그들과는 달리 로티는 이성과 그 타자(예를 들면 열정 또는 니체의 힘에의 의지 또는 하이데거의 '존재') 사이에는 어떤 대립도 없다고 보았기 때문이다. 이는 로티가 "치유하고 조화시키며 통일시키는 힘이자 연대의 원천"(Rorty, 1991: 121~)인 이성을 포기했기 때문이다. 그는 다음과 같이 탈근대적이며 역설적으로 논증한다. "만일 그러한 원천이 존재하지 않는다면, 또 만일 연대라는 관념이 그저 운 좋게도 우연히 생긴 근대의 창안물이라면, 우리는 '주관 중심의 이성'이라는 관념을 대체할 '의사소통적 이성'이라는 관념을 더 이상 필요로 하지 않을 것이다"(Rorty, 1991: 122). 그에게 연대란 전통적인 철학적 이해에서 "다른 사람에게서 상응하는 것을 지각하면 공명하는 ─ 원래 인간적인 ─ 것이다"(Rorty, 1991: 305).

다른 이들에게 연대는 "우리 모두에게 공통적인 인간성의 상호적인 인식"이다. 그에 반해 로티는 "역사와 제도를 넘어서 있는 어떤 것 없이"(Rorty, 1991: 306) 혹은 우리 모두에게 공통적인 인간적 본성, 즉 인간성의 개념 없이 연대의 사고를 형성하려 한다.

그럼에도 그는 항상 다시 연대의 전통적 개념 ─ 따라서 원래 '기계적' 연대
─, 즉 서로 간에 어떻게든 확인하고 결과적으로 어떠한 종류의 평등을 소유
하는 인간 사이의 연대로 되돌아온다. "우리의 연대 감정이 가장 강할 때는
…… 우리가 그들과 연대적이라고 선언하는 이들이 '우리에게' 속하고, '우리
가' 인류보다 더 작고 지역적인 존재일 경우이다. 그것은 '인류는 하나의 인
간'이라고 규정하는 것이 어떤 관대한 행위에 관한, 약하고 설득력 없는 설
명을 제공하기 때문이다"(Rorty, 1991: 308). 그러나 이것은 우리가 곧 알게
되는 것처럼, 인간이 특히 어려운 상황에서 자신들의 연대적인 행위를 정당
화했던 설명 방식과 정확히 일치한다.

그의 비판의 표적은 "기독교에서 넘겨받은 …… 세속적인 윤리적 보편주
의"이다(Rorty, 1991: 308~). 보편주의는 로티의 입장과 "양립할 수 없는" 것
이다. 그럼에도 그는 연대 권역의 확장에 대해 아무런 이의를 달지 않았다.
내적인 모순은 분명히 드러나고 있다. 이 모든 것에도 불구하고 로티는 "실
제로 도덕적 진보와 같은 것이 존재하며, 이 진보가 진정 연대의 방향으로
나아간다"(Rorty, 1991: 310)라고 생각한다. 연대를 이미 존재하며 그저 인식
하기만 하면 되는 것이라고 가정한다면 이는 연대에 관한 잘못된 이해일 것
이다. "철학은 우리의 어휘를 새롭게 엮는 여러 가지 기술 중 하나이다. 새로
운 신념(예를 들어 여자와 흑인이 백인 남자가 생각했던 것보다 더 많은 능력을 가
지고 있다는 것)은 철학을 통해 수용될 수 있는 것이다"(Rorty, 1991: 317). 여
기서 연대의 사고가 차이를 넘어서 명백히 표현되었다. 그러나 이 사고가,
이 사고를 이론적·경험적으로 함축하는 모든 인간에게 공통적인 인간적 본
성의 가정과 절대적으로 합치할 수 있다는 것은 인식되지 못했다.

제라스(Geras, 1995)는 로티를 비판하면서 이러한 생각을 강하게 대변한

다. 로티는 국가사회주의자에게 박해받는 유대인이 벨기에보다 덴마크나 이탈리아에서 이웃에 의해 구출될 가능성이 크다고 언급했다. 그런데 그의 주장은 이것이 '우리'라는 정의에 결정적으로 의존한다는 것, 즉 덴마크인과 이탈리아인은 유대인 이웃을 '우리'라는 그들의 정의에 포함하고 도움을 줄 수도 있었는 데 반해 벨기에에서는 (같은 정도로) 그렇지 않았다는 것이다. 로티에 따르면 연대적인 태도는 무엇보다도 '우리' 집단의 정의에 달려 있으며, 이것은 어떤 경우에도 "인류보다도 좀 더 작고 지역적인 것"이라고 한다 (Rorty, 1991: 308).

그에 반해서 제라스는 무엇보다도 『국가 간의 정의』에서 유래한 증거를 많이 내세우고 있다. 그 진술은 명백하다. 진술의 상당수는 유대인이 그들의 이웃이었다는 사실이 아니라 인간 존재와 관계하고 있다. "우리는 인간을 사랑하게끔 길러졌다"(Geras, 1995: 26). 교육은 이러한 태도를 형성하는 데 결정적인 역할을 하는 것처럼 보인다. 예를 들면 유대인 박해 반대 운동에 참여하는 프랑스의 젊은 가톨릭 여성교인은 이와 유사하게 표현하고 있다. "어머니께서는 내가 삶에 대해 경외심을 가지도록 가르치셨다"(Geras, 1995: 27).

『국가 간의 정의』의 진술들은 국가가 인간 존재와 인간성, 그리고 그것을 통해 타인에 대해 책임이 있다는 것을 인상 깊게 입증한다. 특히 주목할 가치가 있는 것은 한때 자신의 집에 30명 이상의 유대인을 숨겨두었던 네덜란드인의 예이다. 이 경우는 가장 순수하게 로티의 의미에서 해석될 수도 있을 것이다. 이러한 구조 활동을 행한 이는 네덜란드인이 하나의 유일하게 커다란 가족 같았고, 위험에 처한 유대인도 역시 이 가족에 속했다고 말하기 때문이다. 그러나 그는 그 다음 폭격 이후에 부상당한 독일 병사를 자신의 처소로 옮겨갔다. 자신이 유대인을 숨기고 있다는 것을 알고 있는 친구들의 비판에 그는 "삶에 대한 경외" 때문에 독일 병사를 도와주었다고 대답했다고 한다

(Geras, 1995: 36).

제라스는 로티가 연대적인 '우리'라는 집단을 2억 5,000만 명의 모든 미국인 친구들로 확장할 수 있다고 생각하면서 왜 모든 북미인, 모든 기독교인, 모든 인간으로 확장하지 않느냐는 물음을 통해서 로티의 반보편주의적 논증에서 또 다른 모순을 발견했다(Geras, 1995: 78). 제라스는 "결정적인 물음은 정체성 확인의 의미에 관련된 것"이라고 말한다. 그는 한편으로는 "내가 전체 인류와 함께 가질 수 없는" 직접적인 가족과의 동일화와 다른 한편으로는 "그들의 직업적 · 정치적 · 인종적 또는 다른 정체성을 고려하지 않고 도처에 있는 사람들과의" 동일화를 서로 구별한다. 각각의 정체성은 자명하게 다른 종류의 것이지만 그것은 가능하고, 또 연대를 위해 필수적이다(Geras, 1995: 78~). 포스트모던적인 도덕의 임의성에 반하여 제라스는 "인류에 관한 개념과 보편적으로 타당한 권리에 관한 개념, 그리고 피할 수 있는 고통과 불의를 최소한으로 줄이기 위해 사물이 어떻게 놓여 있는가를 발견하기 위해 서로 이성적으로 토론하는 것을 지지한다"(Geras, 1995: 143).

이로써 정의에 관한 물음에서 출발하여 뒤르켕으로 연결되는, 오늘날의 사회철학적인 논의를 위한 표제어가 주어졌다. 사회적인 노동 분업에 관한 자신의 연구의 말미에서 뒤르켕은 정의를 수립하는 것이 "가장 발전된 사회"의 과제라고 확언한다(Durkheim, 1992: 457). 그는 이른바 유기적 연대를 전제로서 관철시키는 것이 정의의 실현, 특히 동일한 출발 조건과 맥락 조건을 가진다는 것을 인식했다. "규칙이 있다는 것으로는 충분하지 못하다. 이 규칙은 정의로워야 한다. 이를 위해서는 외적인 경쟁 조건이 동일해야 한다"(Durkheim, 1992: 478). 특히 그의 마음에 들지 않는 것은 경쟁 조건이 세습을 통해 변조된다는 점이다. "태어나면서부터 부자와 가난한 자가 존재하는 한 정당한 계약도, 사회적 조건의 정당한 분배도 불가능하다." 그에게 이상적인 정의의 근본 조건은 "인간이 완전한 경제적 평등에서 태어나는 것, 즉 부의 세습이 완전히 멈추는 것이다"(Durkheim, 1992: 73). 뒤르켕은 자신의 생각을 관철하기 위해 근본적으로 "초개인적인 도덕의 타당성"에 대한 희망을 드러낸다. 그러나 이 희망은 — 그가 알아채지 못하는 것과 같이 — 개인적인 자율을 강하게 제한할 수도 있다. 그는 개인적인 업적 수행과 집단의 수익에서 개인이 차지하는 몫 사이의 관계에서 생겨나는 어려움을 별로 고려하지 않았다. 또한 마찬가지로 그는 집단이 만들어낸 재화를 분배하는 문제를 해결하고자 할 때 적용할 수 있는 "정의의 표상이 완전히 다른 내용을 윤리로서 담아야 한다는 것과 관련된 사정을 전혀 고려하지 않고 있다. 이 윤리의 과제는 사적으로 생산하고 사적으로 소유한 재화를 시장 메커니즘과 가격 메커니즘의 도움을 받아 분배하는 것이다"(Schmid, 1989: 637). 문제는 그 성질에 상응하게 "형제애적인 도움"을 통해 자비를 규제하는 것이 아니다. 뒤르켕이 "수요 메커니즘을, 즉 궁극적으로 시장을 철폐하기를"(Schmid, 1989: 638) 제안했을 때 그것은 이미 논리적으로 귀결된 것이다.

롤스는 공리주의에 반대하며, 계약 이념을 변화된 형식으로 재수용하고 칸트를 계승하여 고유한 『정의론』을 발전시킨다. 이를 위해 그는 공정함을 위한 영역을 창출하는 원칙을 제시한다. 그는 정의를 "사회제도 …… 실천가의 덕목"(Rawls, 1958: 164)으로 고찰한다. 사회에서는 끊임없이 구별이 일어나기 때문에, 이제 질문은 차이와 불평등에도 불구하고 어떻게 정의가 가능한가로 귀결된다. 롤스에 따르면 이를 위해 무엇보다도 두 가지 원칙을 고려해야 한다. "우선 어떤 행위에 참여하거나 혹은 그 행위와 관련된 각각의 개인은 모든 사람의 똑같은 자유와 양립할 수 있는 가장 포괄적인 자유에 대한 동등한 권리를 가져야 한다. 둘째, 불평등은 그것이 다른 사람의 이점으로 작용하리라고 이성적으로 기대될 수 없는 한 자의적인 것이다. 전제된 것은 불평등과 결합되어 있거나 불평등이 유도될 수 있는 직위와 직책은 모두가 미결정된 상태라는 것이다"(Rawls, 1958: 165).

이러한 원칙 — 차등의 원칙과 기회 균등의 원칙 — 은 정의를 세 가지 이념의 복합체로 표현한다. 그것은 자유, 평등, 공공복지에 기여하는 봉사에 대한 '포상'이다(Rawls, 1958: 165). 롤스에게 중요한 것은 어떤 불평등이 — 무엇보다도 직책과 직위의 분배에서 — 허용될 수 있는가를 조사하는 것이다. 상이한 사람들의 이점과 약점은 상쇄될 수 없다. 그러므로 롤스가 특정한 불평등을 정당화할 수 있다고 여긴다면 그것은 이 불평등이 적어도 수혜자에게 이로울 경우뿐이다. 그는 원칙을 관철시키기 위해 숙고된 절차를 제안한다. "원칙이 제안되고 인정받는 과정은 강제를 수반하는데, 이 강제는 합리적이고 이기적인 인간이 이성적으로 행위하도록 이끄는 어떤 도덕을 포함하고 있는 것에 필적하는 것이다"(Rawls, 1958: 172).

여기서 중요한 것은 절차의 도움으로 "정당한 균형 또는 평형"이 발견되어야 한다는 사실뿐 아니라 이 도덕이 인정받아야 한다는 사실이다. "도덕적 원칙의 인정은 이 원칙에 대한 관계를 통해 자신의 요구를 제한하는 근거가 수용되는 것에서 나타나야 한다. 여기에서 사람들이 이 원칙에 반하여 행동한다면 특별히 해명하거나 사과해야 한다는 심적 부담이 인정된다. 혹은 이 심적 부담은 그 안에서 사람들이 부끄러워한다는 것 혹은 양심의 가책을 가진다는 것 혹은 다시 보상을 수행할 바람을 나타내는 데에서 나타나야 한다"(Rawls, 1958: 172). 이 원칙과 행위의 일치는 사회적 관계의 질에 영향을 끼치며 증오가 생기는 것을 막는다.

쉽게 알 수 있듯이 이러한 정의론은 뒤르켕식(式)의 관념에 부착되어 있던 딜레마를 해결하고자 한다. 롤스식(式)의 절차적 윤리에서 핵심 단어는 공정성의 개념이다. 공정함이란 경쟁적인 사람들 또는 같이 노력하는 사람들 사이의 올바른 교제를 의미한다. 공정함은 자유로운 인간이 서로 간의 교제에서 그러한 규칙을 명백히 하고 고려할 때에 생길 수 있다. 공정한 실천에서는 자유로운 인간과 그들의 원칙이 서로 인정될 수 있다. 그를 통해 공정함은 연대를 위한 전제가 된다.

"이것은 그들 중 누구도 다른 사람 위에 군림하는 어떤 권한도 가지지 못한 자유로운 인간들을 통한 근본 원칙에 대한 상호 인정의 가능성에 관한 이념이다. 이 이념이 공정성의 구상을 정의하는 데 근본적이게 한다. 이 인정이 가능한 경우에만 그들의 공통적인 행위에서 사람들 사이의 현실적인 공동체가 존재할 수 있다. 그렇지 않고서는 그들의 관계가 어느 범위까지는 강압에 기인하는 것으로 나타나게 된다"(Rawls, 1958: 179).

절차를 통해 부각되어야 하는 공정함의 의미는 공정한 행위에 대한 도덕적 의무를 야기한다. 이는 동시에 무임승차는 공정하지 못하다는 귀결을 허용하는 것이다. 고통의 인정을 위한 규준은 고통받는 자를 돕는 것이다. 도덕적 원칙의 인정, 정당한 게임의 의무에 대한 인정은 상호 교제에서도 표현되어야 하는 유사한 관심과 감정을 수반하는 인간으로서의 타자를 인정하기 위한 규준이 된다. "우리가 타자를 인격체로 인정한다면 우리는 특정한 방식으로 그에게 응답하고 태도를 취해야 한다"(Rawls, 1958: 182). 인간들의 상호 인정과 페어플레이에 대한 의무와 마찬가지로 정의의 원칙에 대한 인정은 서로 밀접하게 결합되어 있다. "공통적인 행위를 통해 결합된, 유사한 관심과 능력을 겸비한 인간들의 상호 인정은 — 그에 대한 특별한 해명이 없는 경우에는 — 정의의 원칙과 페어플레이에 대한 의무를 받아들이는 데에서 드러나야 한다"(Rawls, 1958: 183). 롤스에게 중요한 것은 경제적인 효과를 두 가지 가능한 형태로 사회적 정의의 원칙과 결합하는 것이다. 그것은 물론 국민생활최저선(국민복지최저선)을 보장하기 위해 양도 부처 업무(the transfer branch)와 함께 위촉된 직위에 의한 국가의 간섭이 요구된다.

호네트(Axel Honneth)는 어느 정도까지는 롤스의 인정 담론을 롤스와는 다른 방식으로 전개한다. 그는 인정에 관한 자신의 작업을 위한 영감을 헤겔에게서 발견하고 "상호적인 직관"이라는 그의 이념을 미드(Georg Herbert Mead)의 '자연주의적 변형'의 도움을 통해 '체계적으로 활성화'하고자 한다 (Honneth, 1994: 114~). 그 성과는 '상호 주관적인 인정'의 세 가지 표본, 즉 "사랑, 권리, 연대"(Honneth, 1994: 148~)이다. 자기 관계의 세 가지 층위, 즉 자기 신뢰, 자기 존경, 자기 가치 감정에 상호적인 인정의 세 가지 형식이 상응한다. 사랑에서는 타자가 ― 기부와 보살핌에서 표현되는 것 ― 개인으로서 인정된다. 권리에서는 모든 주체에게 동일한 도덕적 신뢰가 부여되고 전제된다. 그리고 가치 공동체에서는 인간은 타자와 공동체를 위해 의미 충만하고 그들의 연대에서 상호적인 가치 평가를 표현하는 능력을 갖춘 인격체로 서로를 존경한다.

호네트는 마르크스, 소렐(Georges Sorel), 사르트르의 사회철학적 이론에서 "사회 갈등이 이론적으로, 자신의 도덕적인 토대를 결코 실제로 간파할 수 없는 인정 요구를 통해 의무가 부여된 …… 사고 흐름의 예"를 발견한다 (Honneth, 1994: 228). "이 이론의 의도가 …… 좌절된" 이유는 세 저자에게 동일하다. "사회적 발전 과정이 세 가지 도덕적 관점 중 한 가지로만 끊임없이 고찰"되었기 때문이다(Honneth, 1994: 231). 호네트는 각각 세 가지 인정 형식과 결합된 감정이 무시된 경험 ― 개인적인 고결함의 손상, 법적 대상으로 무시당함, 연대적인 인정을 거절당할 때 느끼는 굴욕 ― 에서 "사회적 갈등의 도덕적 논리"를 발전시킨다. "사랑, 법, 연대의 인정 형식은, 그것에 개인적인 삶의 목표의 강제되지 않는 연결과 실현이 달려 있는, 외적이고 내적인 자유의 각 조건을 보호하는 상호 주관적인 보호 장치를 형성한다"(Honneth,

1994: 279).

　연대의 견지에서 여기서 호네트가 연대를 확고한 상수(常數)로 취급하고 연대를 노동사회의 모델, 명백히 노동자 연대에 관계시킨다는 사실에 대해 비판적인 이의가 제기되어야 한다. 그의 가치 공동체는 전문 노동자의 질에 대한 상호적인 가치 평가가 아무런 문제가 되지 않는 전문 노동 집단과 동일시될 수도 있을 것이다. 분명히 모델은 강력하게 확장된다. 그러나 더 근본적인 차이를 체계적으로 연관시키는 데에는 어려움에 직면하게 된다.

　하버마스는 그와 여러 면에서 깊은 관련이 있는 콜버거(Lawrence Kohl-berg)와의 차별화를 통해 「정의와 연대」(Habermas, 1986: 291~)에 관한 설명을 시작한다. 두 사람은 미드와 함께 "언어 능력과 행위 능력을 가진 주체로서의 개인은 사회화의 과정을 통해서만 개인화될 수 있다"라는 점에서 견해가 일치한다(Habermas, 1986: 310). 넓은 의미에서의 사회화에서는 개인의 정체성과 그가 속한 집단의 정체성이 "같은 원천에서" 생겨난다. 정체성은 그 자체로만 주장될 수 없는 것이다. 그것은 인정 관계의 결합 체계에 의존적이기 때문이다. 개인의 통합을 방어해야 하는 '도덕적 방어 장치'는 이 장치가 '인정 관계의 삶에 필수적인 결합 체계'를 보장하지 않는다면 유효하지 않기 때문이다. 그리고 여기에 콜버거와의 차이가 있다. 그것은 이웃을 위한 호의가 아니라 오히려 그들과의 연대를 포함하는 것이기 때문이다. 그 까닭은 여기서 '상호 인정'이 중요하기 때문이다. "개인적인 동일한 취급에 보완적인 시각은 호의가 아니라 연대다." 그리고 여기서 또한 정의와 관련되게 된다. "비존재론적으로 파악된 정의는 자신의 상대자로서 연대를 요구한다. 여기서는 동일한 사태의 두 가지 관점이 …… 중요한 의미를 지닌다"(Habermas, 1986: 311). 정의와 연대가 그렇게 긴밀하게 연관되어 있기 때문에 도덕적 규범에는 이웃과 공동체의 복리를 보호하는 것과 마찬가지로 "개인의 동등한 권리와 자유를" 보호할 과제가 부과된다(Habermas, 1986: 311).

여기서 연대는 '보편주의적 도덕의 구성요소'가 되며, 그를 통해 예를 들어 노동자 연대의 결핍으로 우리가 이미 조우한 그 특수한 성격을 잃게 된다. 하버마스의 주장은 이제 다음과 같이 전개된다. "탈관습적으로 파악된 정의는 보편 담론의 의지 형성의 이념하에서 변형되었을 때, 비로소 자신의 타자인 연대로 수렴될 수 있다"(Habermas, 1986: 312). 하버마스는 "동일한 취급, 연대, 보편적인 복지에 관한 근본 표상"이 이미 전근대적 사회에서 "모든 의사소통적 일상적인 실천의 대칭적인 조건과 상호적 기대"에서 포함되어 있다는 사실을 인정한다. "그러나 이 규범적인 기대는 그 자체로서 가족, 부족, 도시 혹은 국가의 구체적인 생활세계의 한계를 넘어서 도달하지 못한다." 오늘날 이러한 한계를 극복하는 것이 얼마나 어려운지는 예를 들어 노동조합의 일상을 보면 쉽게 관찰할 수 있다. 물론 노동조합과 사회의 담론이, 적어도 경향적으로나 이념에 따라서 제한을 어떻게 극복하는지도 역시 인식된다. "제한은 담론에서, 이 담론이 현대사회에서 제도화된 다음에야 비로소 돌파할 수 있다"(Habermas, 1986: 312). 담론에서 관건이 되는 것은 이상적인, 즉 잠재적으로 보편적인 의사소통 공동체의 창출이다(아펠).

물론 특정한 의미에서 칸트의 발상을 계속 전개하는 담론 윤리가 결정적인 변화를 이룩했다 할지라도, 연대를 향한 요구에서 결말을 낼 수도 있는 칸트의 보편화 명령과 더불어 이 담론 윤리는 부담을 지게 되었는가? 모든 인간과 구체적으로 연대하는 것이 불가능하다면 이런 맥락에서 보편화는 무엇을 의미하는가? 칸트에게는 모든 개인이, 그것에 자신의 행위를 정향하려고 하는 규범이 모든 인간에게 보편적인 도덕법칙으로 적용될 수 있는지를 결정해야 한다. 이제 아펠은 담론 윤리가 칸트 윤리학의 보편화 원칙을 증명한다는 점을 부각시킨다. "그러나 담론 윤리는 – 실천적 담론의 관철 가능성의 경우에서 — 개별자를 당사자의 가능한 이익의 예견으로부터 ……, 즉 사람이 하나의 준칙을 보편타당한 법칙으로 원할 수 있는지 없는지를 결정해야 하는 지나친 요구에서 그를 벗어나게 한다"(Apel, 1988: 120~). 더욱이 개인은 그의 관심을 끌고 불안하게 만들 수도 있는 규범을 담론으로 가져와 검증해야 하는 도덕적 의무를 가진다. 그러나 담론은 어느 정도 항상 그렇듯이 단지 경향적인 보편화만을 넘겨받는다. 여기서 중요한 것은 — 칸트의 보편화 요구를 조작할 수 있게 만들기 위해서 제안했던 것과 같이 — 단지 '형식논리적 일관성'에만 제한된 검증이 아니다. "보편화 원칙은 오히려 선험적으로, 보편화된 상호성의 합의적이며 의사소통적인 도구화를 목표로 하는 원리이다. 그리고 그 원리는 그런 한에서 내용이 비어 있거나 임의로 적용할 수 있는 것이 아니라 오히려 보편적인 이해에 이를 수 있는 성과를 가리키는 것이다"(Apel, 1988: 121).

아펠(그리고 하버마스)의 의미에서 보편화의 근본 원칙은 평가되기를 기다리는 규범을 검증하고 실천적인 담론에서 실현되는 하나의 "이상적인 규준"이다. 하버마스는 그것을 원칙(U)으로서 다음과 같이 정식화했다. "(U) 모든 타당한 규범은 각 개인의 이해관계를 만족시키기 위한 규범의 일반적 복종에서 생겨나는 결과와 부작용이 모든 관련된 사람에게 강제 없이 수용되어야 한다는 조건을 충족해야 한다"(Habermas, 1984: 219).

담론의 보편화 능력은 제한을 철폐하고 그때마다 구체적인 집단이나 생활세계의 한계를 넘어서는 것에서 나타난다. 그래야만 "각 개인의 관심이 …… 사회적 연결고리를 균열시키지 않고 활동을 시작할 수 있다"(Habermas, 1986: 312). 담론에서는 개인이 항상 되풀이해서 다른 참여자의 역할을 인수함으로써 동기를 부여받는다. 그렇지 않다면 개인은 그들의 주장에 참여할 수 없게 될 것이다. 이러한 숙고는 이미 '유기적'인 연대를 계약 연대로도 특징지었던 뒤르켐의 경우와 마찬가지로 새로운 도덕이론에 항상 되풀이 해서 언급되는 사회계약의 모델에 대한 비판으로 인도한다. 담론 윤리는 다 르다. 여기서는 "원천적으로 개인화된 주체의 합치라는 이념이 사회화된 개 인들 일반의 생활세계 내부에서의 이성적인 의지 형성의 이념을 통해 대체 된다"(Habermas, 1986: 313). 따라서 사회로서의 사회의 원천에 대한 어떤 허 구가 아니며, 오히려 그 안에서 집단 연관이 각 담론을 통해 수립되는 절차 이다. 더 나아가 하버마스는 "모든 보편화의 요구는 이상적인 의사소통 공 동체에의 소속으로부터 해약할 수 없는 연대 의식, 그리고 공동적인 삶의 관 계에서의 친교의 확실성이 생겨나지 않는다면 무력하게 머물 수밖에 없 다"(Habermas, 1986: 313)라고 생각한다. 연대의 해약은 실제 의사소통 공동 체에서 이미 상상할 수 있으며, 이는 경험적으로도 증명된다. 그러나 해약은 담론적으로 연관되지 않은 집단 안에서보다 훨씬 드물다.

"정의는 적어도 화해의 요소 없이는 생각할 수 없다"라는 하버마스의 지 나친 발상은 우리와 마찬가지로 그에게 계몽주의의 지나친 발상을 상기시키 며, 이제 예전처럼 연대의 피할 수 없는 정서적인 측면을 표현하는 의미를 가진다. 담론뿐 아니라 지나친 발상도 경계를 허물며 "인간의 용모를 한 모 든 것"과의 연대화로 이끈다. "실러는 모든 인간은 형제가 된다고 말했고" 하버마스가 이를 되풀이한다(Habermas, 1986: 313). 그리고 당시의 연대에 관 한 선언에 대립해서 담론 윤리를 통해, 전승된 한계를 넘어서서 연대를 가능 하게 하는 실천적 절차가 제시되었다. 그러나 여성주의의 측면에서 제기된 정의의 담론에서 "일반화된 타자", 말하자면 추상적인 것뿐 아니라 정말 구 체적인 개인을 의미했는가라는 질문은 - 비록 하버마스가 '대체할 수 없는 개 인'에 대해 말하지만 - 여전히 남는다.

하버마스에게 고무받은 코헨(Jean Cohen)과 아라토(Andrew Arato)는 『시민사회와 정치이론(Civil Society and Political Theory)』(1992)이라는 인상적인 저서에서 이러한 동요를 수용하여 연대를 위한 차이를 표현하는 요구와 그 차이에 대처하는 담론 윤리의 요구를 명백히 표현한다. 그들은 또한 담론 윤리를 통해 경험하는 연대에 탈경계화하고 보편화하는 변형의 성격을 명백히 제시한다. "연대의 원리는 그것이 보편적인 정의론의 부분이 되고 담론적인 의지 형성이라는 이념의 빛에서 적용된다면, 그 인종 중심적인 성격을 상실한다. 논증은 개별적이고 특수한 생활세계를 초월하게 한다"(Cohen/Arato, 1992: 382). 연대를 담론 이론으로 취급할 때의 이점은 차이를 명백히 주제화한다는 점이다. 차이란 다원적 시민사회의 문제이기 때문이다. "우리가 마음속에 생각하고 있는 연대의 현대적 구상은 어떤 감정이입이라든지 심지어 타자와 우리가 연대적이라는 타자와의 유사성을 요구하지 않는다. 담론 윤리로 보충되는 연대는 동일하지 않은 것과 동일화하는 능력만을 필요로 할 뿐이다. 다른 말로 표현하면, 연대는 다른 자로서의 타자의 인정을 요구한다"(Cohen/Arato, 1992: 383).

혹은 하버마스의 표현을 빌리자면 담론 윤리로 보충되는 연대는 도덕적인 담론의 성공과 연결된다. "다른 모든 사람의 상태로 각자가 연대적으로 감정이입하지 않는다면 결코 합의에 도달할 수 없을 것이다"(Habermas, 1986: 314). 그러나 코헨과 아라토는 하버마스의 관점을 넘어 나아가며 이것과 관련해서 명백히 상이한 문화의 문제를 다루었다. "그럼에도 담론 윤리의 보편적인 함축이 모든 문화에 적용되는 두 가지 논점이 존재한다. 먼저 주어진 문화에서 민주주의적인 참여와 근본적인 권리에 대한 요구가 제기되면, 우리는 이 요구를 제기하는 자들과 연대하려는 것을 막을 수 없다. ……둘째, 상이한 문화가 평화와 잠재적인 전쟁에서 서로 조우하는 범위에서(그리고 오늘날 어떠한 문화도 이러한 가능성에서 제외되지 않는다), 담론 윤리는 동등한 사람 사이의 합리적인 대화의 원칙이 유일하게 규범적으로 받아들일 수 있는 갈등 해소의 형식이라는 것을 함축한다. 더 나아가 보편주의의 이 표현 방법은 다른 자와의 진정한 연대를 생각할 수 있는 유일한 기초이 다"(Cohen and Arato, 1992: 384~).

그와 동시에 여전히 추상으로서의 차이가 크게 구별되지 않는 한 의심할 나위 없이 그 구체적 형식에서 우리에게 분명히 큰 논란거리가 되지 않을 수 있다는 문제가 해결되지 않은 채 남아 있다. 한 명의 여성이 남성들의 대화 원탁에 앉아 있다면 심각한 문제가 생길 수도 있다. 이어서 인종적인 차이가 덧붙여진다면 또 다른 문제가 야기될 수 있다. 담론 윤리의 비폭력적인 갈등 해소의 잠재력이 참여한 자들의 연대에 반작용을 가진다는 사실을 언급하지 않을 수 없다. "우리가 서로 만나서 타자와 연대를 느끼려면 우리는 비폭력 적인 갈등 해소 형식에 접근할 수 있어야 한다. 우리는 부분적으로 담론을 통해 구성되어 있으며, 그러한 갈등 해소를 위한 매개물인 문화 상호 간의 의미 있는 대화라는 직접적인 접근 방법을 가지고 있다"(Cohen/Arato, 1992: 386).

연대에서 차이의 중요성을 기초적이고 구체화된 방식으로 주제화하기 위해, 바꾸어 말하면 그 안에서 모든 고양이가 회색으로, 모든 여성이 남성으로 간주되는 추상적 성격을 극복하기 위해서는 여성주의적 도덕이론이 필요하다. 여기서는 철학적 토론의 필수적인 추상성이 자명하게 문제가 되는 것은 아니다. 벤하비브(Benhabib, 1989: 454~)는 「일반화된 구체적 타자(Der verallgemeinerte und der konkrete Andere)」에서 길리건(Carol Gilligan)과 콜버거의 논쟁을 다루고 있다. 콜버거의 연구 실험에서 나타난 남성적인 실험 대상과의 비교에서 여성이 지속적으로 보여주는 부진한 성과를, 길리건은 여성이 배려와 책임의 윤리를 대표하는 반면 남성은 정의와 권리의 윤리를 대표한다는 것을 통해 설명했다. 콜버거는 "배려와 동정이 도덕적인 것의 영역을 의미 있게" 확장한다(Kohlberg, 1984: 340)는 점을 인정하지만, 자신의 연구 성과가 성별에 종속적인 것이 아니라 오히려 "무엇보다도 상황과 갈등 방식의 기능"(Kohlberg, 1984: 350)이라는 의견에 머무르고 있다. 그러나 문제는 도덕이론, 예를 들면 '홉스와 롤스까지의 보편주의적인 계약 이론'에서는 이미 구상과 정식화에서 성별에 종속적이라는 사실이다. 비록 타자가 주제화되더라도 "'중요한 타자'는 …… 결코 자매가 아니라 항상 형제이다"(Benhabib, 1989: 459~). 형제애의 시기에는 이미 단어의 선택이 정체를 드러내는 것이다. 이 도덕이론의 내용인 '단지 인간적인 것'의 형상은 '예외 없이 백인이고, 남자 성인이며, 재산 또는 적어도 직업을 가진' 주체에 대한 관계를 통해 획득된다. 이것은 여성주의적 도덕이론에서 "공정성, 상호성, 보편화 가능성의 절차"에 대한 요구를 아무것도 변화시키지 않는다. 그러나 벤하비브가 대표하는 "상호작용적 보편주의"는 "타자성을 반성과 행위를 위한 출발점으로"(Benhabib, 1989: 360) 취하고 있다.

비판적인 '남성적' 도덕이론의 숙고는 '일반화된 타자'의 형태로 압축된다. 이제 이 인공적인 형태는 형식적 평등과 상호성에 도달하기 위한 필수적인 추상물이다. 그러나 "일반화된 타자의 관점은 우리에게 각각의 개인을 합리적 존재로 고찰할 것을 요구한다. 이 존재는 우리가 우리 자신에게 타당한 것으로 만들고자 원하는 동등한 권리와 의무에 대한 요구를 가진다. 우리는 이 관점을 받아들여 우리는 타자의 개별성과 구체적인 정체성을 추상화한다".

그런 까닭에 벤하비브는 추상물로서 일반화된 타자에 대항하여 구체적 타자의 관점을 정립하는데, 이 관점은 우리에게 "모든 개별적인 합리적 존재를 구체적인 역사, 정체성, 감정적이고 정서적인 기초를 동반한 개인으로 고찰하기를" 요구한다(Benhabib, 1989: 468).

이러한 조망에서 비로소 구체적 연대를 실행할 수 있게 된다. "내가 너를 우정, 사랑, 배려의 규범과 일치시켜 다룸으로써 나는 너의 인간성뿐 아니라 너의 인간적 개별성을 인정한다. 그러한 상호작용을 수반하는 도덕적 범주는 책임, 결합, 공유이다. 이에 상응하는 도덕적 감정은 사랑, 배려, 동정, 연대이다"(Benhabib, 1989: 469).

혹은 코헨과 아라토의 표현을 빌리면 "연대는 타자의 운명, 즉 사람들이 속한 집단의 견본으로서 타자가 아니라 유일하고 나하고 다른 인간의 운명을 공유하겠다는 준비 자세를 포함한다"(Cohen/Arato, 1992: 472).

타자의 상이성은 오늘날 연대의 필수적인 관점인 구체적 연대와 일상적 연대를 구성하는 근본 요소이다. 그에 반해 롤스에게는 구별이 "단순히 중요하지 않다". "원초적 상태"에서 롤스식(式)의 자아는 "사회에서 자신의 위치, 계층 혹은 위상을 알지 못한다. 마찬가지로 자신의 자연적 재능, 지성, 육체적인 힘 등을 모른다. 더 나아가 아무도 선에 대한 자신의 관념, 자신의 이성적인 삶의 계획의 개별적인 내용, 더욱이 위험에 대한 자신의 태도 혹은 낙관주의 또는 비관주의에 관한 자신의 경향과 마찬가지로 자신의 정신의 특이함에 대해 전혀 모른다"(Rawls, 1979: 160).

어떻게 누군가가 연대를 ― 그것에 정서적인 측면이 있다는 것을 우리가 알고 있는 ― 그런 종류의 추상물을 위해 조달해야 하는가? 그것이 만약 사고되지 않았다고 한다면 그것은 사고할 수 없는 것으로 표현될 수도 있을 것이다. 모든 인간 존재와의 연대라는 추상적 규범을 머리에 간직한다는 것은 바람직한 것이다. 그러나 이 규범은 여전히 구체적인 연대가 아니다. "도덕적인 상황은 이 상황이 여기에 참여하는 행위자와 그것의 서사적 역사에 관한 우리의 지식의 조명 아래 평가된다면 ― 도덕적 감정과 태도와 같이 ― 단지 개별화될 수 있을 뿐이다"(Benhabib, 1989: 473).

벤하비브는 도덕이론이 일반화된 타자의 구성 없이도 정식화될 수 있는가 하는 정당한 물음을 던진다. 그러나 여기서는 이 구성 일반을 포기하는 것이 중요한 것이 아니라 "모든 일반화된 타자 역시 구체적 타자라는 사실을 인정하는 것"이 중요하다. 따라서 "구체적 타자의 도덕적 정체성을 인정함으로써 일반화된 타자의 존엄을" 보증하는 것이 필수적이다(Benhabib, 1989: 476).

일반화된 타자에서는 보편화의 요구가 포기되고, 구체적인 타자에서는 개별적이고 연대를 실현하는 개인에 대한 필수적인 존경과 보편화의 구체화가 보증된다. 우리는 일반화된 타자의 배후에서 구체적 타자를 발견해야 할 뿐 아니라 구체적 타자에서 그때그때 일반적인 타자를 보아야 한다. '유기적' 연대는 여성주의적 협조를 통해서만 하나의 전체적인 시각에서 구체적인 차이와 추상적인 동등함을 자신의 기초로 가지는 연대로서 새롭게 정의될 수 있다. 이 연대는 구체적이고, 일반화된 타자를 인격에서 바라보며, 정의와 배려, 권리의 소유와 책임을 통일시킨다.

참고문헌

Adler, Max. 1964. *Die solidarishe Gesellschaft.* Wien.

Adorno, Theodor W. 1979. *Soziologische Schriften I.* Frankfurt/M.

Apel, Karl-Otto. 1988. *Diskurs und Verantwortung - Das Problem des Übergangs zur postkonventionellen Moral.* Frankfurt/M.

Ascoli, Ugo. 1993. "Welfare State e solidarietàt: quale futuro per l'Italia?" in *Parolechiave* 2, S. 103ff.

Attias-Doufut, Claudine et Alain Rozenkier. 1995. *Les solitariés entre générations: vieillesses, familles, État.* Paris.

Baldwin, Peter. 1990. *The Politics of Social Solidarity, Class Bases of the European Welfare state 1875-1975.* Cambridge.

Balser, Frolinde. 1962. *Sozial-Demokratie 1848/49-1863.* Stuttgart.

Baringhorst, Sigrid. 1998. *Politik als Kampagne - Zur medialen Erzeugung von Solitarität.* Opladen/Wiesbaden.

_____. 1999. "Die mediale Erzeugung des Weltdorfs - Globale Solidarität in der Kommunikationsgesellschaft." in *Gewerkschaftliche Monatshefte* I, S. 51ff.

Bastiat, Frédéric. 1964. "Justice et fraternité." in *Selected Essays on Political Economy.* Princeton/N. J.

Bastenier, Alber et Felice Dassetto. 1995. *Immigration et espace public - La controverse de l'intégration.* Paris.

Baumann, Zygmunt. 1992. *Moderne und Ambivalenz. Das Ende der Eindeutigkeit.* Hamburg.

_____. 1995. *Postmoderne Ethik*. Hamburg.

Bayertz, Kurt(Hg.). 1998. *Solidarität - Begriff und Problem*. Frankfurt/M.

Beck, Ulrich. 1995. "Solidarischer Indiviualismus - An sich denken ist die Voraussetzung eines Daseins für andere." in *Süddeutsche zeitung*, 2. 3.

_____. 1996. "Was hält hochindividualisierte Gesellschaften zusammen?" in *Mittelweg 36*, 2-3, S. 33ff.

Beier, Gerd. 1986. "Solidarität und Brüderlichkeit." in *Lexikon des Sozialismus*. Köln.

Benhabib, Seyla. 1989. "Der verallgemeinerte und der konkrete Andere - Ansätze zu einer feministischen Moraltheorie." in Elisabeth List und Herlinde Studer(Hg.). *Denkverhältnisse, Feminismus und Kritik*. Frankfurt/M. S. 454ff.

_____. 1993. "Demokratie und Differenz - Betrachtungen über Rationalität, Demokratie und Postmoderne." in Micha Brumlik/Hauke Brunkhorst(Hg.). *Gemeischaft und Gerechtigkeit*. Frankfurt/M. S. 97ff.

Bergson, Henri. 1980. *Die beiden Quellen der Moral und der Religion*. Olten.

Bienfait, Agathe. 1999. *Freiheit, Verantwortung, Solidarität*. Frankfurt/M.

Blanc, Louis. 1850ff. *Historie de la Révolution française*. Paris.

Blanc, Olivier. 1981. *Olympe de Gouges*. Paris.

Bluntschli, Johann Kasper. 1843. *Die Komunisten in der Schweiz nach den bei Wilhelm Weitling vorgefundenen Papieren*. Zürich.

Bouglé, Célestin. 1907/1924. *Le Solidarisme*. Paris.

Bourgeois, Léon. 1896. *La Solidarité*. Paris.

_____. 1902. *Essai d'une philosophie de la solidarité*. Paris.

_____, Charles Gide, H. Monod, G. Paulet et P. Brouardel. 1904. *Les applications sociales de la solidarité. Leçons à L'École des hautes études sociales*. Paris.

_____. 1914. "L'Éducation sociale et l'école primaire." in *La politique de la prévoyance sociale*. Paris.

Bouvier-Ajam. 1957. *Historie du Travail en France*. Paris.

Braunthal, Julius. 1961. *Geschichte der Internationale*, Bd. I. Hannover.

Brumlik, Micha/Hauke Brunkhorst(Hg.). 1993. *Gemeimschaft und Gerechtigkeit*. Frankfurt/M.

Brunkhorst, Hauke. 1997. *Solitarität unter Fremden*. Frankfurt/M.

Brunot, Ferdinand. 1937. *Historie de la langue française des origines à 1990*, Tome IX, 2 eme partie. Paris.

Buck, Bernhard. 1993. *Die Verneimung des Fremden. Arbeit, Bildung und die Kultur des Subjekts*. Berlin.

Bujra, Janet M. 1978. "Introductory: Female Solidarity and the Sexual Division of Labour." in Patricia Caplan, Janet M. Bujra. *Women United, Women Divided. Cross-cultural Perspectives on Female Solidarity*. London. S. 13ff.

Cabet, Entienne. 1920. Communistisches Glaubensbekenntnis, [3]1841; zit. nach Karl Diehl/Paul Mombert(Hg.). *Ausgewählte Lesestücke zum Studium der politischen Ö konomie, Bd. 11: Sozialismus. Kommunismus. Anarchismus*. Jena. S. 20ff.

Cahiers de Doléances des femmes en 1789, préface de Paule-Marie Dubet, Paris 1981.

Dass.: préface de Madeleige Rebérioux. introduction de Paule-Marie Dabet, Paris 1989.

Campe, Joschim Heinrich. 1790. *Briefe aus Paris - zur Zeit der Revolution geschrieben*. Braunschweig.

Caplan, Patricia/Janet M. Bujra. 1978. *Women United, Women Divided. Cross-cultural Perspectives on Female Solidarity*. London.

Cassirer, Ernst. 1990. *Versuch über den Menschen*. Frankfurt/M.

Castel, Robert. 1995. *Les métamorphoses de la question sociale. Une chronique du salariat*. Paris.

Cella, Gian Primo. 1993. "Definire la solidarietà." in *Parolechiave* 2, S. 23ff.

Certification Office for Trade Unions and Employer's Associations. 1997. *Annual Report of the Certification Officer 1996* (and before). London.

Chauffon, A. 1884. *Les Assurances, leur passé, leur présent, leur avenir*. Paris.

Christoph, Klaus. 1979. *Solidarität*. Baden-Baden.

Cockburn, Cynthia. 1987. *Women, Trade Unions and Political Partys*, Fabian Research

Series No. 349. London.

Cohen, Jean/Andrew Arato. 1992. *Civil Society and Political Theory*. Cambridge/ Mass./London.

Comte, Auguste. 1985. *Discours sur l'esprit positif*. Paris. (Reprint von 1844)

Cortina, Adela. 1990. *ética sin Moral*. Madrid.

Coser, Lewis. 1956. *The functions of Social Conflict*. Glenoe.

_____. 1972. *Theorie sozialer Konflikte*. Neuwied/Berlin.

_____. 1984. *Introduction to Émile Durkheim; The Division of Labor in Society*. New York.

Crouch, Colin/Alessandro Pizzorno. 1978. *The Resurgence of Class Conflict in Western Europe since 1968*, London. 2 Vol.

Dahrendorf, Ralf. 1961. *Gesellschaft und Freiheit*. München.

_____. 1971. *Gesellschaft und Demokratie in Deutschland*. München (zuerst erscheinen: München 1968).

_____: 1984. "Individuelle Leistung, kollektive Verpflichtung und soziale Solidarität." in Robert Kopp(Hg.). *Solidarität in der Welt der 80er Jahre: Leistungsgesellschaft und Sozialstaat*. Basel/Frankfurt/M. S. 25ff.

David, Marcel. 1987. *Fraternité et Révolution française*. Paris.

_____. 1992. *Le printemps de la fraternité - Genése et vicissitudes*. Paris.

Deuwe, Louis. 1906. *Études sur le Solidarisme*. Paris.

Dictionnaire de l'Académie française. 1987. Paris.

Dolléance, E. et G. Debove. 1953. *Historie du Travail en France*. Paris.

Donzelot, Jacques. 1994. *L'invention du social - Essai sur le déclin des passions politiques*. Paris.

Dubiel, Helmut. 1993. "Das ethische Minimum." in *Süddeutsche Zeitung*, 27./28.3.

_____. 1997. "Unversöhnlichkeit und Demokratie." in Heitmeyer. 1997b, S. 425ff.

Durkheim, Émil. 1960. *De la division du Travail social*. Paris.

_____. 1981. *Die elementaren Formen des religiösen Lebens*. Frankfurt/M.

_____. 1992. *Über soziale Arbeitsteilung. Studie über die Organisation höherer Gesellschaften.* Franfurt/M.

La Duvignaud, Jean. 1986. *Solidarité. Liens de sang et liens de raison.* Paris.

Elster, Jon. 1989. *The Cement of Society - A Study on Social Order.* Cambridge.

Essbach-Kreuzer, Uschi/Wolfgang Essbach. 1974. *Solidarität und soziale Revolution. Autoritäre Theorien zur politischen Moral und kollektiven Emanziption.* Frankfurt/Köln.

Esser, Hartmut. 1988. "Ethnische Differenzierung und moderne Gesellschaft." in *Zeitschrift für Soziologie* 17, S. 235ff.

Ewald, François. 1986. *L'État providence.* Paris. (*Der Vorsorgestaat.* 1993. Frankfurt/M.)

_____. 1996. "La solidarité." in Monique Canto-Sperber. *Dictionnaire d'éthique de philosophile morale.* Paris. S. 1433ff.

Ferraris, Pino et Roberto Michels. 1993. "L'ecclissi della ⟩ solidarietà spontanea e volontaria ⟨." in *Parolechiave* 2, S. 35ff.

Ferrera, Maurizio. 1993. *Modelli di solidarietà.* Bologna.

Fink-Eitel, Hinrich. 1993. "Gemeinschaft als Macht. Zur Kritik des Kommunitarismus." in Micha Brumlik/Hauke Brunkhorst(Hg.). *Gemeinschaft und Gerechtigkeit.* Frankfurt/M. S. 306ff.

Flohr, Anne Kathrin. 1994. *Fremdenfeindlichkeit - Biosoziale Grundlagen von Ethnozentrismus.* Opladen.

de Foucauld, Jean-Baptiste et Denis Piveteau. 1995. *Une société en quête de sens.* Paris.

Fouillée, Alfred. 1885. *La Science sociale contemporaine.* Paris.

Fourier, Charles. 1841~1843. *Théorie de l'unité universelle*, 4 Bde. Paris.

Frankenberg, Günter. 1994. "Solidarität in einer ⟩ Gesellschaft der Individuens ⟨ ?" in _____(Hg.). *Auf der Suche nach der gerechten Gesellschaft.* Frankfurt/M. S. 210ff.

Francis, Hywel/David Smith. 1980. *The Fed. A History of the South Wales Miners in the 20th Century.* London.

Franz, G.(Hg.). 1963. *Quellen zur Geschichte des Bauernkrieges.* München.

Frerichs, Petra/Margareta Steinrücke. 1995. "Klasse und Geschlecht - Anerkennung-schancen von Frauen im System der gesellschaftlichen Arbeitsteilung." in *Aus Politik und Zeitgeschehen - Beilage zur Wochenzeitung Das Parlament*. Bonn. S. 13ff.

Freymond, Jacques et Henri Burgelin(Hg.). 1962. *La Prémière Internationalle, receuil de documents*. Genf.

Gallino, Luciano. 1978. *Dizionario di Sociologia*. Turin.

Geras, Norman. 1995. *Solidarity in the Conversation of Humankind. The Ungroundable Liberalism of Richard Rorty*. London/New York..

Gerhard, Ute. 1995. "Die 〉langen Wellen〈 der Frauenbewegung - Traditionslinien und unerledigte Anliegen." in Gegina Becker-Schmidt, Gudrun-Axeli Knapp. *Das Geschlechterverhältnis als Gegenstand der Sozialwissenschaften*. Frankfurt/New York. S. 247ff.

_____. 1990. *Gleichheit ohne Angleichung - Frauen in Recht*. München.

Gide, Charles. 1893. *L'idée de solidarité en tant que programme*. Paris.

Gide, Charles/Charls Rist. 1920. *Histoire des doctrines économiques*. Paris.

Giesen, Bernhard. 1993. *Die Intellektuellen und die Nation: eine deutsche Achsenzeit*. Frankfurt/M.

De Giorgi, Fulvio. 1993. "Solidarismo e comunitarismo cattolico." in *Parolechiave* 2, S. 113ff.

Giovannini, Paolo. 1987. *Tra conflitto e solidarietà*. Padova.

Girard, René. 1992. *Ausstoßung und Verfolgung - Eine historische Theorie des Sündenbocks*. Frankfurt/M.

Göbel, Andreas/Eckart Pankoke. 1998. "Grenzen der Solidarität." in Kurt Bayertz(Hg.). *Solidarität - Begriff und Problem*. Frankfurt/M. S. 463ff.

Göhre, Paul. 1891. *Drei Monate Fabrikarbeiter und Handwerksbursche - eine praktische Studie*. Leibzig.

Goldthorpe, John H. 1967. "Book Review on Mancur Olson, The Logic of Collective Action." in *Sociology* I, S. 304f.

Gouldner, Alvin W. 1960. "The Norm of Reciprocity: a Preliminary Statement." in *American Sociological Review*, Vol. 25, No. 2(April 1960), S. 161ff.

Gorz, André. 1988. *Métamorphoses du travail. Quête du sens.* Paris.

Grießinger, Andreas. 1981. *Das symbolische Kapital der Ehre. Streikbewegungen und kollektives Bewußtsein deutscher Handwerksgesellen im 18. Jahrhundert.* Berlin.

Groult, Benîte(Hg.). 1986. *Olympe de Gouges. Œuvres.* Paris.

Grubauer, Franz. 1994. *Das zerrissene Bewußtsein der gesellschaftelichen Subjektivität.* Münster.

Habermas, Jürgen. 1992. *Faktizität und Geltung - Beiträge zur Diskurstheorie des Rechts und des demokratischen Rechtsctaats.* Frankfurt/M.

_____. 1986. "Gerechtigkeit und Solidarität. Eine Stellungnahme zur Diskussion über ≫ Stufe≪ 6." in W. Edelstein/G. Nunner-Winkler(Hg.). *Zur Bestimmung der Moral.* Frankfurt/M. S. 291ff.

_____. 1984. "Über Moral und Sittlichkeit - Was macht eine Lebensform ⟩ rational ⟨?" in H. Schnädelbach(Hg.). *Rationalität*, Frankfurt/M. S. 218ff.

_____. 1981. *Theorie des kommunikativen Handelns*, 2 Bde. Frankfurt/M.

Hahn, Alois. 1994. "Die soziale Konstruktion des Fremden." in Walter M. Sprondel(Hg.). *Die Objektivität der Ordnungen und ihre kommunikative Konstruktion.* Frankfurt/M. S. 140ff.

Hanagan, Michael P. 1980. *The Logic of Solidarity. Artisans and Industrial Workers in three French Towns 1871-1914.* Urbana/Chicago/London.

Hawkes, Kirsten. 1992. "Sharing and Collective Action." in E. A. Smith and B. Winterhalder(Hg.). *Evolutionary Ecology and Human Behavior.* New York. S. 269ff.

Hayward, J. E. S. 1959. "Solidarity: The Social History of an Idea in the 19th Century." in *International Review of Social History(IRSH)*, Bd. 4(1959), S. 261ff.

Hegel, G. W. F. 1970. *Grundlinien der Philosophie des Rechts.* Frankfurt/M.

_____. 1983. *Philosophie des Rechts - Die Vorlesung von 1819/20 in einer Nachschrift, hg. v. D. Henrich.* Frankfurt/M.

Heinze, Rolf G. 1996. "Soziales Engagement zwischen Erosion und neuen Petentialen." in *Gewerkschaftliche Monatshefte* 11-12, S. 774ff.

Heitmeyer, Wilhelm(Hg.). 1994. *Das Gewalt-Dilemma. Gesellschaftliche Reaktionen auf fremdenfeindliche Gewalt und Rechtsextremnimus.* Frankfurt/M.

_____. 1997a. *Was treibt die Gesellschaft auseinander? - Bundesrepublik Deutschland: Auf dem Weg von der Konsens- zur Konfliktgesellschaft Bd. 1*, Frankfurt/M.

_____. 1997b. *Was hält die Gesellschaft zusammenr? - Bundesrepublik Deutschland: Auf dem Weg von der Konsens- zur Konfliktgesellschaft Bd. 2.* Frankfurt/M.

Hengsbach, Friedhelm/Matthias Möhring-Hesse(Hg.). 1995. *Eure Armut kotzt uns an! - Solidarität in der Krise.* Frankfurt/M.

Hengsbach S. J., Friedhelm. 1999. "Demokratische Verteilungsgerechtigkeit." in *Gewerkschaftliche Monatshefte I*, S. 34ff.

Henry, Ruth. 1989. "Zwischen Straße und Salon - Olympe de Gouges und Germaine de Stael." in Inge Stephan/Sigrid Weigel(Hg.). *Die Marseilaise der Weiber - Frauen, die Französische Revolution und ihre Rezeption.* Berlin/Hamburg. S. 37ff.

Hinrichs, Karl. 1995. "the Impact of German Health Insurance Reforms on Redistribution and the Culture of Solidarity." in *Journal of Health Politics, Policy and Law*, Vol. 20, No. 3(Fall 1995), S. 653ff.

_____. 1997. *Social Insurance and the Culture of Solidarity: The Moral Infrastructure of Interpersonal Redistributions - with Special Reference to the German Health Care System*, Zes-Arbeitspapiere 3. Bremen.

Hirschmann, Albert O. 1994. "Wie viel Gemeinsinn braucht die liberale Gesellschaft?" in *Leviathan* 22, Heft 2, S. 293ff.

Hondrich, Karl-Otto/Claudia Koch-Arzberger. 1992. *Solidarität in der modernen Gesellschaft.* Frankfurt/M.

Hondrich, Karl-Otto. 1996. "Die Nicht-Hintergehbarkeit von Wir-Gefühlen." in W. Heitmeyer/R. Dollas(Hg.). *Die bedrängte Toleranz.* Frankfurt/M. S. 100ff.

Honneth, Axel. 1994. *Kampf um Anerkennung. Zur moralischen Grammatik sozialer*

Konflikte. Frankfurt/M.

Horkheimer, Mark. 1967. *Zur Kritik der instrumentellen Vernunft.* Frankfurt/M.

Hyman, Richard. 1989. *Strikes.* London.

Izoulet, Jena. 1894. *La cité moderne et la métaphysique de la sociologie.* Paris.

Joas, Hans. 1996. "Was hält die Bundesrepublik zusammen? Alte und neue Möglichkeiten
   sozialer Integration." in Friedhelm Hengsbach(Hg.). *Eure Armut kotzt uns an!*
   Solidarität in der Krise. Frankfurt/M. S. 69ff.

Kaufmann, Franz-Xaver. 1979. "Über die Brüderlichkeit - Rede eines demokratischen
   Hofnarren an ein bürgeliches Publikum." in Karl Rahner/Bernhard Welte(Hg.). *Mut*
   zur Tugend. Freiburg. S. 67ff.

_____. 1984. "Solidarität als Steuerungsform - Erklärungsansätze bei Adam Smith." in
   Franz-Xaver Kaufmann/Hans-Günter Krüsselberg(Hg.). *Markt, Staat und Solidarität*
   bei Adam Smith. Frankfurt/New York. S. 158ff.

_____. 1997. "Schwindet die integrative Funktion des Sozialstaates?" in *Berliner Journal*
   für Soziologie I, S. 5ff.

Kavanagh, Patrick Joseph. 1985. *The Perfect Stranger.* London.

Kertzer, David I. 1988. *Ritual, Politics, and Power.* New Haven/London.

Keupp, Heiner. 1987. "Soziale Netzwerke - Eine Metapher des gesellschaftlichen
   Umbruchs?" in Heiner Keupp/Bernd Röhrle(Hg.). *Soziale Netzwerke.* Frankfurt/M.
   S. 11ff.

_____. 1997. "Selbstsorge oder Solidarität? - Wider die Behauptung von der zerstör-
   erischen Wirkung der Individualisierung." in *epd-Dokumentation* 18, S. 31ff.

_____. 1999. "Identität und Gemeinschaft im Wandel." in *Frankfurter Rundschau* (1999.
   5. 25.), S. 12

Kleine, Thomas. 1992. *Solidarität als Prozess.* Diss. Tübingen.

Knapp, Gudrun-Axeli. 1994. "Politik der Unterscheidung." in Institut für Sozialfor-
   schung(Hg.). *Geschlechterverhältnisse und Politik.* Frankfurt/M. S. 262ff.

Kohlberg, Lawrence. 1984. *Essay on Moral Development*, Vol. 2. San Francisco.

Kopp, Robert(Hg.). 1984. *Solidarität in der Welt der 80er Jahre: Leistungsgesellschaft und Sozialstaat.* Basel/Frankfurt/M.

Koselleck, Reinhart. 1969. *Kritik und Krise, Ein Beitrag zur Pathogenese der bürgerlichen Welt.* Freiburg/München.

Kristeva, Julia. 1990. *Fremde sind wir uns selbst.* Franfurt/M.

Kropotkin, Peter. 1993. *Gegenseitige Hilfe.* Grafenau.

Kulczycki, John J. 1994. *The Foreign Worker and the German Labor Movement. Xenophobia and Solidarity in the Coal Fields of the Ruhr, 1871-1914.* Oxford/Providence.

Lange, Helene. 1897. "Intellektuelle Grenzlinien zwischen Mann und Frau." in ____. 1928. *Kampfzeiten.* Berlin.

Lassalle, Ferninand. 1948. *Arbeiter-Programm. Über den besonderen Zusammenhang der gegenwärtigen Geschichtsperiode mit der Idee des Arbeiterstandes 1862.* Frankfurt/M.

____. 1948. *Offenes Antwortschreiben an das Central Comité zur Berufung eines Allgemeinen Deutschen Arbeiter-Congresses zu Leipzig 1863.* Frankfurt/M.

____. 1972. *Arbeiterlesebuch und andere Studientexte.* Reinbek bei Hamburg.

Lay, Andriana. 1989. "Un'etica per la classe: dalla fraternità universale alla solitarietà operaia." in *Rivista di storia contemporanea* 3, S. 309ff.

Leeson, R. A. 1980. *Travelling Brothers - The Six Centuries' Road from Craft Fellowship to Trade Unionism.* London/New York/Sidney/Toronto.

Leisink, Peter/Jim Van Leemput. 1996. *The Challenges to Trade Unions in Europe: Innovation or Adaptation.* Cheltenham/Brookfield.

Lenz, Ilse. 1995. "Geschlecht, Herrschaft und internationale Ungleichheit." in Regina Becker-Schmidt/Gudrun-Axeli Knapp(Hg.). *Das Geschlechterverhältnis als Gegenstand der sozialwissenschften.* Frankfurt/New York. S. 19ff.

Leroux, Pierre. 1985(1839). *De l'Humanité.* Paris.

Lévi-Strauss, Claude. 1981. *Traurige Tropen.* Frankfurt/M.

Liebknecht, Wilhelm. 1871. *Zu Schutz und Trutz.*

Lind, Jens. 1996. "Trade Unions: Social Movement or Welfare Apparatus." in Peter Leisink/Jim Van Leemput. *The Challenges to Trade Unions in Europe: Innovation or Adaptation.* Cheltenham/Brookfield. S. 105ff.

Lockwood, David. 1992. *Solidarity and Schism.* 〉*The Problem of Disorder*〈 *in Durkheimian and Marxist Sociology.* Oxford.

Lukes, Steven. 1998. "Solidarität und Bürgerrecht." in Kurt Bayertz(Hg.). *Solidarität - Begriff und Problem.* Frankfurt/M. S. 389ff.

Luhmann, Niklas. 1984. "Die Differenzierung von Interaktion und Gesellschaft, Probleme der sozialen Solidarität." in Robert Kopp(Hg.). *Solidarität in der Welt der 8oer Jahre: Leistungsgesellschaft und Sozialstaat.* Basel/Frankfurt/M. S. 76ff.

Machtan, Lothar. 1993. *Streiks im frühen deutschen Keiserreich.* Frankfurt/M.

Maréchal, Sylvian. 1967. "Manifest der Gleichen." in Fris Kool/Werner Krause(Hg.). *Die frühen Sozialisten - Dokumente der Weltevolution.* Olten. S. 121ff.

Marshall, Thomas Humphrey. 1981. *Citizenship and Socail Class.* London.

Mariniello, Marco. 1995. *L'ethnicité dans les sciences sociales contemporaines.* Paris.

Marx, Karl. 1953. *Grundrisse der Kritik der politischen Ökonomie.* Ost-Berlin.

Marx, Karl/Friedrich Engels. 1958~1968. Werke, zitiert als MEW (Marx/Engels - Werke). Ost-Berlin.

Mauranges, G. 1907. *Sur l'Histoire de l'Idée de Solidarité.* Paris.

Mauss, Marcel. 1968. *Die Gabe.* Frankfurt/M.

Metz, Johann Baptist. 1992. *Glaube in Geschichte und Gesellschaft. Studien zu einer praktischen Fundamentaltheologie.* Mainz.

Metz, Karl H. 1998. "Solidarität und Geschichte. Institutionen und sozialer Begriff der Solidarität in Westeuropa im 19. Jahrhundert." in Kurt Bayertz(Hg.). *Solidarität - Begriff und Problem.* Frankfurt/M. S. 172ff.

Michelet, Jules. 1855. *Les femmes de la Révolution.* Paris.

Michels, Robert. "Appunti sulla solidarietà." in La *Riforma Sociale*, Vol. XX, S. 661ff.

_____. 1925. "Materialien zu einer Soziologie des Fremden." in G. Salomon(Hg.). *Jahrbuch für Soziologie*, I. Band, Berlin. S. 296ff.

_____. 1914. "Zum Problem: Solidarität und Kastenwesen." in _____. *Probleme der Sozialphilosophie*. Leipzig/Berlin. S. 53ff.

Mitchell, J./A. Oakley. 1976. *The Rights and Wrongs of Women*. Harmondsworth.

Morgenroth, Christine. 1996. "Die andere Solidarität Wege aus der Individualisierungsfalle." in *Gewerkschaftliche Monatschefte 9*, S. 569ff.

Müller, Hans-Peter/Michael Schmid. 1992. "Arbeitsteilung, Solidarität und Moral." in Émile Durkheim. *Über soziale Arbeitsteilung. Studie über die Organisation höherer Gesellschaften*. Frankfurt/M. S. 481ff.

Munoz-Dardé, Véronique. 1998. "Brüderlichkeit und Gerechtigkeit." in Kurt Bayertz(Hg.). *Solidarität - Begriff und Problem*. Frankfurt/M. S. 146ff.

Nair, Sami. 1992. *Le regard des vainqueurs*. Paris.

Nassehi, Armin. 1995. "Der Fremde als Vertrauter." in *Kölner Zeitschrift für Soziologie und Sozialpsychologie 3*, S. 443ff.

Nell-Breuning S. J. 1967. "Oswald von: Stichwort ≫Solidarismus≪." in W. Brugger(Hg.). *Philosophisches Wörterbuch*. Freiburg/Basel/Wien. S. 349f.

Oestreicher, Richard Jules. 1986. *Solidarity and Fragmentation. Working People and Class Consciousness in Detroit 1857-1900*. Urbana/Chicago.

Offe, Claus. 1989. "Fessel und Bremse." in A. Honneth/Th. McCarthy/C. Offe/A. Wellmer (Hg.). *Zwischenbetrachtungen im Prozess der Aufklärung. Jürgen Habermas zum 60. Geburtstag*. Frankfurt/M. S. 739ff.

_____. 1985. "Solidaritätsprobleme in der Arbeitsmarkt- und Sozialpolitik." in F. Ortmann /Chr. Sachße(Hg.). *Arbeitsmarkt, Sozialpolitik, Selbsthilfe: Perspektiven ﹥neuer﹤ Sozialstaatlichkeit*. Kassel. S. 37ff.

Olson, Mancur. 1965. *The Logic of Collective Action: Public Goods and the Theory of Groups*. Cambridge/Mass.

Ozouf, Mona. 1988. "Stichwort ≫Fraternité≪." in *Dictionnaire critique de la Révolution française*. Paris. S. 731ff.

Parsons, Talcott. 1971. *The System of Modern Societies*. Englewood Cliffs.

_____. 1972. *Das System moderner Gesellschaften*. München.

_____. 1976. *Zur Theorie sozialer Systeme*. Opladen.

Perrot, Michelle. 1974. *Les ouvriers en grève, France 1871-1890*. Paris.

Pesch, Heinrich S. J. 1905. *Lehrbuch der Nationalökonomie. Erster Band. Grundlegung*. Freiburg i, Brsg.

_____. 1922. *Lehrbuch der Nationalökonomie. vierter Band. Allgemeine Volkswirtschaftslehre III*. Freiburg i. Brsg.

Peters, Bernhard. 1993. *Die Integration moderner Gesellschaften*. Frankfurt/M.

Peters, Susanne. 1991. "Frauen in der Französischen Revolution." in Helga Brandes(Hg.). *Der Menschheit Hälfte bleib noch ohne Recht*. Wiesbaden. S. 9ff.

Peukert, Helmut. 1976. *Wissenschaftstheorie - Handlungstheorie - Fundamentale Theologie. Analysen zu Ansatz und Status theoligischer Theoriebildung*. Düsseldorf.

Pizzorno, Alessandro. 1966. "Introduzione allo studio della partecipazione politica." in *Quaderni di sociologia 1966*, Vol. XV, S. 3f.

_____(Hg.). 1974. *Lotte operaie e Sindacato in Italia 1968-1972*. Bologna.

Plogstedt, Silbylle/Kathleen Bode. 1984. *Überbegriff - Sexuelle Belästigung in Büros und Betrieben*. Reinbek bei Hamburg.

Preuß, Ulrich K. 1998. "Nationale, supranationale und Internationale Solidarität." in Kurt Bayertz(Hg.). *Solidarität - Begriff und Problem*. Frankfurt/M. S. 399ff.

Prisching, Manfred. 1992. "Solidarität in der Moderene - Zu den Varianten eines gesellschaftlichen Koordinationsmechanismus." in *Journal für Sozialforschung* 3, 4.

_____. 1996. *Bilder des Wohlfahrtstaats*. Marburg.

Proudhon, P.-J. 1924. *De la capacité politique des classes ouvriéres*. Paris.

Prüller-Jagenteufel, Gunter M. 1998. *Solidarität - eine Option für die Opfer. Geschichtliche Entwicklung und aktuelle Bedeutung einer christlichen Tugend anhand der katholischen Sozialdokumente*. Frankfurt/Berlin/Bern.

Rabe, Bernd. 1978. *Der sozialdemokratische Charakter - 3 Generationen aktiver*

Parteimitglieder in einem Arbeiterviertel. Frankfurt/New York.

Rawls, John. 1958. *Justice as Fairness.* New York.

_____. 1971. *A Theory of Justice.* Cambridge/Mass. (dt.: Eine Theorie der Gerechtigkeit, Frankfurt/M. 1979)

Rehberg, Karl-Siegbert. 1993. "Gemeinschaft und Gesellschaft - Tönnies und wir." in Micha Brumlik/Hauke Brunkhorst(Hg.). *Gemeinschaft und Gerechtigkeit.* Frankfurt/M. S. 19ff.

Reitzenstein, Irene von. 1961. *Solidarität und Gleichheit. Ordnungsvorstellungen im deutschen Gewerkschftsdenken nach 1945.* Berlin.

Renaud, Hyppolite. 1842. *Solidarité - Une vue synthétique de la doctrine de Charles Fourier.* Paris.

Rennison, Gwendoline Audrey. 1970. *We Live Among Strangers. A Sociology of the Welfare State.* London/Melbourne.

Renouvier, Charles. 1981. *Manuel Républicain de l'homme et du citoyen* [1848]. Paris.

Richter, Götz. 1999. *Soziale Bindungen zwischen System und Lebenswelt.* Konstanz.

Rifkin, Jeremy. 1995. *The End of Work.* New York.

Ritter, Gerhard A. 1986. *Social Welfare in Germany and Britain - Origins and Development.* Leamington/New York.

_____. 1983. *Sozialversicherung in Deutschland und England. Entstehung und Grundzüge im Vergleich.* München.

Rorty, Richard. 1992. *Kontingenz, Ironie und Solidarität.* Frankfurt/M.

Rosanvallon, Pierre. 1981. *La crise de l'État-Providence.* Paris.

_____. 1995. *La nouvelle question sociale. Repenser l'État-Providence.* Paris.

Rosenkranz, K. 1963. *Georg Wilhelm Friedrich Hegels Leben* [1844], Darmstadt.

Saint-étienne, Christian. 1993. *Génération sacrifiée: les 20-45 ans.* Paris.

Salvati, Mariuccia. 1993. "Solidarietà: una scheda storica." in *Parolechiave* 2, S. 11ff.

Scheler, Max. 1980. *Gesammelte Werke, Bd. 2: Der Formalismus in der Ethik und die materiale Wertethik. Neuer Versuch der Grundlegung eines ethischen Person-*

alismus. Bern/München.

Schieder, Wolfgang. 1972. "Brüderlichkeit." in G. Franz(Hg.). *Geschichtliche Grund-begriffe, Bd. I.* Stuttgart. S. 552ff.

Schmelter, Jürgen. 1991. *Solidarität: Die Entwicklung eines sozialethischen Schlüssel-begriffs.* München.

Schmid, Machael. 1989. "Arbeitsteilung und Solidarität. Eine Untersuchung zu Émile Durkheims Theorie der sozialen Arbeitsteilung." in *Kölner Zeitschrift für Sozial-psychologie* 3, S. 619ff.

Schütz, Alfred. 1972. "Der Fremde." in _____. *Gesammelte Aüfsätze*, Bd. 2. Den Haag.

Seligman, Adam B. 1995. "Animadversions upon Civil Society and Civic Virtue in the Last Decade of the Twentieth Century." in John A. Hall(Hg.). *Civil Society. Theory, History, Comparison.* Oxford. S. 200ff.

Senghaas, Dieter. 1998. *Zivilisierung wider Willen - Der Konflikt der Kulturen mit sich selbst.* Frankfurt/M.

Senghaas-Knobloch, Eva. 1994. "Was begründet Solidarität in der Moderne? Über innere Voraussetzungen einer friedens- und zukunftsträchtigen Gesellschaft." in Thomas Dominikowski/Regine Mehl(Hg.). *Dem Humanismus verpflichtet. Zur Aktualität pazifistischen Engagements. Festschrift für Karlheinz Koppe. Münster.* S. 70ff.

Sewell, W. H., Jr. 1980. *Work and Revolution in France - The Language of Labour from the Old Regime to 1848.* Cambridge.

Simmel, Georg. 1908. *Soziologie. Untersuchungen über die Formen der Vergesell-schftung.* München/Leipzig. hier: 7. Kap.: ≫Der Arme≪. S. 454ff.; ≫Exkurs über den Fremden≪, S. 509ff.

_____. 1992. *Soziologie. Untersuchungen über die Formen der Vergesellschaftung.* Frankfurt/M. hier: 4. Kap.: ≫Der Streit≪, S. 284ff.

Sismondi, J. Ch. Léonard Simonde de. 1819. *Nouveaux Principes d'Économie politique.*

Smith, Adam. 1976. *The Theory of Moral Sentiments.* Oxford. (dt.: Theorie der ethischen Gefühle, Hamburg 1994)

Sombart, Werner. 1928. "Die Fremden." in ____(Hg.). *Der moderne Kapitalismus*. München/Leipzig. S. 883ff.

Spicker, Paul. 1992. "Equality versus Solidarity." in *Government and Opposition* I (1992), S. 66f.

Stichweh, Rudolf. 1992. "Der Fremde - Zur Evolution der Weltgesellschaft." in *Rechts-historisches Journal* II, S. 295ff.

Tax, Meredith. 1980. *The Rising of the Women - Feminist Solidarity and Class Conflict, 1880-1917*. New York/London.

Tenfelde, Klaus/Heinrich Volkmann. 1981. *Streik. Zur Geschichte des Arbeitskampfes in Deutschland während der Industrialisierung*. München.

Thane, Pat. 1982. *The Foundation of the Welfare State*. London.

Todt, Elisabeth/Hans Radandt. 1950. *Zur Frühgeschichte der deutschen Gewerk-schftsbewegung 1800-1849*. Ost-Berlin. S. 68ff.

Tönnies, Ferdinand. 1993. *Gemeinschaft und Gesellschaft*. Darmstadt.

Touraine, Alain. 1997. *Pourrons-nous vivre ensemble? - Égaux et différents*. Paris.

Tyrell, Hartmann. 1985. "Émile Durkheim - Das Dilemma der organischen Solidarität." in Niklas Luhmann(Hg.). *Soziale Differenzierung - Zur Geschichte einer Idee*. Opladen.

Ueltzhöffe, Jörg. 1996. "Wege zur Bürgergesellschaft: die Geislingen-Studie." in R. W. Wendt u.a.(Hg.). *Zivilgesellschaft und soziales Handeln*. Freiburg. S. 121ff.

Valkenburg, Ben. 1996. "Individualization and Solidarity: the Challenge of Moderni-zation." in Peter Leisink/Jim Van Leemput. *The Challenges to Trade Unions in Europe: Innovation or Adaptation*. Cheltenham/Brookfield. S. 89ff.

Van der Loo, Hans/Willem Van Reijen. 1992. *Modernisierung - Projekt und Paradox*. München.

van Parijs, Philippe. 1996. *Refonder la solidarité*. Paris.

Vierkandt, Alfred. 1972. "Solidarität." in Wilhelm Bernsdorf(Hg.). *Wörterbuch der Sozio-logie*, Bd. 3, Frankfurt/M. S. 704.

Voland, Eckart. 1998. "Die Natur der Solidarität." in Kurt Bayertz(Hg.). *Solidarität - Begriff und Problem*. Frankfurt/M. S. 297ff.

Voltaire, François-Marie Arouet. Dictionnaire Philosophique[1770ff.], Paris 1878 u, 1879(Reprint 1967)

Wacker, Ali. 1983. *Arbeitslosigkeit: soziale und psychische Folgen*. Frankfurt/M.

Waldenfels, Bernhard. 1990. *Der Stachel des Fremden*. Frankfurt/M.

Walzer, Michael. 1992. *Zivile Gesellschaft und amerikanische Demokratie*. Berlin.

_____. 1998. *Sphären der Gerechtigkeit - Ein Plädoyer für Pluralität und Gleichheit*. Frankfurt/M.

Weigand, Wolfgang. 1979. *Solidarität durch Konflikt - Zu einer Theorieentwicklung von Solidarität*. Münster/Regensberg.

Wildt, Andreas. 1998. "Solidarität - Begriffsgeschichte und Definition heute." in Kurt Bayertz(Hg.). *Solidarität - Begriff und Problem*. Frankfurt/M. S. 202ff.

_____. "Stichwort ≫Solidarität≪." in *Brockhaus Enzyklopädie*, S. 371ff.

_____. 1997. "Zur Begriffs- und Ideengeschichte von Solidarität." in *epd- Dokumentation* 18, S. 15ff.

_____. 1996. "Solidarität." in J. Ritter/K. Gründer(Hg.). *Historisches Wörterbuch der Philosophie*. Darmstadt. S. 1004ff.

Wuthnow, Robert. 1991. *Acts of Compassion: Caring for Others and Helping Ourselves*. Prinston.

_____. 1994. *Sharing the Journey: Support Groups and American's Quest for Community*. New York.

Young, Iris Marion. 1997. "Weder Gleichheit noch Vielfalt sind Patentrezepte." in *Frankfurter Rungschau* (1997. 5. 27.).

Zoll, Rainer(Hg.). 1984. ≫*Die Arbeitslosen, die könnt' ich alle erschießen!*≪ *Arbeiter in der Wirtschaftskrise*. Köln.

_____. 1993. *Alltagssolidarität und Individualismus. Zum soziokulturellen Wandel*. Frankfurt/M.

_____. 1994. "Staatsbürgereinkommen für Sozialdienste. Vorschläge zur Schaffung eines zweiten, nicht marktörmig organisierten Sektors der Gesellschaft." in Oskar Negt (Hg.). *Die zweite Gesellschaftsreform.* Göttingen. S. 79ff.

_____. 1996. "Modernization, Trade Unions and Solidarity." in Peter Leisink/Jim Van Leemput. *The Challenges to Trade Unions in Europe: Innovation or Adaptation.* Cheltenham/Brookfield. S. 77ff.

_____. 1998. "Bürgereinkommen im Tausch gegen soziale Dienste." in *Gewerkschaftliche Monatshefte* I (1998), S. 26ff.

_____(Hg.). 1999a. *Ostdeutsche Biographien - Lebenswelt im Umbruch.* Frankfurt/M.

_____. 1999b. "Sozialer Frieden als Aufgabe der Zivilgesellschft." in Klaus Busch et al.(Hg.). *Wege zum sozialen Frieden in Europa.* Osnabrück. S. 344ff.

찾아보기

지은이 라이너 촐

독일 브레멘 대학에서 노동사회학을 강의했으며, 『동독의 전기: 변혁 속의 생활세계(Ost-
deutsche Biographien - Lebenswelt im Umbruch)』, 『내가 직업을 가졌다는 것이 가장 중요한
일이다(Die Arbeitslosen, die könnt' ich alle erschießen)』(편저) 등의 저술이 있다.

옮긴이 최성환

독일 본 대학에서 해석학에 관한 연구로 철학박사 학위를 받고 현재 중앙대학교 철학과 교수로
재직 중이다. 저서로는 『역사와 이성』(공저), 『이성과 비판의 철학』(공저), 『오늘 우리는 왜
니체를 읽는가』(공저) 등이 있다.

한울아카데미 1024

오늘날 연대란 무엇인가 연대의 역사적 기원, 변천, 그리고 전망

ⓒ 최성환, 2008

지은이 | 라이너 촐
옮긴이 | 최성환
펴낸이 | 김종수
펴낸곳 | 도서출판 한울

편집책임 | 신인영
편집 | 박희진 · 이수진

초판 1쇄 인쇄 | 2008년 4월 5일
초판 1쇄 발행 | 2008년 4월 25일

주소 | 413-832 파주시 교하읍 문발리 507-2(본사)
    121-801 서울시 마포구 공덕동 105-90 서울빌딩 3층(서울 사무소)
전화 | 영업 02-326-0095, 편집 02-336-6183
팩스 | 02-333-7543
홈페이지 | www.hanulbooks.co.kr
등록 | 1980년 3월 13일, 제406-2003-051호

Printed in Korea.
ISBN 978-89-460-5024-2 93330 (양장)
ISBN 978-89-460-3905-6 93330 (학생판)

* 가격은 겉표지에 있습니다.
* 이 도서는 강의를 위한 학생판 교재를 따로 준비하였습니다.
  강의 교재로 사용하실 때에는 본사로 연락 주십시오.